W0188791

Blake/Mouton

Verhaltenspsychologie im Betrieb

Robert R. Blake/Jane S. Mouton

Verhaltenspsychologie im Betrieb

Das neue Grid®-Management-Konzept

Econon Verlag
Düsseldorf · Wien

Titel der amerikanischen Originalausgabe:
The New Managerial Grid®

Original Verlag: Gulf Publishing Company, Houston/Texas
Übersetzt von Ursel Reineke, Heidelberg

1. Auflage 1980

Gesetzt aus der Times der Linotype GmbH
Satz: Dörlemann-Satz, Lemförde
Papier: Papierfabrik Schleipen GmbH, Bad Dürkheim
Druck und Bindearbeiten: Ebner Ulm
Printed in Germany
ISBN 3430113679

Inhalt

Kapitel 4

Kapitel 5

Kapitel 6

Kapitel 7

Vorwort

Um die menschliche Gesellschaft verbessern zu können, brauchen wir zuallererst klare, sinnreiche und mitmenschenorientierte Ziele, die gegenseitiges Vertrauen und gegenseitige Achtung fördern. Gleich darauf folgt wohl als wichtigster Einzelfaktor eine Verbesserung der Führungseffektivität. Ohne qualifizierte Führung werden wir zu Opfern des Status quo, der Bürokratie, des Verfalls. Mit qualifizierter Führung jedoch stehen uns unbegrenzte Möglichkeiten zum Wandel und zur Weiterentwicklung, zur Stärkung und Bereicherung des menschlichen Lebens offen.

Das Verhaltensgitter (Grid) und die Grid-Organisationsentwicklung haben in den letzten zwanzig Jahren den Grundrahmen gebildet, mit dessen Hilfe wir diese Möglichkeiten analysieren, erspüren, fühlen, ja beinahe greifen konnten. Für dieses Konzept spricht der Verkaufserfolg des »Managerial Grid« (1968 unter dem Titel »Verhaltenspsychologie im Betrieb« im Econ Verlag erschienen) mit fast einer Million Exemplaren in der ganzen Welt.

Bei der Neubearbeitung dieses Buches konnten wir das ursprüngliche Verhaltensgitter anhand unserer Erfahrungen in den letzten fünfundzwanzig Jahren überprüfen, neu bewerten und es mit den vielen Variationen vergleichen, die seit Erscheinen des Originals publiziert wurden.

Dreierlei haben wir in dieser Fassung geändert. Wir haben den Begriff »persönliche Effektivität«, die dazugehörigen Fähigkeiten und ihren Einsatz in der täglichen Führungspraxis vertieft. Zweitens haben wir die Entwicklung der letzten fünfzehn Jahre berücksichtigt, um die Ursprünge der Gridstile zu bestimmen. Wir können nun angeben, welche Art von Kindheitserziehung den einen Menschen zu dieser und den anderen zu jener Gridorientierung veranlaßt. Wir haben uns mit diesem Faktor auch in der ersten Auflage kurz befaßt. Bei unserem dritten neuen Aspekt geht es um folgende Frage: »Na und?« Spielt es überhaupt eine Rolle, welchen Führungsstil man einsetzt, um Sachziele durch Menschen zu erreichen? Diese Frage ist zu drei verschiedenen Aspekten zu beantworten, und die Antwort lautet immer: »Ja, es spielt eine Rolle.« Einmal geht es um die Rentabilität. Der 9,9-Führungsstil steht in positivem Verhältnis zur Grenzrentabilität. Dann geht es um den beruflichen Erfolg von Führungskräften als Funktion des Gridstiles. Führungskräfte mit einer 9,9-Orientierung können die erfolgreichsten Karrieren nachweisen. Bei der dritten Antwort auf die Frage »Na und?« geht es um die eigene Gesundheit, um seelische und körperliche Gesundheit oder Gesundheitsstörungen, die mit den verschiedenen Gridstilen einhergehen. Wir wissen um die Wechselwirkung von Führungsstil und Krankheiten wie Herzinfarkt, Asthma, Magengeschwüren, Krebs usw., und zwar mit ziemlicher Genauigkeit. Durch die Kenntnis dieser Bezüge zwischen den verschiedenen Gitterstilen und ihren psychosomatischen Folgen ist der Weg frei zu einer wesentlichen Verbesserung des körperlichen und seelischen Gesundheitszustandes.

Mit Freude und Befriedigung haben wir an diesem Buch gearbeitet. In dieser Zeit haben wir genügend Anhaltspunkte dafür gefunden, daß das Verhaltensgitter einen vernünftigen Grundrahmen bietet zur notwendigen Integration unserer Gedanken und Gefühle, unserer Hoffnungen und Taten, unserer Träume und der Wirklichkeit. Wir können die Dinge ändern, anstatt uns mit ihnen abzufinden. Anstatt unsere Kinder zu verstörten, verdrehten oder besessenen Menschen heranwachsen zu lassen, liegt es in unserer Hand, sie zu offenen, gradlinigen Persönlichkeiten mit Sinn und Gefühl für ihre Mitmenschen zu erziehen. Wir brauchen uns nicht selbst krank zu machen. Es liegt vielmehr an uns, Gesundheit, Glück und Erfüllung zu finden.

Eine Gewohnheit haben wir beibehalten. Wir sprechen ständig von dem Vorgesetzten, dem Mitarbeiter und dem Kollegen, d. h., wir reden ständig von »ihm«, anstatt immer »er oder sie« zu sagen. Es genügt zu erwähnen, daß dieses Buch das Ergebnis einer fünfundzwanzigjährigen Zusammenarbeit zwischen einem »er« und einer »sie« ist, und der Leser wird begreifen, daß »er« in diesem Buch immer auch das »sie« mit einbezieht.

Robert R. Blake · Jane Srygley Mouton *1. Januar 1980*

Kapitel 1

Bewertung des eigenen Führungsverhaltens

Eine offene und freimütige Kommunikation ist das zwischenmenschliche Bindeglied, das eine vernünftige Problemlösung und Entscheidungsbildung ermöglicht. Ohne diese beiden Faktoren dürfte kaum eine Organisation Erfolg haben. Mit ihnen kann sie das Beste aus den in ihr arbeitenden Menschen herausholen. Das Verhaltensgitter konzentriert sich auf das, was die zwischenmenschliche Kommunikation unwirksam macht, auf das, was sie wirksam macht, und auf das, was man tun kann, um eine unwirksame Kommunikation in eine wirksame und erfolgreiche umzuwandeln.

Bestimmung des eigenen Führungsstiles

Es dürfte für Sie aufschlußreich sein, einmal das eigene Kommunikations- und Führungsverhalten einzuordnen. Überprüfen Sie die untenstehenden Abschnitte auf Übereinstimmung mit Ihrem eigenen Verhalten. Bitte bezeichnen Sie die für Sie typischste Verhaltensweise mit einer 5, die nächst typische mit einer 4 usw. bis hinunter zur 1, dem Verhalten, das dem Ihren am wenigsten entspricht. Sie dürfen jede Ziffer nur einmal vergeben. Bevor Sie anfangen, müssen wir jedoch eine Warnung aussprechen: Es besteht eine hohe Wahrscheinlichkeit zur Selbsttäuschung, weil man den *gewünschten* Führungsstil gerne mit dem tatsächlich *praktizierten* verwechselt.

Wie weit geht diese Selbsttäuschung? Wir wissen, daß 45 % aller Führungskräfte nach einem einwöchigen Besuch des Grid-Führungsseminares ihre Selbstbeschreibung ändern. Aus Vergleichen geht hervor, daß sie sich vor Besuch des Seminares anders sehen als hinterher. Mit dieser Wandlung werden wir uns in Kapitel 14 näher befassen.

Als ersten Schritt zu einer richtigen Selbsteinschätzung sollte man jede Selbsttäuschung ablegen und versuchen, die eigenen Grundeinstellungen zu erkennen. Ein gewisses Maß an Selbsttäuschung läßt sich wohl nicht vermeiden. Es läßt sich aber mindern, indem Sie ihre Antworten aufgrund Ihres *tatsächlichen* Führungsverhaltens auswählen. Hier liegt der Grundstein zur Verbesserung Ihrer Führungsfähigkeit.

A. Ich nehme die Entscheidungen anderer gleichgültig hin. Ich vermeide es, Partei zu ergreifen, indem ich meine Meinungen, Einstellungen und Ideen nicht offenlege. In Konfliktfällen versuche ich, neutral zu bleiben. Da ich unbeteiligt bleibe, rege ich mich selten auf. Andere halten meinen Humor für witzlos. Ich tue nur das Allernotwendigste.

B. Ich unterstütze Entscheidungen, die die zwischenmenschlichen Beziehungen fördern. Ich mache mir lieber Meinung, Einstellung und Ideen anderer zu eigen, als meine eigenen durchzusetzen. Ich bemühe mich, einen Konflikt gar nicht erst entstehen zu lassen. Wenn er aber auftaucht, versuche ich, die aufgebrachten Gemüter zu beruhigen und die Gegner zu versöhnen. Da Spannungen Mißfallensäußerungen hervorrufen können, reagiere ich herzlich und freundlich. Durch meinen Humor lenke ich vom Ernst der Lage ab. Lieber unterstütze ich andere, als von mir aus etwas zu unternehmen.

C. Ich bemühe mich um durchführbare Entscheidungen, wenn sie auch nicht immer perfekt sind. Anderen Ideen, Meinungen oder Einstellungen komme ich möglichst auf halbem Wege entgegen. Im Konfliktfall bemühe ich mich um eine für alle Seiten faire Lösung. In Spannungslagen fühle ich mich unsicher. Ich weiß nicht, wie ich die Erwartungen der anderen erfüllen soll. Mein Humor dient mir oder meiner

Stellung. Ich versuche, ein gleichmäßiges Arbeitstempo beizubehalten.

D. Ich erwarte, daß meine Entscheidungen als endgültig akzeptiert werden. Ich stehe für meine Ideen, Meinungen und meine Einstellung ein, auch wenn ich anderen dadurch manchmal auf die Füße trete. Wenn ein Konflikt entsteht, versuche ich, ihn im Keime zu ersticken oder ihn für mich zu entscheiden. Ich wehre mich, leiste Widerstand und schlage mit Gegenargumenten zurück, wenn etwas nicht richtig läuft. Ich habe einen beißenden Humor. Ich treibe mich und andere an.

E. Ich lege großen Wert auf vernünftige und schöpferische Entscheidungen, die Verständnis und Einverständnis herbeiführen. Ich höre zu und suche nach alternativen Ideen, Meinungen, Einstellungen. Ich habe feste Überzeugungen, aber ich reagiere auf vernünftigere Ideen anderer und ändere meine Meinung. In Konfliktfällen versuche ich, die Gründe festzustellen und die Lösung bei den tieferliegenden Ursachen anzusetzen. Ich beherrsche mich in meiner Aufregung, obwohl meine Ungeduld sichtbar wird. Mein Humor paßt zur Situation und ist richtungweisend. Selbst unter Druck bewahre ich mir meinen Humor. Ich setze meine ganze Kraft ein, und andere folgen mir darin.

Wählen Sie nur die Elemente aus, die am ehesten auf Sie zutreffen. Lesen Sie alle Aussagen unter »Element 1« durch (A1, B1, C1, D1, E1) und kreuzen Sie die Aussage an, die Ihrem Verhalten am ehesten entspricht. Dasselbe Verfahren gilt für die Elemente 2, 3, 4, 5 und 6.

Element 1 – Entscheidungen

A1 Ich nehme die Entscheidungen anderer gleichgültig hin.

B1 Ich unterstütze Entscheidungen, die die zwischenmenschlichen Beziehungen fördern.

C1 Ich bemühe mich um durchführbare Entscheidungen, wenn sie auch nicht immer perfekt sind.

D1 Ich erwarte, daß meine Entscheidungen als endgültig akzeptiert werden.

E1 Ich lege großen Wert auf vernünftige und schöpferische Entscheidungen, die Verständnis und Einverständnis herbeiführen.

Element 2 – Überzeugungen

A2 Ich vermeide es, Partei zu ergreifen. Deshalb lege ich meine Meinungen, Einstellungen und Ideen nicht offen.

B2 Ich mache mir lieber Meinung, Einstellung und Ideen anderer zu eigen, als meine eigenen durchzusetzen.

C2 Anderen Ideen, Meinungen oder Einstellungen komme ich möglichst auf halbem Wege entgegen.

D2 Ich stehe für meine Ideen, Meinungen und meine Einstellung ein, auch wenn ich anderen dadurch manchmal auf die Füße trete.

E2 Ich höre zu und suche nach alternativen Ideen, Meinungen, Einstellungen. Ich habe feste Überzeugungen, aber ich reagiere auf vernünftigere Ideen anderer und ändere meine Meinung.

Element 3 – Konflikt

A3 In Konfliktfällen versuche ich, neutral zu bleiben.

B3 Ich bemühe mich, einen Konflikt gar nicht erst entstehen zu lassen. Wenn er aber auftaucht, versuche ich, die aufgebrachten Gemüter zu beruhigen und die Gegner zu versöhnen.

C3 Im Konfliktfall bemühe ich mich um eine für alle Seiten faire Lösung.

D3 Wenn ein Konflikt entsteht, versuche ich, ihn im Keime zu ersticken oder ihn für mich zu entscheiden.

E3 In Konfliktfällen versuche ich, die Gründe festzustellen und die Lösung bei den tieferliegenden Ursachen anzusetzen.

Element 4 – Temperament

A4 Da ich unbeteiligt bleibe, rege ich mich selten auf.

B4 Da Spannungen Mißfallensäußerungen hervorrufen können, reagiere ich herzlich und freundlich.

C4 In Spannungslagen fühle ich mich unsicher. Ich weiß nicht, wie ich die Erwartungen der anderen erfüllen soll.
D4 Ich wehre mich, leiste Widerstand und schlage mit Gegenargumenten zurück, wenn etwas nicht richtig läuft.
E4 Ich beherrsche mich in meiner Aufregung, obwohl meine Ungeduld sichtbar wird.

Element 5 – Humor

A5 Andere halten meinen Humor für witzlos.
B5 Durch meinen Humor lenke ich vom Ernst der Lage ab.
C5 Mein Humor dient mir oder meiner Stellung.
D5 Ich habe einen beißenden Humor.
E5 Selbst unter Druck bewahre ich mir meinen Humor.

Element 6 – Einsatz

A6 Ich tue nur das Allernotwendigste.
B6 Lieber unterstütze ich andere, als von mir aus etwas zu unternehmen.
C6 Ich versuche, ein gleichmäßiges Arbeitstempo beizubehalten.
D6 Ich treibe mich und andere an.
E6 Ich setze meine ganze Kraft ein, und andere folgen mir darin.

Wir werden auf diese Zuordnungen später zurückkommen.

Mit Hilfe von Kapitel 14 lassen sich die Zuordnungen interpretieren und ihre Auswirkungen auf die eigene Führungseffektivität einschätzen. Sie werden Ihre eigene Grundhaltung besser begreifen und erkennen, warum Sie so und nicht anders reagieren. Außerdem werden Sie erfolgversprechendere alternative Führungsweisen erkennen können, die gleichzeitig zu mehr Freude an der Arbeit und Erfüllung führen.

Die innere Grundeinstellung bestimmt das Verhalten

Ein Manager handelt in Arbeitssituationen nicht nach der objektiven Wirklichkeit, sondern nach seiner subjektiven Bewertung dieser Wirklichkeit, wobei beide Aspekte weit auseinanderklaffen oder nahe beisammen liegen können. Aus der von Ihnen durchgeführten Selbsteinschätzung ergibt sich, daß sich die Problemlösungsansätze von Führungskräften individuell unterscheiden. Diese Unterschiede kennzeichnen jede einzelne Arbeitssituation. Die individuellen Differenzen gründen jedoch auf mehreren gemeinsamen Leitmotiven oder Voraussetzungsbündeln. Ob sich die Annahmen, aufgrund derer man handelt, wiederholten und objektiv als vernünftig erwiesen haben, spielt dabei keine große Rolle. In jedem Fall dürfte der Manager sie als Überzeugungen oder Haltung verinnerlicht haben. Jeder neigt dazu, im Lichte seiner inneren Einstellung zu reagieren, da diese innere Einstellung unsere Erfahrungssicht lenkt. Diese innere Einstellung bildet unsere eigene Verhaltenstheorie. Sie lenkt unser Verhalten. Wir handeln unter der Voraussetzung, daß die Annahme a zu b führen wird.

Der eine Manager geht beispielsweise davon aus, daß die Menschen von Natur aus faul sind. Er stellt fest, daß mehrere Mitarbeiter immer nachlässiger werden. Das bestätigt seine Theorie. Also handelt er und treibt diese nachlässigen Mitarbeiter an. Die Mitarbeiter nehmen ihm das übel und arbeiten noch langsamer. Das bestätigt die Grundeinstellung des Managers von neuem. Er treibt die faulen Mitarbeiter noch mehr an und die übrigen dazu. Die Mitarbeiter reagieren mit Dienst nach Vorschrift oder mit passivem Widerstand. Das bestätigt seine Überzeugung, daß die Menschen alles tun, um sich vor der Arbeit drücken zu können. Der Manager kommt gar nicht auf die Idee, daß seine Annahme a, die Menschen seien faul, die Folge b, den passiven Widerstand, ausgelöst haben könnte.

Es lassen sich viele Beispiele dafür anführen, wie eine solche innere Grundeinstellung das Verhalten lenkt. Die Vorstellungen, wie Krankheiten zu heilen sind, reichen in den verschiedensten Kulturkreisen von der Zauberbehandlung bis zur Heilung durch medizinwissenschaftliche Methoden. Einige Länder gehen von der nur selten in Frage gestellten Grundvoraussetzung aus, daß der Kommunismus die beste Gesellschaftsordnung für ein Volk sei. In anderen Ländern wiederum hält man die Demokratie oder eine konstitutionelle Monarchie für die einzig wahre Regierungsform. Andere Beispiele beziehen sich auf die Ehe. In der westlichen Welt herrscht die Überzeugung, daß nur die Monogamie zu einer idealen Organisation der Ehe und des Familienlebens führe. Andere Gesellschaften ziehen die Polygamie vor, wobei die Zahl der Ehefrauen manchmal auf vier begrenzt wird. Die von allen Menschen in einem Kulturkreis geteilten Überzeugungen können Außenstehenden fremdartig und unvernünftig erscheinen. Uns geht es darum, daß diese Grundeinstellungen unsere zwischenmenschlichen Beziehungen und unsere Arbeitsweise bestimmen.

Wenn unsere eigene Grundüberzeugung von den Menschen um uns herum geteilt wird, wird sie zu einem Dogma, zu einem Absolutum. Sie wird ohne Frage oder Ausnahme zur Grundlage unseres Handelns. Andere Möglichkeiten werden entweder völlig ignoriert oder werden am »Absolutum« auf ihre Gültigkeit hin überprüft. Auf diese Weise werden alle mit dem Absolutum unvereinbaren Maßnahmen ausgeschaltet.

Diese Grundeinstellungen bilden sich schon in der Kindheit heraus, durch viele Erfahrungen zu Hause mit den Eltern, den Geschwistern, in der Schule mit den Lehrern, in der Nachbarschaft mit den Spielkameraden und durch viele Erfahrungen aus weniger persönlichen Quellen wie Fersehen, Radio, Kino usw. Bei der Herausbildung der inneren Grundeinstellung sind nicht alle Erfahrungen gleichwertig. Die Erfahrungen mit den Eltern sind wahrscheinlich die wichtigsten, dann kommen die Geschwister, dann Lehrer und andere Erwachsene.

Die innere Grundeinstellung läßt sich ändern

Wie läßt sich nun die eigene Grundeinstellung ändern, wenn sie doch so wichtig für die Steuerung des eigenen Verhaltens ist? Zuerst müssen wir uns unserer eigenen Grundeinstellung, unserer Handlungsgrundlage bei unserer Arbeit mit und durch andere Menschen bewußt werden.

Manchmal merken die Menschen, welche Voraussetzungen ihr Verhalten lenken. Wir hören, wie jemand die Gründe für sein Handeln erklärt: »Ich bin davon ausgegangen, daß . . .«, oder: ». . . diese Voraussetzung hat sich nicht bezahlt gemacht.« Weitaus öfter aber liegen die unserem Benehmen zugrunde liegenden Einstellungen außerhalb unseres Bewußtseins. Wir sind deshalb manchmal genauso blind gegenüber unseren eigenen Beweggründen, wie unsere Mitmenschen es sind, wenn sie versuchen, unser Handeln von ihrem eigenen Standpunkt aus zu erklären. Ohne neue, unsere Grundeinstellung in Frage stellende Erfahrungen wären wir nicht einmal in der Lage, sie zu erkennen, auch nicht, wenn wir es wollten. Mit neuen Erfahrungen und den Aussagen unserer Mitmenschen darüber, welche Grundeinstellung sie hinter unserem Handeln sehen, wird ein Wandel möglich. Sobald wir uns der Tiefe und der Art unserer inneren Einstellung bewußt werden, können wir sie analysieren und die darauf gründenden guten und schlechten Handlungsfolgen voneinander unterscheiden. Wir können uns Alternativeinstellungen zuwenden, die eine vernünftigere Grundlage für unser Handeln bilden. Wir können sie bei der Arbeit mit Menschen so lange einüben, bis sie zu einem verinnerlichten Wesenszug werden. Ein Mensch kann sich ändern.

Merkmale einer vernünftigen Grundeinstellung

Es ist wichtig, sich mit den verschiedenen inneren Einstellungen zu befassen, aufgrund derer Führungskräfte handeln. So läßt sich feststellen, welche innere Einstellung dem Prinzip der Motivation von

Menschen entspricht. Das Verhaltensgitter dient dabei als Hilfe. Dann können Sie entscheiden, ob diese Prinzipien auch Ihr Führungsverhalten bestimmen und die jetzige Handlungseinstellung ersetzen sollten.

Mit Hilfe der Verhaltenswissenschaften hat man feststellen können, welche Einstellung sich als Grundlage für die Arbeit mit und durch Menschen am besten eignet und damit auch die beste Voraussetzung für die geistige und körperliche Gesundheit derjenigen bildet, die aufgrund dieser inneren Einstellungen handeln.

Sobald wir die den einzelnen Gittertheorien zugrunde liegenden Voraussetzungen kennen, können wir auch die Frage beantworten, welche Führungstheorie am engsten mit folgenden Aspekten zusammenhängt:

1. Vernünftige Prinzipien der Verhaltenswissenschaften.
2. Geistige und körperliche Gesundheit.
3. Qualitativ und quantitativ hochwertige Leistung.
4. Höhere wirtschaftliche Leistung des Unternehmens.
5. Höhere Arbeitszufriedenheit.

Zusammenfassung

Mit Hilfe des Verhaltensgitters lassen sich die Grundeinstellungen für die Arbeit mit und durch Menschen identifizieren. Mit Hilfe der Führungstheorien zur Identifizierung der eigenen inneren Einstellung wird der Mensch in die Lage versetzt, sich selbst und andere objektiver zu sehen, eine klarere Kommunikation mit anderen zu unterhalten, zu begreifen, woher die Unterschiede kommen, festzustellen, wie er sich selbst ändern und anderen zu mehr Leistung und Erfüllung verhelfen kann. Je besser ein Mensch eine vernünftige Theorie anwenden kann, desto besser gelingt es ihm auch, Frustrationen, Ablehnung, Abscheu, Wut, Furcht, Schmerz, Teilnahmslosigkeit, Gleichgültigkeit, Angst und Ungewißheit zu mindern, und desto weniger wird er in seinem Bemühen, andere zu führen, Vergeltung, Erniedrigung, Grausamkeit oder Betrug üben. Er kann sich von diesen unglücklichen Emotionen lösen und sie in Richtung Begeisterung, Engagement und positive Verantwortungswilligkeit verlagern. Er freut sich an seiner Leistung und lebt ein erfülltes Leben. All dies wird durch eine optimale Führungsweise möglich.

Das Erlernen der Führung gemäß dem Verhaltensgitter macht den Menschen nicht nur die innere Einstellung bewußt, aufgrund derer sie handeln, sondern verhilft ihnen auch dazu, wissenschaftlich bewiesene Prinzipien für die Effektivität von Leistung bei gleichzeitiger Förderung eines gesunden geistigen Verhaltens einzuüben und zu begreifen.

In den nächsten Kapiteln werden fünf Bündel von Führungstheorien behandelt. In den späteren Kapiteln geht es um die positiven Auswirkungen der 9,9-Theorie auf die Effektivität des einzelnen und des Unternehmens.

Kapitel 2

Wie Führungskräfte denken

Um das Management in seiner Gesamtheit zu begreifen, ist erst einmal zu prüfen, *was* gemanagt wird. Da Management innerhalb einer Organisation stattfindet, müssen wir wissen: Was *ist* eine Organisation? Dann erst können wir uns einer Überprüfung der Probleme und Möglichkeiten zuwenden, die mit einer verbesserten Befähigung zur Führung einer Organisation einhergehen.

Allgemeingültige Organisationsmerkmale

Organisationszweck

Das erste Kennzeichen einer Organisation ist der *Zweck*. Versuchen Sie doch einmal, sich eine zwecklose Organisation vorzustellen. Können Sie sich eine Organisation ohne Zweck ausmalen?

Es ist bis jetzt nicht gelungen, eine Organisation ausfindig zu machen, die keinen Zweck besitzt. Es ist allerdings zugegebenermaßen nicht immer leicht, den Unternehmenszweck zu erkennen. Der Zweck einer Organisation muß außerdem nicht immer unbedingt auch mit dem Zweck übereinstimmen, den die Mitarbeiter als Grundlage für ihren Beitritt oder ihr Bleiben in der Organisation wahrnehmen.

Zweck und Ziel von Bildungsinstitutionen, Behorden, Krankenhäusern, Streitkräften, politischen, kirchlichen und Familienorganisationen lassen sich mehr oder weniger spezifisch beschreiben. Es fällt allerdings irgendwie leichter, Ziel und Zweck von Industrieorganisationen zu definieren. Das Organisationsziel wird in Gewinn ausgedrückt. Der direkte Kosten-Nutzen-Vergleich der Mitarbeiterleistung kommt besonders in staatlichen Behörden nicht allzu häufig vor. Eine Gewinn- und Verlust-Rechnung fehlt zwar häufig in solchen Institutionen, die Absichten der Organisation entsprechen aber trotzdem einer Gewinnmotivierung. Eine solche Organisation will eine bestimmte Art von Dienstleistung(en) zu den niedrigstmöglichen Kosten erbringen. Deshalb wird zum Zwecke unserer Erörterung das Gewinnäquivalent, d. h. die Produktion von *Gütern* oder *Dienstleistungen*, als das Produktionsziel aller Organisationen betrachtet. Es geht also um das, was die Menschen zur Verwirklichung des Organisationszwecks tun.

Wir dürfen also davon ausgehen, daß uns die Produktion einen Hinweis auf den Organisationszweck liefert. Die Produktion ist als ein allgemeingültiges Merkmal von Organisationen anzusehen.

Menschen

Menschen sind ein weiteres Merkmal von Organisationen. Es gibt keine Organisation ohne sie. Man könnte versucht sein, sich eine Organisation ohne Menschen zu wünschen. Manchmal scheint es tatsächlich besser, die Menschen durch technische, automatisierte Verfahren zu ersetzen, so daß sie ihre Energien nicht auf eine Arbeit verschwenden, die von der Maschine genausogut oder sogar noch besser erledigt werden kann. Aber selbst wenn es uns gelänge, eine solche menschenlose Einrichtung zu schaffen, würden wir dafür wohl kaum den Begriff *Organisation* verwenden. Zur Beschreibung maschineller Produktionsverfahren, die von einem einzigen Menschen gesteuert werden, hat man schon andere Begriffe entwickelt. Wenn wir von einer »vollautomatisierten Fabrik« sprechen, meinen wir damit einen menschenlosen Betrieb, in dem eine Organisation, wie wir sie verstehen, nicht mehr existiert.

Der Unternehmenszweck läßt sich daher ohne Menschen nicht erreichen, auch dort nicht, wo einer alleine arbeitet. Zur Arbeit auf das Ziel hin müssen andere hinzugezogen werden. Man braucht mehr als einen Menschen, um ein Produktionsziel zu erreichen. Das ist eine Grundbedingung der Organisationen.

Macht

Macht ist das dritte Kennzeichen. Einige Menschen sind Chefs, andere unterstehen den Chefs. Die einen haben mehr Macht als die anderen. Das ist die Dimension der Hierarchie.

Der Vorgang der Erreichung des Unternehmenszieles (1. Merkmal) durch die Bemühungen mehrerer Menschen (2. Merkmal) führt dazu, daß einige Menschen die Befugnis gewinnen, andere zu führen. Sie tragen Verantwortung für Planung, Kontrolle und Anweisung anderer innerhalb einer hierarchischen Ordnung (3. Merkmal).

Jede Organisation besitzt eine Machthierarchie. Viele Organisationen haben Stellenbeschreibungen für ihre Mitarbeiter, in denen die jeweilige Verantwortung innerhalb der Hierarchie festgehalten ist. Die Probleme der Beziehungen zwischen Vorgesetzten und Untergebenen sind jedoch weit komplizierter, als man das in einer Arbeitsplatzbeschreibung ausdrücken kann. Die Grundlage für das Verstehen des Führungsverhaltens liegt in der Erkenntnis, daß die Handlungen eines Vorgesetzten von bestimmten Führungs*vorstellungen* gelenkt werden.

Manchmal wird Führung von Spannung geprägt, wenn ein Vorgesetzter seinen Mitarbeitern beispielsweise klipp und klar sagt, was er von ihnen erwartet. Es ist auch möglich, daß eine Führungskraft sich gar nicht wie ein Chef verhält, wenn er seine Mitarbeiter beispielsweise am langen Zügel führt. Unter solchen Gegebenheiten merken die Mitarbeiter vielleicht nicht einmal, daß sie geführt werden. Sie haben nicht oder kaum das Gefühl, daß man Einfluß auf sie ausübt. Die Tatsache bleibt aber, daß Organisationen einen hierarchischen Aufbau haben müssen. Macht ist, gleichgültig, auf welche Weise sie eingesetzt wird, eine Grundvoraussetzung für eine Organisation.

Zum Verständnis des Führungsverhaltens spielen noch weitere allgemeingültige Organisationsmerkmale eine Rolle. Sie sollen hier mit einer Ausnahme nicht erörtert werden. Bei dieser Ausnahme handelt es sich um die Wertungs- und Ausdrucksweisen einer Organisation, um die Organisations»kultur« und um ihre Bedeutung für das Führungsverhalten. Damit werden wir uns in Kapitel 13 befassen.

Das Verhaltensgitter

Die Verbindung der drei Merkmale oder Orientierungen wird in einem Koordinatensystem, dem Verhaltensgitter (Grid), graphisch dargestellt. Produktion, Ergebnisse erzielen ist eine Orientierung, die Sachorientierung. Als zweites geht es um die Orientierung an den Menschen, am jeweils einzelnen Mitarbeiter und Kollegen. Als drittes geht es um den Einsatz der Hierarchie, um Produktion mit und durch Menschen zu erzielen. »Orientierung an« soll keine exakte Meßgröße für die Menge des tatsächlichen Ausstoßes oder das tatsächliche Verhalten gegenüber Menschen sein. Vielmehr soll damit Art und Stärke der jedem Führungsstil zugrunde liegenden inneren Wertskala angegeben werden.

Sachorientierung

Orientierung an *Produktion, Ergebnissen, Endresultaten* oder *Gewinnen* läßt sich zum Beispiel daran erkennen, wie eine Führungskraft neue Wachstums- und Entwicklungswege für eine Organisation durch Akquisitionen oder Beginn oder Ausweitung innovativer Forschungs- und Entwicklungsarbeiten findet. Sie mag sich an Umfang und Güte von Entscheidungen zur Unternehmenspolitik zeigen, am Verhältnis zwischen der Zahl von kreativen Ideen und ihrer Umwandlung in verkäufliche Güter, an der Zahl von Neukunden in einem bestimmten Zeitraum oder an Güte und Gründlichkeit von Dienstleistungen. Bei der Produktion von Gütern nimmt die Sachorientierung die Form von Leistungsmessungen, Auslastung an. Es geht um die Zahl der produzierten Einheiten, die notwendige Zeit zur Erfüllung einer Produktionsvorgabe oder um das Umsatzvolumen. In einem Krankenhaus geht es um die Auslastung der Betten, die Zahl der diagnostischen Leistungen oder die Länge des Krankenhausaufenthaltes. In einer Behörde mag Produktivität Länge der Bearbeitungszeit für Vorgänge oder Zahl der ausgefüllten Formulare bedeuten. In einer Universität werden Ergebnisse an der Zahl der Studenten gemessen, die ihr Examen bestehen, am Lehrkräftekollegium, an der Wochenstundenzahl, an der Zahl der veröffentlichten Forschungsarbeiten oder an der Zahl von Examenskandidaten, die später promovieren.

Produktion heißt also mit anderen Worten Erfüllung des Sachziels, Erfüllung dessen, wozu eine Organisation Menschen einstellt.

Menschenorientierung

Da Manager mit und durch Menschen führen, ist es wichtig, um ihre innere Einstellung Menschen gegenüber zu wissen, wenn man ihre Führungseffektivität bestimmen will. Menschen bleiben Menschen, gleich, in welcher Umwelt sie arbeiten, ob in der Industrie, in Behörden, im Bildungs- oder Gesundheitswesen oder zu Hause.

Die Orientierung an den Menschen zeigt sich auf vielerlei verschiedene Weisen. Bei manchen Führungskräften zeigt sie sich an ihren Bemühungen um die Zuneigung ihrer Mitarbeiter. Anderen geht es darum, daß die Mitarbeiter ihre Aufgaben erledigen. Aufgabenverantwortung für Ergebnisse auf der Grundlage von Vertrauen und Gehorsam oder Mitgefühl, Verständnis oder Unterstützung eines anderen Menschen, der sich Widersachern gegenübersieht – auch dies sind Menschenorientierungen. Weiterhin wird die Menschenorientierung sichtbar in den Bemühungen um Arbeitsbedingungen, Gehaltsstruktur, Sozialleistungen und Arbeitsplatzsicherheit. Je nach Art und Weise der Orientierung reagieren die Mitarbeiter mit Begeisterung oder Ablehnung, Engagement oder Apathie, mit Innovations- oder bremsendem Denken, mit Einsatz oder Gleichgültigkeit und mit Wandlungsbereitschaft oder -widerstand.

Das Wechselspiel dieser Orientierungen

Die Sach- und die Menschenorientierung werden im Verhaltensgitter (Abbildung 2-1) auf zwei neunteiligen Skalen aufgetragen, 1 heißt sehr niedrige Orientierung. 5 bedeutet eine mittlere oder durchschnittliche Orientierung. 9 ist die Höchstorientierung. Die übrigen Ziffern 2 bis 4 und 6 bis 8 bezeichnen verschiedene Orientierungsgrade. Diese Zahlen stehen für die verschiedenen Schritte zwischen niedrig und hoch, genauso wie der Zeiger der Benzinuhr die Tankfüllung von voll bis leer anzeigt, ohne spezifische Mengen anzugeben.

Die für eine bestimmte Führungskraft typische Kombination dieser beiden Orientierungen bestimmt ihren Gebrauch der Macht. Außerdem haben die verschiedenen Orientierungen selbst bei gleichem Orientierungsgrad verschiedene Inhalte. Wenn eine Führungskraft beispielsweise von einer hohen Menschenorientierung in Verbindung mit einer geringen Sachorientierung ausgeht, sagt sie mit ihrer Menschenorientierung, daß die Menschen »glücklich« sein sollen, etwas ganz anderes als die Führungskraft mit hoher Menschen- und hoher Sachorientierung, daß nämlich die Menschen mitbestimmend Einfluß auf ihre Arbeit haben sollen und sich mit Begeisterung für das Unternehmensziel einsetzen.

Jede Theorie läßt sich als ein Bündel von Grundeinstellungen zum Gebrauch der Macht, zur Einbettung von Menschen in die Produktion ansehen. Jede dieser Theorien findet sich in gewissem Ausmaß in jeder Art von Organisation. Die verschiedenen Grundeinstellungen sind allgemeingültig und treten in allen möglichen Kulturkreisen auf.

Wichtig ist, daß einer Führungskraft eine ganze Skala von alternativen Möglichkeiten in jeder Situation zur Verfügung steht, in der Arbeit durch Menschen erledigt werden soll. Zur Verbesserung seiner Führungsfähigkeiten muß der Manager sie kennen und in der Lage sein, den jeweils besten Maßnahmenkurs für jede gegebene Situation unter einer Reihe von Möglichkeiten auszuwählen.

Hoch
9
8
7
6
5
4
3
2
1
Niedrig
Menschenorientierung
1,9-Führungsverhalten
„Glacéhandschuh-Management"
Rücksichtnahme auf die Bedürfnisse der Mitarbeiter nach zufriedenstellenden zwischenmenschlichen Beziehungen bewirkt ein gemächliches und freundliches Betriebsklima und Arbeitstempo.
9,9-Führungsverhalten
„Team-Management"
Hohe Arbeitsleistung vom engagierten Mitarbeiter; Interdependenz im gemeinschaftlichen Einsatz für das Unternehmensziel verbindet die Menschen in Vertrauen und gegenseitiger Achtung.
5,5-Führungsverhalten
„Organisations-Management"
Eine angemessene Leistung wird ermöglicht durch die Herstellung eines Gleichgewichts zwischen der Notwendigkeit, die Arbeit zu tun, und der Aufrechterhaltung einer zufriedenstellenden Betriebsmoral.
1,1-Führungsverhalten
„Überlebens-Management"
Minimale Anstrengung zur Erledigung der geforderten Arbeit genügt gerade noch, sich im Unternehmen zu halten.
9,1-Führungsverhalten
„Befehl-Gehorsam-Management"
Der Betriebserfolg beruht darauf, die Arbeitsbedingungen so einzurichten, daß der Einfluß persönlicher Faktoren auf ein Minimum beschränkt wird.
1
2
3
4
5
6
7
8
9
Niedrig
Hoch
Sachorientierung

Abb. 2-1. Das Verhaltensgitter

9,1 In der unteren rechten Ecke des Verhaltensgitters finden wir ein Höchstmaß an Sachorientierung (9), gepaart mit einem niedrigen Maß an Menschenorientierung (1). Ein von diesen Vorstellungen ausgehender Manager konzentriert sich auf ein Maximum an Ausstoß. Er setzt seine Macht und Autorität ein und gewinnt Kontrolle über seine Mitarbeiter, indem er Gehorsam verlangt. Dies ist eine 9,1-Orientierung.

1,9 Der 1,9-Führungsstil* findet sich in der linken oberen Ecke. Hier geht es um die Paarung einer niedrigen Sachorientierung (1) mit einer hohen Menschenorientierung (9). Innerhalb dieses Führungsverhaltens richtet sich die Hauptaufmerksamkeit auf die Förderung positiver Gefühle unter Kollegen und Mitarbeitern.

1,1 Eine geringe Sach- und Menschenorientierung finden wir unter 1,1 in der linken unteren Ecke. Der 1,1-Manager tut nur gerade soviel, wie unbedingt erforderlich ist, um sich in der Organisation halten zu können.

5,5 Der 5,5-Führungsstil liegt in der Mitte. Hier geht es um die Einstellung »leben und leben lassen.« Diese Einstellungen gehen mit dem Status quo konform.

9,9 In der rechten oberen Ecke finden wir den 9,9-Führungsstil. Hier verbindet sich eine hohe Sach- mit einer hohen Menschenorientierung. Hier geht es um den Teamansatz. Das 9,9-Führungsverhalten ist zielorientiert und versucht, qualitativ und quantitativ hochwertige Ergebnisse durch Mitwirkung, Mitsprache, Mitverantwortung, durch gemeinschaftlichen Einsatz für das Unternehmensziel und gemeinschaftliche Konfliktlösung zu erreichen.

Andere Gitterstile

Die erwähnten fünf Theorien umfassen die wesentlichsten Gitterstile. Eine ganze Reihe weiterer Führungsstile läßt sich genauso in das Verhaltensgitter einordnen, wie beispielsweise die patriarchalische

* »Führungsstil« und »Führungsverhalten« werden in diesem Text alternierend, bzw. gleichbedeutend gebraucht. (Anm. d. Ü.)

Führung oder die abwechselnde Praktizierung verschiedener Führungsstile. Innerhalb des Verhaltensgitters gibt es noch viele weitere Ausprägungen, z. B. 9,5 oder 5,9 oder 8,3 oder 4,4. Es ist aber wohl nicht notwendig, alle nur erdenklichen Gitterpositionen mit all ihren komplizierten Merkmalen zu beschreiben. Wir werden allerdings in Kapitel 8 auf einige Kombinationen und Mischungen der fünf Grundtheorien eingehen.

Bestimmungsfaktoren für den Hauptgitterstil

Der vorherrschende Gitterstil einer Führungskraft in einer bestimmten Situation wird von einem oder mehreren Bedingungsbündeln beeinflußt.

Organisation. Das Führungsverhalten wird häufig von der Organisation bestimmt, in der der Manager arbeitet. Wenn die Regeln und Bedingungen der Organisation so starr festgelegt sind, daß sie den einzelnen Führungskräften nur wenig Spielraum lassen, werden die praktizierten Führungsstile kaum etwas von der inneren Einstellung der Manager spüren lassen, sondern vielmehr die Vorstellungen der Organisation über »richtiges Führen« widerspiegeln.

Situation. Die Situation selbst kann zum bestimmenden und alles andere umstoßenden Faktor werden und dadurch festlegen, welches Bündel von Führungsmaßnahmen einzusetzen ist. Führung in Krisenzeiten wird sich wesentlich von einer Führung im normalen Routinealltag unterscheiden.

Wertvorstellungen. Die Wahl des Führungsansatzes beruht meistens auf den Wertvorstellungen oder Überzeugungen eines Managers, wie Menschen zu behandeln oder Ergebnisse zu erzielen seien. Jedem gegebenen Bündel von Grundvorstellungen werden persönliche Werte beigemessen. Hier geht es um die innere Überzeugung des jeweiligen Menschen. Es geht darum, welchen Hauptführungsstil er als wünschenswert erachtet.

Persönlichkeit. Der dominante Führungsstil dürfte sich hauptsächlich aus tiefverwurzelten Wesenszügen entwickeln, die einen Menschen von vornherein dazu veranlassen, sich einem entsprechenden Führungsansatz zuzuwenden.

Gelegenheit. Wenn sich ein Mensch in seinem Verhalten von einem bestimmten Bündel von Führungsansätzen leiten läßt, so mag es daran liegen, daß er nie mit anderen Möglichkeiten konfrontiert wurde oder nie selbst die Erfahrung gemacht hat, daß es auch noch andere Führungsstile gibt. Ihm ist sozusagen nicht die »Chance« gegeben worden, zu lernen.

Wir dürfen allerdings nicht davon ausgehen, daß wir mit der Definition eines Gitterstiles jede Facette des Führungsverhaltens eines Menschen voraussagen können. Meistens sind sich die Menschen ihres vorherrschenden Gitterstiles bewußt. Genauso können sie aber auch erkennen, daß sie Verhaltensweisen üben, die nicht mit den Voraussetzungen zu ihrem Hauptstil übereinstimmen. Mit dem Gitterstil läßt sich jedoch die Grundstruktur des Führungsverhaltens zutreffend beschreiben.

Hauptstile und Ersatzstile

Sicherlich kann ein Manager einen Gitterstil konsequent auf eine ganze Reihe von Situationen anwenden. Es kommt aber auch vor, daß Führungskräfte von einem Stil zum anderen schwenken und dabei ihren Gitterstil je nach Beurteilung der Situation verlagern und anpassen. Wie läßt sich der Grundgedanke, daß ein bestimmtes Bündel von Wertvorstellungen vorhanden ist, mit einem schwankenden und wechselnden Führungsverhalten vereinbaren? Hier greift das Konzept von Haupt- und Ersatzstil. Die meisten Führungskräfte praktizieren nicht nur einen vorherrschenden Gitterstil, sondern haben auch einen Ersatzstil, manchmal sogar noch einen dritten und vierten Führungsstil. Der Ersatzstil eines Managers kommt zum Vorschein, wenn es ihm schwerfällt oder unmöglich wird, seinen Hauptgitterstil einzusetzen. Der Ersatzführungsstil ist also der Stil, auf den ein Manager insbesondere zurückgreift, wenn er unter Druck, Spannung oder Streß steht oder wenn sich Konflikte nicht auf die ihm normalerweise eigene Art lösen lassen.

Der Wechsel zwischen Haupt- und Ersatzstil läßt sich sehr leicht erkennen, wenn man beobachtet, wie Eltern mit ihren Kindern umgehen. Zuerst versuchen wir es gemäß 9,9 mit Logik und Vernunft, aber es funktioniert nicht. Dann werden wir streng und ziehen das Ganze vielleicht auch ein wenig ins Lächerliche. Das ist 9,1-Verhalten, um die Aufmerksamkeit des Kindes zu erlangen. Da wir damit Abscheu und Ablehnung hervorgerufen haben, wechseln wir zu einem liebevollen und freundlichen Verhalten über in der Hoffnung, daß es uns mit dieser 1,9-Einstellung gelingt, das Kind »herumzubekommen«. Aber es ist uns immer noch nicht gelungen, das Kind zur Kooperation zu bewegen. Wir wechseln entweder wieder zur 9,1-Strategie mit Drohungen oder Strafe zurück oder geben mit einem 1,1-Verhalten auf und sagen: »Ach, dann mach doch, was du willst!«

Jeder Gitterstil kann als Ersatz- oder auch als Hauptstil dienen. Ein 1,9-orientierter Manager zieht es beispielsweise vor, nachzugeben oder sich zu beugen, wenn er angegriffen wird, aber wenn der Druck zu groß wird, geht er zu Sturheit und Forderungen in einer 9,1-orientierten Art über. Ein 9,1-orientierter, nach Kontrolle und Herrschaft strebender Manager steht dem erbitterten Widerstand seiner Mitarbeiter gegenüber. Wenn er keine Möglichkeit findet, um sie unter seine Kontrolle zu bringen, mag ihm nichts anderes übrigbleiben, als sich einer 9,9-Orientierung zuzuwenden und das Problem gemeinsam im Team zu lösen. Dieselbe Verlagerung auf einen anderen Führungsstil läßt sich bei einem Manager beobachten, der im Alltag eine 9,9-Orientierung seinen Mitarbeitern gegenüber praktiziert, dann aber in einer Krise das alleinige Kommando übernimmt und das Potential derer, die vielleicht am besten zu einer Lösung beitragen könnten, nicht mehr nutzt.

Wenn überhaupt, gibt es nur wenige natürliche oder bevorzugte Haupt-Ersatzstil-Mischungen. Durch die große Skala der möglichen Haupt-Ersatzstil-Kombinationen wird jede einzelne Führungskraft zu einem einmaligen Individuum. Wir müssen hier noch einmal betonen, daß das Führungsverhalten nicht ein für allemal fixiert ist. Es ist nicht unwandelbar. Es läßt sich durch Schulung und Selbsttraining ändern.

Führungsfassaden

Den reinen Theorien – 9,1, 1,9, 1,1, 5,5 und 9,9 – liegt eine gemeinsame Eigenschaft zugrunde, sie sind alle echt. Auf der anderen Seite existiert aber auch unehrliches Führungsverhalten, das sich als *Tarnkappenverhalten* oder *Führungsfassade* bezeichnen läßt. Eine Führungsfassade, ob wissentlich oder unwissentlich praktiziert, ist ein Deckmantel, unter dem Platz für Täuschung, Intrigen oder üble Machenschaften ist und unter dem man seine wahre Einstellung verbergen kann. Zu den jeweiligen Hauptgitterstilen gibt es auch das entsprechende Fassadenverhalten. Es wird unter den jeweiligen Gitterstilen identifiziert und besprochen.

Zusammenfassung

Das Verhaltensgitter bietet den Rahmen zum Verständnis der Grundeinstellungen von Führungskräften in Konkurrenz oder Kooperation mit andern. In den folgenden Kapiteln gehen wir auf die positiven Motivationen ein, nach denen ein Manager streben sollte, und auch auf die negativen Motivationen, die er vermeiden sollte. Wir befassen uns mit den Folgen jedes einzelnen Stiles in bezug auf die Reaktionen der Mitarbeiter. Aus zahlreichen Studien hat sich auch ein deutlicher Zusammenhang ergeben zwischen den innerhalb einer Organisation praktizierten Gitterstilen, der tatsächlich erreichten Produktivität und der Unternehmensrentabilität. Diese Ergebnisse werden in Kapitel 13 im einzelnen behandelt.

Auch die Folgen für die seelische und körperliche Gesundheit von Führungskräften werden untersucht. Es wird sich herausstellen, daß Gesundheitsstörungen an Leib und Seele eng mit den Gitterstilmotivationen einhergehen.

Mit Hilfe der Ursprünge aus der Kindheit läßt sich die Dynamik der einzelnen Gitterstile begreifen.

»Gibt es einen optimalen Führungsstil, oder hängt der Gitterstil von der jeweiligen Situation ab?« Um diese Frage zu beantworten, wurden Forschungsarbeiten durchgeführt zur Abhängigkeit zwischen Führungsstil und beruflichem Erfolg. Auch diese Frage wird erörtert, analysiert und bewertet. Daraus ergibt sich, daß ». . . es ein optimales Führungsverhalten gibt«. Mit diesem Thema befassen wir uns in Kapitel 9.

Kapitel 3

9,1

Der 9,1-orientierte Manager will lenken, herrschen und beherrschen. Er will immer Sieger sein und sich selbst beweisen, daß er sie alle beherrscht, daß er sich nichts und niemandem unterwirft. Der Wille ist für ihn von größter Bedeutung. Dies kann zu einer fast sturen Entschlossenheit führen, an die Spitze zu gelangen. Bei hoher Produktion fühlt er sich wohl. Er hat die Oberhand. Den Beitrag der anderen sieht er kaum. Die 9,1-Orientierung steht unter dem Motto: »Wenn ich nur stark genug bin, kann ich meinen Willen gegen jeden Widerstand, gegen jede Opposition durchsetzen.«

Manchmal bekommt ein 9,1-orientierter Manager aber nicht die Ergebnisse, mit denen er gerechnet hat. Seine größte Angst ist, daß er zaudern könnte, geschlagen werden könnte, die Kontrolle verlieren oder unterliegen könnte. Wenn etwas mißlingt, schiebt er anderen die Schuld in die Schuhe. Der 9,1-Manager beschließt: »Nächstes Mal passe ich besser auf.« Die Schlußfolgerung aus seiner inneren Einstellung: »Ich bin verantwortlich für meine Erfolge; Mißerfolge entstehen aus den Handlungen anderer«, wird wohl lauten: »Nie auf andere verlassen!« Das geht so weit, daß er Ratschläge und Orientierungshilfen ausschlägt, weil er das Annehmen von Hilfe, Empfehlungen, ja sogar Vorschlägen als eigene Unselbständigkeit empfindet.

Wenn er seinen Willen nicht durchsetzen kann, reagiert er typischerweise mit Zorn. Er versucht dann, die äußere Quelle, die seinen Zorn verursacht hat, zu überwinden, anstatt sich damit zu beschäftigen, warum ihm die innere Gelassenheit fehlt, wenn er sich mit einem Problem beschäftigen muß. Der Zorn wirkt meistens nach und wird häufig sogar noch schlimmer, auch wenn der ursprüngliche Grund geringfügiger geworden oder ganz verschwunden ist. Der vorhandene Überschuß an Ärger und Angriffslust läßt diesen Menschen mitunter auch nach Gelegenheiten suchen, in denen er seinen Zorn entladen kann.

Das Verhalten des Vorgesetzten

Ein Manager mit einer 9,1-Orientierung fühlt sich zu den Organisationen hingezogen, in denen großer Wert auf die Produktion und wenig Wert auf die in ihr arbeitenden Menschen gelegt wird. Er fühlt sich ermutigt, weil seine eigene innere Einstellung mit dem Organisationsziel übereinstimmt. Ihm steht es frei, sich selbst und andere mit dem Spruch anzutreiben: »Was zählt, sind Ergebnisse.« Jeder Widerspruch zwischen den Menschen und der Produktion wird auf Kosten der Menschen gelöst. Ein solcher Manager denkt über seine Arbeit und die zu lösenden Probleme nach, um Produktion zu erzielen. Oft wacht er mit Sorgen auf: »Wenn ich nicht selbst aufpasse, wer dann? In diesem Unternehmen herrscht das Gesetz des Dschungels. Friß oder stirb! Nur die Stärksten überleben!« Seine Entschlossenheit, alle Hindernisse zu überwinden, jede Opposition zu brechen, wird als Halsstarrigkeit angesehen. Und doch sammelt er, jedenfalls kurzfristig, viele Pluspunkte für seine Leistung.

Die Beziehungen zwischen Vorgesetzten und Untergebenen spielen sich auf der Ebene *Weisung-Gehorsam* ab. Der Manager bestimmt selbst über die kleinsten Detailaufgaben seiner Mitarbeiter. Die Macht der Hierarchie darf nicht in Frage gestellt werden. Jeder hat sich an die ihm zugewiesene Verantwortung zu halten.

Wenn ein Mitarbeiter auf die Idee kommt, seinen 9,1-orientierten Chef zu fragen, wie die Arbeit erledigt werden soll, mag er folgende Antwort erhalten: »Dies sind Ihre Anweisungen. Darin steht: Wer, was, wo, wann und wie. Folgen Sie diesen Anweisungen ohne Widerworte. Wenn ich etwas nicht leiden kann, dann ist es Insubordination.«

Der 9,1-orientierte Chef geht von folgender Annahme aus: Von außen kommende Unterweisungs- und Überwachungsmaßnahmen müssen von oben nach unten durch die Organisationshierarchie durchgesetzt werden. Warum? Erstens einmal geht man davon aus, daß die Menschen von Natur aus nicht gerne arbeiten. Deshalb muß man sie zur Arbeit treiben. Zweitens glaubt man nicht, daß sie ihre Arbeit auf der eigenen Operationsebene selbst effektiv gestalten können. Die Manager auf den unteren Ebenen tragen lediglich die Verantwortung für den Produktionsausstoß. Die Planung und Organisation dieser Aufgaben läßt man lieber durch höhergestellte Führungskräfte erledigen, da die höheren Führungsebenen über den Überblick, die Fähigkeiten und die Informationen verfügen. Drittens würde man mit einer anderen Führungsweise nur die etablierte Autorität schwächen und zusehen müssen, wie »unwillige« Mitarbeiter in ihren Bemühungen nachlassen.

Eine 9,1-Führungskraft sieht ihre Verantwortung auf eine für diese Orientierung typische Weise.

Planung: »Ich plane, indem ich Soll-Normen und Termine setze und detaillierte Pläne zu ihrer Erfüllung aufstelle.«
Organisation: »Ich weise Aufgaben an und sage meinen Mitarbeitern, was sie wie, wann und mit wem zu tun haben.«
Unterweisung: »Ich halte mich ständig auf dem laufenden. Ich will schließlich, daß nur das getan wird, was ich auch genehmigt habe.«
Steuerung und Überwachung: »Ich sorge dafür, daß Termine eingehalten werden. Ich treibe meine Mitarbeiter möglichst zu schnellerer Arbeit an. Wenn Pannen auftreten, halte ich mit Kritik nicht hinter dem Berg. Ich suche den Schuldigen und ordne Korrekturmaßnahmen an.«
Stellenbesetzung: »Ich hole mir die Tüchtigen. Die Schwachen siebe ich aus. Führungsentwicklung, die sich mit Persönlichkeitsaspekten befaßt, mag zwar nützlich sein, aber letzten Endes zählt nur das, was man am Arbeitsplatz selbst lernt.«

Wenn ein Chef auf diese Weise führt, läßt es sich wohl kaum vermeiden, daß er von seinen Mitarbeitern abgelehnt wird. Mit der Zeit wird er diese Ablehnung sogar erwarten. Er rechtfertigt sich damit, daß er seine Mitarbeiter ganz genau kontrollieren und ihnen manchmal auch auf die Zehen treten müsse, um Leistung zu erzielen. Es ist nur natürlich, daß die Mitarbeiter mit Kritik reagieren.

Diese Kritik läßt sich ignorieren, wenn man die Menschen nur streng genug kontrolliert. Das ist für den 9,1-orientierten Manager sowieso wichtig. Es ist leichter, die Mitarbeiter unter Kontrolle zu halten, wenn sich jeder einzeln für seine eigene Arbeit verantworten muß. Dieser Manager geht davon aus, daß einzelne Menschen, nicht Gruppen oder Teams, die Bausteine für die Produktivität bilden.

Wir haben einmal eine Büroeinrichtung gesehen, die diese Struktur von einzelnen Arbeitsbeziehungen widerspiegelte. Es war ein Großraumbüro, in dem die Debitoren- und die Kreditorenbuchhaltung untergebracht war. In jeder Abteilung arbeiteten je sechs Buchhalter und je ein Abteilungsleiter. Die beiden Abteilungsleiter waren dem Hauptabteilungsleiter unterstellt.

Das Büro ist so eingerichtet, daß jeder Buchhalter in einem mit Milchglas verglasten Kasten sitzt. Dieser Kasten ist nach drei Seiten geschlossen und nach vorne offen. Die sechs Kästen der einen Abteilung sind von denen auf der anderen Seite durch einen 1,5 m breiten Gang getrennt. Vor jeder dieser beiden Gruppen von sechs Kästen befindet sich ein anderer Kasten, der für die Abteilungsleiter bestimmt ist. Diese beiden Kästen sind nach zwei Seiten geschlossen, vorne und hinten sind sie offen. In der Mitte des Ganges an der äußeren Seite des Büros sitzt der Hauptabteilungsleiter. Von hier kann er in die Kästen seiner beiden Abteilungsleiter hineinsehen. Die Abteilungsleiter ihrerseits können »aufwärts« zu ihrem Chef oder »abwärts« zu ihren Untergebenen sehen.

So verläuft der Informations- und Arbeitsfluß vom Hauptabteilungsleiter getrennt zu jedem Abteilungsleiter. Dann geben die beiden Abteilungsleiter die Arbeit an ihre Untergebenen weiter, auch an jeden einzeln. Von ihren »Vorzugs«plätzen im Büro können der Hauptabteilungsleiter und die beiden Abteilungsleiter leichter die Arbeit der ihnen unterstellten Mitarbeiter im Auge behalten. Die Abteilungsleiter und Buchhalter wissen nicht und sollen auch gar nicht wissen, was links und rechts vorgeht. Entscheidungen oder Beurteilungen, die beide Abteilungen angehen, werden auf der Ebene des Hauptabteilungsleiters getroffen. Diese Entscheidungen werden dann von oben entlang den Hierarchielinien nach unten an die einzelnen weitergegeben.

Ein 9,1-orientierter Manager kümmert sich oft um die Arbeitseinteilung und andere geringfügige Dinge auf unterster Ebene. Ein Arbeitsplatz wird nach den operationalen Bedürfnissen definiert. Ideen werden von den Mitarbeitern nicht erwartet. Sie sollen Ergebnisse bringen. Arbeitsvereinfachung und die Einteilung von Tätigkeiten in kleine Abschnitte haben einen großen Vorteil. Urteile und Entscheidungen, bei denen es um mehr als einfache Verfahren geht, werden dadurch auf ein Minimum reduziert. Bei dieser Auslegung wird die Arbeit in mechanische Einheiten aufgebrochen. Die Menschen brauchen nicht nachzudenken.

Auf höheren Führungsebenen läßt sich eine ähnliche Trennung der leitenden Angestellten durch die Weitergabe und den Zugang zu Informationen schaffen. Der Generaldirektor eines Unternehmens konferiert beispielsweise mit jedem Direktor einzeln. Er reagiert unwillig, wenn sich die Direktoren untereinander treffen. Er ist die zentrale Quelle, er weiß alles. Er tut dies aus verschiedenen Gründen. Zum einen hat er das endgültige Sagen über alle Entscheidungen. Der Generaldirektor kann nicht von seinen Mitarbeitern kritisiert werden, denn kein Mitarbeiter besitzt einen ausreichenden Überblick, um sich ein Bild von den komplizierten Überlegungen machen zu können, die zum Endergebnis führen. Außerdem vermeidet er auf diese Weise, sich »Universalgenies« zu Konkurrenten heranzuziehen. Selbstverständlich könnte niemand einen solchen Generaldirektor ersetzen. Deshalb braucht er hier also auch nichts zu befürchten. Wenn er aus irgendwelchen Gründen seine Stellung aufgeben muß – seien es gesundheitliche Gründe oder andere –, wird die Organisation wahrscheinlich abdriften, wenn nicht sogar zusammenbrechen.

Management by Objectives (Führen durch Zielvereinbarung)

Man spricht häufig von Management by Objectives, wenn man besser von Management durch Sollfestsetzung sprechen würde. Dieser Ausdruck trifft nämlich eher auf das mächtige Mittel der Produktivitätssteuerung zu, das wir hier besprechen wollen. Das Leistungssoll wird oft höher angesetzt als die momentane Ist-Produktion.

Die Norm wird entweder erreicht oder nicht erreicht. So kann dieses Soll nur allzuleicht zu einem »Plafond« werden. Die Mitarbeiter fühlen sich höchstens noch dazu motiviert, dieses Soll zu erfüllen, aber nicht mehr, es zu überschreiten. Wenn die Norm nicht erfüllt wird, greifen Korrekturmaßnahmen, um ein erneutes Scheitern zu verhindern. Auch mit solchen Soll-Normen kann man also zur Produktion antreiben.

Ähnlich in ihren Auswirkungen ist die Terminhetze. Auch sie wird manchmal aus denselben Gründen angewandt – sie soll zur Leistung antreiben. Durch das Setzen knapper Termine übt der 9,1-Manager Zwang aus, um Ergebnisse zu erzielen. Er sagt zu einem Mitarbeiter: »Vor einem Monat haben Sie für diese Arbeit zwei Tage gebraucht. Sorgen Sie dafür, daß sie dieses Mal innerhalb von eineinhalb Tagen abgewickelt wird.« Oder man setzt dieselbe Frist, verlangt aber, daß die Arbeit mit weniger Mitarbeitern erledigt wird. »Letztes Mal haben zehn Mitarbeiter vier Tage für den Ausschußbericht gebraucht. Sie müssen es auf dieser Reise mit sieben Mitarbeitern innerhalb von vier Tagen schaffen.«

Für den 9,1-Manager sind Soll-Normen oder Termine mehr oder weniger akzeptierbare Mittel, um Organisationseffektivität erreichen zu können. Gleichzeitig gewinnt er persönliche Befriedigung aus der Kontrolle über die Arbeit anderer. Wenn die vorgegebenen Ergebnisse nicht erzielt werden, können Zwangsmittel – dazu gehören auch verschiedene Formen der Strafe – gegen die eingesetzt werden, die die Ansprüche nicht erfüllen.

Bei diesem Management by Objectives lautet der 9,1-Ansatz zur Leistungsbeurteilung so: »Man gibt dem Mitarbeiter deutlich und ohne Einschränkung zu verstehen, wo er in bezug auf die gesetzten

Normen steht.« Mit anderen Worten hat der Chef die Pflicht, die ihm unterstellten Mitarbeiter gründlich zu bewerten und ihnen klarzumachen, wo sie den Ansprüchen nicht genügen. Der Chef konzentriert sich also darauf, seinen Mitarbeiter über seine Schwächen und die notwendigen Korrekturmaßnahmen zu informieren. Danach liegt es am Mitarbeiter, sich am Riemen zu reißen.

Konflikt

Ein Konflikt entsteht aus der widersprüchlichen Denkweise mehrerer Personen. Meistens entsteht er, weil Kollegen und Mitarbeiter festgefügte Vorstellungen besitzen über das, was richtig ist oder falsch, gut oder schlecht, vernünftig oder unvernünftig. Bei einem 9,1-Ansatz wird Konflikt als ein Zeichen dafür gesehen, daß die Kontrolle nicht mehr richtig funktioniert. Der 9,1-Manager reagiert mit Kampf, um seine Herrschaft über die anderen wiederherzustellen. Vorgesetzte haben hierzu vielerlei verschiedene Möglichkeiten. Sie reichen von subtilen Fragen, mit denen man dem anderen zeigen will, daß er Unrecht hat, bis hin zur offenen Unterdrückung eines anderen Standpunktes.

Fügsamkeit

Diese 9,1-orientierte Einstellung zur Führung richtet sich auf das Ausschalten von Meinungsverschiedenheiten zwischen Vorgesetztem und Untergebenen, ehe sie überhaupt entstehen können. Wenn sich die Mitarbeiter an Unterweisungen und Anordnungen halten, entsteht automatisch Übereinstimmung zwischen dem Vorgesetzten und seinen Mitarbeitern. Häufig werden Mitarbeiter als Belohnung für ihre Fügsamkeit extrem gut bezahlt. Hier die Bemerkung einer Führungskraft auf hoher Ebene: »Man muß schon gut zahlen, wenn man einen Mitarbeiter bekommen will, der das schluckt, was ich schlucke.«

Offensives Fragen und defensives Zuhören

In normalen Gesprächen läßt sich die 9,1-Orientierung eines Managers, der eine Sache für sich entscheiden will, daran erkennen, wie er Fragen stellt und wie er zuhört. Hier geht es um wichtige Aspekte der Kommunikation.

Typisch für die Offensive ist, eine Frage zu stellen, ohne jedoch gleichzeitig zu erklären, warum man diese Information haben will. Dies tut der Chef, weil er damit auf schnellem und direktem Wege zur Sache kommt. Er verschwendet weder seine eigene Zeit noch die seines Mitarbeiters. Die Frage ist seiner Sicht nach notwendig, und das ist Grund genug. Der Mitarbeiter wird in die Defensive gedrängt, wenn er in der Frage mitschwingen hört, daß etwas nicht stimmt.

Wenn nur ein Mitarbeiter spricht, wird ein 9,1-orientierter Vorgesetzter wahrscheinlich auf eine unterschwellige Bedrohung seines allerwichtigsten Zieles achten, nämlich, Ergebnisse zu erzielen. Wenn der Chef aufgrund seines defensiven Zuhörens Fehler oder Auslassungen finden kann, wird er bei diesen Punkten eingreifen. Defensives Zuhören hat den Vorteil, daß der Chef immer aufmerksam auf die in der Rede enthüllten Meinungen, Gedanken und Einstellungen achtet. Der Nachteil ist, daß er unter Umständen das eigentlich Gesagte gar nicht wahrnimmt. Das Gehörte fördert seine Aggressivität und löst eine Stimmung aus, in der es nur noch um Sieg oder Niederlage geht.

Feste Stellung beziehen

In seinen Bemühungen, die Oberhand zu behalten, wird ein 9,1-Manager wahrscheinlich eine Stellung beziehen und an ihr festhalten. Solche festgefügten Einstellungen erlebt man auch, wenn ein früher flexibler Manager unter Druck inflexibel wird, Scheuklappen trägt und auf einem Maßnahmenkurs besteht, der einfach scheitern muß. Sturheit wird ihm als Etikett verliehen. Wenn man ihm Widerstand entgegensetzt, friert er seine Meinung nur noch mehr ein. Er stellt sich blind gegenüber Fakten, die die Ungültigkeit seiner Einstellung nachweisen. Damit ist der Teufelskreis perfekt. Es geht um Sieg oder Niederlage. Der Manager versteift sich immer mehr darauf, daß er das einzig Richtige tut. Die Mitarbeiter widersetzen sich immer mehr. Sie erkennen, daß das Grundelement Glaubwürdigkeit, oft auch als gegenseitiges Vertrauen bezeichnet, geopfert wird. Wenn dieser Punkt einmal erreicht ist, gibt es keine Umkehr mehr. Die Tragödie muß zu Ende gespielt werden. Entweder wird der 9,1-orientierte Manager im Namen des Fortschritts geopfert, oder man verzichtet auf den Fortschritt im Namen der Aufrechterhaltung seiner starren Überzeugung.

Bewertendes, urteilendes Denken

Worte sind mehr als Instrumente der Kommunikation. Sie können zu Waffen werden. Eine 9,1-Orientierung führt zu einer Wertungseinstellung. Man denkt in Kategorien von schwarz-weiß, gut-schlecht, alles oder nichts. Man urteilt auf der Grundlage vorher festgelegter Kriterien. Außerdem werden Wörter mit dogmatischem Anklang eingesetzt, um den Gegner in die Enge zu treiben: *Immer, nie, du darfst nicht, du mußt, du solltest*. Weitere verbale Niederwerfungstaktiken sind: 1. Übertreibung, 2. Einbringung von nicht überprüfbaren Randinformationen, 3. Ansichten von Respektspersonen zur Untermauerung der eigenen anführen, 4. von anderen erwähnte Respektspersonen in Frage stellen, 5. die Stimme heben, 6. Dialektik, 7. theatralisches Benehmen mit der Drohung, handgreiflich zu werden. Hier geht es keineswegs um eine absichtliche Unehrlichkeit. Ein 9,1-Manager ist ganz sicher, daß er mit größter Aufrichtigkeit und persönlicher Hingabe an die Rechtschaffenheit seines Anliegens gehandelt hat.

Spott

Auch Spott läßt sich gut verstehen. Zum Beispiel: »Wetten, daß ich recht habe? Was wollen Sie setzen? Nun kommen Sie schon, legen Sie das Geld auf den Tisch.« Selbst 9,1-orientierter Witz läßt sich als Waffe in solchen Scherzgesprächen verwenden. Ein solcher Humor hat immer einen Stachel. Er wird als beißend angesehen, weil es sich hier um Witze handelt, mit denen andere herabgesetzt werden, indem man ihre Fehler und Unzulänglichkeiten bloßstellt und sie lächerlich macht.

Spiele

Das Lieblingsspiel eines 9,1-Managers heißt: »Jetzt hab' ich dich endlich!« Dieser Manager wartet förmlich darauf, daß etwas schiefläuft, um sich dann auf den dafür verantwortlichen Mitarbeiter stürzen zu können. Er spürt bei jedem seiner Mitarbeiter nach unerfreulichen Tatsachen und spürt ihren Schwächen nach, um sie verurteilen zu können. Seine Bemühungen rechtfertigt er mit dem Argument, daß sich die Menschen nicht bessern können, wenn sie sich ihrer Mängel nicht bewußt sind und keine Maßnahmen zur Korrektur ihrer Mängel ergreifen.

Schmutzige Tricks

Die Anwendung schmutziger Tricks ist eine hinterlistige, aber oft erfolgversprechende Möglichkeit, Sieger über einen Kollegen zu bleiben. Wenn Kollegen untereinander darum wetteifern, »eine gute Figur zu machen«, um befördert zu werden, wollen vielleicht alle mit gleicher Entschlossenheit Sieger werden. Als nächstes wird wohl ein Wettstreit ausbrechen, in dem man sich nicht länger an faire Spielregeln hält. Das Ziel ist, Sieger zu werden, nicht, um sich am Spiel zu erfreuen. Hier mögen Taten begangen werden, die außerhalb des akzeptierbaren Bereiches von Führungsverhalten liegen, wobei der Zweck die Mittel heiligt.

Den Gegner schwächen

In einem Kampf wird der Wille, den Gegner auf die Knie zu zwingen, zum zentralen Ziel. Der Gegner wird frustriert, degradiert und dazu gebracht, zu denken, daß ihm ein totales Versagen »zugefügt« wurde. Dadurch wird er vielleicht noch unfähiger zur Erledigung seiner Arbeit, aber der 9,1-orientierte Manager hat »gewonnen«.

9,1-Taktiken kennen eine Vielzahl von Methoden zur Schwächung des Gegners, um dadurch das Gleichgewicht der Macht verlagern zu können. Man kann den Gegner so beeinflussen, daß er anfängt, seine Gegengründe mit Bemerkungen und Argumenten laut anzuzweifeln. Ein anderes Schwächungsmanöver läßt sich durchführen, indem man die Meinung des Gegners argwöhnisch auf eine dunkle Quelle zurückführt und beispielsweise sagt: »Das habe ich von unserer Konkurrenz schon tausendmal gehört. Sehen Sie doch, wo die Konkurrenz damit steht.« Dies läßt Zweifel an der Berechtigung des Argumentes aufkommen.

Man kann auch einen Gegner angreifen, indem man ihn herabsetzt. »Sie können ja nicht einmal mehr ehrlich mit sich selbst sein.« »Wie sollten Sie auch verstehen, was ich sage, wenn Sie nicht wissen, wovon ich rede.« »Ohne mich wären Sie gar nichts.« »Sie denken nur an sich selbst. Ich überlege, was das Beste für Sie ist.« »Sie streiten doch nur um des Streites willen. So sind Sie nun einmal!« Scharfe Worte fallen: »Das ist absolut lächerlich.« »Wo bleibt denn da Ihre Logik?« »Ihre Fakten stimmen nicht.« »Das können Sie nicht beweisen.« Diese engstirnigen Behauptungen sollen die Meinungsverschiedenheit beenden. Jede Bemerkung läßt sich als kalkulierter Angriff auf die Selbstachtung des anderen verstehen.

Am längeren Hebel sitzen

Hebeltechniken sind verkappte Taktiken zur Erzwingung von Gehorsam. Mit solchen Techniken lassen sich ähnliche Ergebnisse erzielen wie mit einer Entlassung. Man schafft ein Dilemma, das den Mitarbeiter dazu zwingt, sich entweder zu fügen oder noch schlimmeren Konsequenzen ins Auge sehen zu müssen. Man erklärt beispielsweise, daß ein bestimmter Arbeitsplatz nicht mehr notwendig sei. Damit wird der Inhaber dieser Stelle überflüssig. Da man ihn nicht entlassen kann, bietet man ihm eine gleichwertige Stelle an einem anderen Ort an. Der Mitarbeiter kann diese Stelle aus bestimmten Gründen (Familie usw.) unmöglich annehmen. Ihm bleibt im Grunde genommen nichts anderes übrig, als selbst zu kündigen. So setzt man den Hebel bei einer 9,1-Orientierung an. Solche Hebelstrategien werden in Industrie, Verwaltung und Politik häufig zur Lösung von Konflikten zugunsten der Organisation oder des Chefs eingesetzt. Man spricht bei solchen Taktiken zwar oft von freundschaftlicher Überredung. Die Denkweise, die hinter einem solchen Tun steckt, sollte man aber lieber als subtile Zwangausübung bezeichnen. Dabei spielt es keine Rolle, wie diese Haltung genannt wird. Sie ist auf eine 9,1-orientierte

Grundeinstellung zurückzuführen. Das Ergebnis bleibt dasselbe, auch dann, wenn die rauhen Töne ausbleiben.

Beendigung von Streitigkeiten durch Unterdrückung

Als letzte Technik zur Entscheidung eines Kampfes um Sieg oder Niederlage spielt der Chef seine Vorgesetztenstellung gegenüber dem Mitarbeiter aus. So setzt er Meinungsverschiedenheiten ein Ende. Sagen wir einmal, Herr Braun ist der Chef, Herr Müller sein Mitarbeiter. Herr Braun weist Herrn Müller an, eine Aufgabe für ihn zu erledigen. Herr Müller sagt: »Aber Chef, das geht nicht.« Spontan reagierend, will Herr Braun sagen: »Doch, das geht. Tun Sie, was ich gesagt habe. Die Verantwortung trage ich.« Um jedoch nicht ganz so abrupt zu sein und um Herrn Müller die Möglichkeit zu geben, seinen Fehler selbst zu erkennen, sagt er: »Warum geht es nicht?« Herr Müller beginnt mit einer ausführlichen Erklärung.

Herr Braun wird immer ungeduldiger. Er sagt: »Das stimmt doch nicht, Sie sehen es nicht ein. Hier liegt die Schwachstelle in Ihren Ausführungen.« Herr Müller widerspricht wieder. Schließlich wird Herr Braun wütend: »Nun ist aber Schluß. Ich habe genug gehört. Ich habe Ihnen gesagt, was ich von Ihnen will und wie die Aufgabe durchgeführt werden soll. Ich will nichts mehr hören. Ich will, daß Sie es tun. Ich trage die Verantwortung, wenn es nicht geht. Sie werden dafür bezahlt, das zu tun, was Ihnen gesagt wird. Noch Fragen?«

Wichtig ist hier, daß Herr Braun Herrn Müller seinen Willen aufgezwungen hat. Herr Braun hat vielleicht tatsächlich unrecht. Wenn er aber Herrn Müllers Ansichten akzeptierte, würde er sich dem Risiko eines Mißerfolges aufgrund von Herrn Müllers Urteil aussetzen. Eine Steigerung des Konfliktes wird verhindert, da Herrn Müller nichts anderes übrigbleibt, als sich unterzuordnen. Die Steuerungsformel für Weisung-Gehorsam lautet: »Schluß jetzt! So wird es sein und nicht anders!«

Gegen den Chef angehende Mitarbeiter findet ein 9,1-Vorgesetzter genauso unerträglich wie Streitigkeiten der Mitarbeiter untereinander. Er löst die Situation so: »Er liest ihnen die Leviten« oder »wäscht ihnen den Kopf« und sagt: »Entweder arbeitet ihr jetzt zusammen, oder ihr bekommt beide eine Abreibung!« Auf diese Weise beendet er das leistungsmindernde Sichgehenlassen.

Man kann einen offenen Konflikt zwar häufig durch Unterdrükkung beenden, an den Kern des Problems kommt man damit aber nicht heran. Die tieferliegenden Gründe werden weder entdeckt noch beseitigt, und die Konfliktquelle bleibt bestehen.

Reaktionen der Mitarbeiter

Die Mitarbeiter reagieren auf vielerlei Weise auf ein 9,1-orientiertes Vorgesetztenverhalten. Manche fühlen sich dabei wohl und beugen sich der Macht. Die meisten Mitarbeiter sind jedoch spannungsgeladen und zeigen dies auch durch indirekten Widerstand, Groll oder offenes Zurückschlagen.

Gehorsam

Wenige oder gar keine Probleme treten auf, so lange die Mitarbeiter die Entscheidungen des Chefs für gut halten. Obwohl der Chef »per Ukas führt«, bestehen keine Einwände gegen seine Forderungen. So befolgt der Mitarbeiter, was er selbst auch für das Beste hält. Eine Spannungssituation empfindet er nicht.

Es gibt auch Mitarbeiter, die sich fügen, im stillen aber anderer Meinung sind als ihr Chef. Sie sind Jasager. Für sie hat der Chef immer recht, gleich, ob's stimmt oder nicht.

Wieder andere beugen sich der 9,1-Situation und beschränken sich auf die Durchführung der Anweisungen, sobald sie erkennen, daß das alles ist, was von ihnen verlangt wird. Sie rechnen nicht damit, mitbestimmen zu dürfen, und sind auch nicht enttäuscht, wenn von ihnen nur Gehorsam erwartet wird. Wenn die geforderten Durchführungsarbeiten langweilig sind, verlieren die Mitarbeiter meistens ihr Interesse an der Arbeit, wenden sich schließlich persönlichen Gedanken zu oder stürzen sich in engagierte Diskussionen über arbeitsferne Themen wie Sport, Politik oder das Wetter. Diese Tätigkeiten verdrängen eine fast unerträgliche Langeweile, die eintreten muß, wenn kein Interesse an der Arbeit selbst besteht.

Rückzug auf eine 1,1-Orientierung

Mitarbeiter sind manchmal voller Groll, weil ein 9,1-orientierter Vorgesetzter Entscheidungen über ihre Arbeit trifft, ohne sie mit ihnen zu erörtern. Er stellt sie vor die vollendeten Tatsachen. Wenn der Mitarbeiter seinen Zorn darüber, daß er nicht gefragt wird, unterdrückt und seinen Groll nie offen ausspricht, wird der Vorgesetzte zum ständigen Ärger seines Mitarbeiters genauso weiterhandeln. Als »Lösung« für diese untragbare Situation bietet sich dem Mitarbeiter der Rückzug auf eine 1,1-Einstellung an. Er selbst hält seine Ideen für ausgezeichnet. Sie werden nur nicht anerkannt. Seinen Rückzug rechtfertigt er so: »*Ich* werde Ihnen mit meinen Ideen nicht mehr helfen. Sie werden schon merken, wie gut ich bin und welchen Verlust Sie erleiden, wenn Sie meine Ideen nicht nutzen.«

Wenn sich Mitarbeiter in Neutralität und Gleichgültigkeit zurückziehen, arbeiten sie gerade noch so viel, daß sie ihre Stelle und ihr Einkommen nicht verlieren, nicht mehr, nicht weniger. Sie lassen sich nicht »ausnützen« und halten als ihr eigenes Korsett aufrecht: »Ich habe recht und die Welt hat unrecht.« Eine solche Reaktion kann auf allen Ebenen einer Organisation eintreten. Es scheint »augenfällig«, daß Menschen mit einer solchen 1,1-Reaktion faul, apathisch und gleichgültig sind. Diese Reaktion wird fälschlicherweise als typisches Verhalten bezeichnet. Bei objektiver Beobachtung muß man aber einsehen, daß es die absolute Herrschaft ist, die die so unter Druck Gesetzten langsam abtötet.

Verbergen und vergessen

Um dem Zorn eines 9,1-orientierten Managers zu entgehen, kann man auch Dinge, die der Chef als unerwünscht ansieht, vor ihm verbergen. Mitarbeiter, die willentlich oder unwillentlich bestimmten Gepflogenheiten oder Verfahrensweisen zuwidergehandelt haben, werden versuchen, diese Verstöße geheimzuhalten. Daraus entsteht ein Bedürfnis nach Kontroll- und Aufklärungsstrategien, um die Missetäter erwischen zu können.

Das gleiche geschieht innerhalb des Informationssystems dann, wenn negative Informationen von unten Stufe für Stufe nach oben weitergeleitet werden. Eine Mitteilung über Probleme der Qualitätskontrolle wird beispielsweise schon auf den unteren Führungsebenen so gefiltert und verstümmelt, daß sie, wenn sie an der Spitze ankommt, jegliche Aussagekraft verloren hat. Innerhalb dieses Prozesses aber werden die verschiedenen unteren Ebenen zumindest kurzfristig vor Angriffs- oder Strafmaßnahmen von der Spitze »geschützt«.

Selbst auf direkt an den Mitarbeiter gestellte Fragen erhält der Chef keine klaren und aufrichtigen Antworten, weil der Mitarbeiter nicht weiß, worauf der Chef hinauswill. Ein Mitarbeiter, der nicht weiß, warum der Chef bestimmte Informationen haben will, wird sich von solchen Fragen belästigt fühlen und sie übelnehmen. Er wird noch verschlossener und mißtrauischer werden und sich noch mehr abkapseln. Er fühlt sich in die Defensive gedrängt. Vielleicht will der Chef ja seine Informationen mißbrauchen und daraus einen Fall gegen ihn konstruieren, um ihn loszuwerden. Alles wird genau auf eine mögliche Bedrohung überprüft.

Mit einem Trick mindert der Mitarbeiter den Druck, unter dem er steht. Manche frustrierende Begebenheiten »vergißt« er einfach. Der Argwohn eines 9,1-orientierten Chefs erzeugt eine Spannung, deren sich der Mitarbeiter manchmal nicht einmal bewußt ist, wenn ihm eine tiefgehegte, vom Chef aber abgelehnte Überzeugung einfach nicht aus dem Kopf will. Er vergißt sie. Hierbei handelt es sich um eine für die Psyche ungesunde Verdrängung. Auch so kann man unerfreuliche Gedanken und Gefühle aus dem eigenen Bewußtsein bannen. Wir wissen aus vielen Quellen, daß solche vergessenen Ideen nicht endgültig verschwinden, sondern auf vielerlei getarnte Arten ihren Weg ins Bewußtsein zurückfinden.

In den Untergrund gehen

Oberflächlich gesehen mag ein verärgerter Mitarbeiter vor der Autorität sein Knie beugen. Viel öfter aber verteidigt er seine Position, indem er in den Untergrund geht. Durch seine scheinbar passive Willfährigkeit fördert er unter Umständen Ereignisse, die den Maßnahmenkurs des Chefs scheitern lassen. Ungelöste Konflikte tauchen getarnt wieder auf: bewußt langsames Arbeiten, Flüchtigkeitsfehler, falsche Auslegung von Anweisungen usw. Andere, gleichfalls verärgerte Mitarbeiter laufen in das Lager dieses Mitarbeiters über. Die Konfliktarena wird größer, die Stellung des Vorgesetzten immer gefährdeter. Eine schlechte Arbeitsmoral führt zu organisationsfeindlichen Handlungen. Viele Arbeitshindernisse dienen als Ventil für den aufgestauten Unmut. Dadurch verliert die Zusammenarbeit an Güte. Die effektive Leistung vermindert sich.

Auch die Führung durch Quotenfestlegung leidet unter diesem unterschwelligen Unmut der Mitarbeiter. Sie finden unzählige Möglichkeiten, um mit der Produktion unter dem Soll zu bleiben. Auch hier zeigt sich, daß solche Feindseligkeiten einen wichtigen Faktor bei zurückgehender Leistung darstellen.

Die schöpferischen Fähigkeiten der Mitarbeiter werden so in Versuche gelenkt, dem Chef einen Strich durch die Rechnung zu machen oder das System an seiner Funktionsfähigkeit zu hindern. In einem 9,1-bestimmten Betriebsklima scheint jedenfalls das betriebliche Vorschlagswesen schon im Keime zu ersticken. Viele gute, aus der Praxis kommende Ideen und Gedanken bleiben dadurch auf der Strecke. Schnellere und bessere Möglichkeiten, zu vernünftigen Ergebnissen zu kommen, bleiben verschüttet. Statt dessen nutzt der einzelne die Entdeckung effizienterer Arbeitsmöglichkeiten zu seinem eigenen Vorteil gegen das Ziel der Organisation. Anstatt zu einer Erhöhung der Produktion beizutragen, lernt er, in derselben Zeit weniger Energie zu verbrauchen. Die Bemühungen höherer Führungskräfte, diese kreativen organisationsfeindlichen Taktiken zu hintertreiben, werden jedesmal auf noch genialere und noch raffiniertere Weise gekontert. Der schweigende, aber mächtige kreative Widerstand der Mitarbeiter gegen produktionsfördernde Änderungen stellt eine Barriere dar, die eine 9,1-orientierte Führung noch zusätzlich überwinden muß.

Kampfansage

Mitarbeiter leiden als Folge einer 9,1-orientierten Führung unter einem ständigen Gefühl völliger *Machtlosigkeit*. Häufig reagieren sie mit rechtschaffener Empörung und der Bereitschaft, sich gegen das System aufzulehnen, das, abgesehen von den Forderungen, völlig entmenschlicht ist. Die extremste Form der Auflehnung zeigt sich im Verlassen des Systems. Damit erklärt sich die hohe Mitarbeiterfluktuation in 9,1-orientierten Organisationen.

Und doch mag es einen Mitarbeiter geben, der meint, ein Problem zu begreifen, der helfen will, es zu lösen. Er unterbreitet seinem Chef Maßnahmenvorschläge. Der Mitarbeiter sieht in seinem Vorgesetzten zwar eine anmaßende und herrische Persönlichkeit. Trotzdem möchte er das Ergebnis beeinflussen, so daß er sich in seiner Tüchtigkeit bestätigt fühlt und ein Erfolgserlebnis hat. Ihm seinen Wunsch nach Mitsprache zu verwehren, führt zu Frustration. Die Frustration wiederum ruft biologisch bedingte Aggressionsreaktionen hervor, und er will zurückschlagen. Es entwickeln sich Trotz und Wut.

Eine offene Kampfansage steht mehr oder weniger außer Frage. Eine solche Gegnerschaft führt aber zu Wut, zu dem Gefühl, den anderen nicht ausstehen zu können. Diese Gefühle finden auch ihren Ausdruck: Der Mitarbeiter findet immer ein Haar in der Suppe, beschwert sich ständig, übt sich in übler Nachrede, macht den anderen lächerlich usw. Die Mitarbeiter halten Informationen zurück, damit der Chef keine gute Figur machen kann. Sie verzerren die Informationen, damit er dumm dasteht. Ihre Frustrationen und Aggressionen kommen dabei auf vielfältige Weise zum Vorschein, aber sie vermeiden den offenen Kampf. Je intensiver die Frustration, desto mehr wird der Mitarbeiter auf faire oder auch unfaire Weise zurückschlagen. Dieses Gefühl der Machtlosigkeit ist etwas anderes als eine 1,1-Orientierung. Zur 1,1-Orientierung gehört der Verzicht auf Macht. Der Mitarbeiter unterläßt es, die ihm gegebene Weisungsbefugnis auszuüben. Deshalb mag ein 1,1-orientierter Mitarbeiter an einer solchen Situation nichts auszusetzen finden, es sei denn, sie stellt Forderungen an ihn. Dann kann der Unmut im Unterbewußtsein vergraben werden, was selbst für 9,1-orientierte Führungskräfte schwer zu erkennen sein mag.

Gewerkschaften

Mitarbeiter, die sich unbeachtet oder durch willkürliche Behandlung beleidigt fühlen und nicht in der Lage sind, dieses empfundene Unrecht, diese Ungerechtigkeiten zu beheben, verfolgen andere, militantere Möglichkeiten zur Beseitigung des Problems. Wenn sie eine fähige Führung haben, können sie durch ihre Zahl erreichen, was sie einzeln nicht zuwege bringen könnten. Ihre individuelle Hilflosigkeit erkennend, schließen sich Arbeiter, Vorarbeiter, Meister und Angestellte mit akademischer Bildung (Ingenieure usw.) zusammen, um den Arbeitgebern die Anerkennung ihrer gemeinsamen Stärke aufzuzwingen. Es gibt eine ganze Reihe Gründe für den Eintritt in eine Gewerkschaft. Ein solches Engagement geht jedoch fast immer in Richtung gegen die Organisation. Das heißt also, daß man einer Gewerkschaft beitritt, um sich der allgemeinen Einstellung der Organisation und der Behandlung der Mitarbeiter in dieser Organisation zu widersetzen. Die in letzter Zeit in den USA vermehrt beobachtete gewerkschaftliche Organisierung von technischen Angestellten, Lehrern und Angestellten des öffentlichen Dienstes scheint eine Beschleunigung dieser Tendenz zu bestätigen. (Man beachte die Zusammenschlüsse leitender Angestellter in Deutschland. Anm. d. Ü.)

Den Chef auf dem Schlachtfeld ausschalten

Der unter Zwang stehende »Soldat« stellt sich gegen seinen Offizier. In Vietnam ist es vorgekommen, daß sich wehrdienstpflichtige einfache Soldaten gegen ihre Truppenführer gestellt haben. Soldaten der Mannschaftsgrade haben jüngere Offiziere so zerfetzt, daß der Mord so aussah, als sei er durch eine feindliche Mine oder Granate verursacht. Das ist ein Beispiel aus jüngster Zeit für eine 9,1-orientierte organisationsfeindliche Kreativität in den Streitkräften.

Alle diese Reaktionen können auf vielerlei Weise kombiniert als Antwort auf die 9,1-Orientierung eines Vorgesetzten vorkommen. Letztlich wird sich das auf das Engagement der Mitarbeiter auswirken. Das Band reicht von apathischer Fügsamkeit über die Organisation in Gewerkschaften bis hin zur Vergeltung durch Zerstörungswut.

Das Verhalten des Vorgesetzten wurde aus zwei Blickwinkeln geprüft. Wie »sieht« der 9,1-orientierte Chef seine Mitarbeiter, und wie reagieren die Mitarbeiter auf diese 9,1-Führung? Was können Sie tun, wenn Sie feststellen, daß Sie selbst Ihre Mitarbeiter so führen und das ändern wollen?

Wenn Sie als Mitarbeiter feststellen, daß Ihr Chef auf diese Weise führt, dürften Sie tatsächlich unter einer 9,1-orientierten Führung stehen. Es stellt sich dann die Frage: Was können Sie tun, um Ihrem Chef zu einer besseren Führungsweise zu verhelfen, wenn sein augenblicklicher Führungsansatz in die 9,1-Richtung geht?

Es gibt eine ganze Reihe von Möglichkeiten. Über sie werden wir jedoch erst berichten, wenn wir uns ausführlich mit den übrigen Gitterstilen befaßt haben.

Seelische und körperliche Störungen als Folge

Das Wort Streß steht für den Eindruck eines unter Anspannung stehenden Systems; eine natürliche Reaktion eines Menschen, wenn er beispielsweise alle seine Energien auf die Lösung eines Problems konzentriert. Dann ist Streß funktional und gesund. Die große Mehrheit aller Führungskräfte verfolgt die eigene Karriere ohne nachteilige Folgen, die über die normalen Belastungen und den normalen Alltagsstreß hinausgehen. Streßbezogene Krankheiten sind Gesundheitsstörungen, bei denen Grad und Art des Stresses funktionsfeindlich geworden ist. Ob der Streß zur Problemlösung beiträgt oder sie behindert, spielt im Augenblick keine Rolle. Es scheint jedenfalls, daß Streß, der über die normalen Grenzen hinausgeht, bestimmte Vorgänge im Körper stört – wie z. B. das Kreislauf-, Atmungs-, Verdauungs- oder Ausscheidungssystem – oder aber den Körper als Ganzes in krankheitsfördernder Weise angreift. Streß ist mit anderen Worten ein natürlicher, funktionaler Lebensaspekt. Nur unter besonderen Umständen wirkt er sich nachteilig auf die seelische und körperliche Gesundheit aus. Einige bestimmte durch Streß ausgelöste Krankheitsformen scheinen eng mit bestimmten Gitterstilen verbunden zu sein. Wir sind beispielsweise der Ansicht, daß ein

9,1-orientierter Mensch, den kein Erfolg befriedigt, der sich dauernd ärgert und sich anderen Menschen gegenüber immer aggressiv verhält, obwohl er sich auf sie verlassen muß, und der dauernd Angst hat, mit seinem nächsten Projekt zu scheitern, sich selbst ständig unter ein solch ungebührliches Maß an Streß setzt, daß er mit der Zeit einem Herzinfarkt zum Opfer fallen muß.

Für die meisten Krankheitszustände wird man wohl keine eindeutige Ursachen-Wirkungs-Kette erstellen können. Meistens muß eine ganze Reihe von Faktoren zusammenwirken, ehe eine Krankheit überhaupt entsteht. Möglich ist auch, daß die Krankheit aus einem einzelnen von vielen Faktoren oder einer Faktorenkombination entsteht. Ein Herzinfarkt kann auf vielerlei Faktoren zurückzuführen sein: Veranlagung, Cholesterinspiegel, allgemeiner Gesundheitszustand, Alter usw. Er kann außerdem durch eine bestimmte Gridorientierung ausgelöst werden.

Interpretationsschwierigkeiten gibt es auch in bezug auf Ursache und Wirkung. Die folgenden Interpretationen sollten als versuchsweise und mögliche Deutungen angesehen werden, nicht aber als definitive und endgültige Aussagen. Wir haben uns bemüht, nur die Untersuchungen einzubeziehen, in denen man davon ausgeht, daß das Entstehen der Krankheit mit einem im Grid definierten Verhalten zusammenhängt.

Über die entsprechenden Zusammenhänge wird in fachlichen Untersuchungen und klinischen Beschreibungen berichtet. Wir haben das Ausmaß abgeschätzt, mit dem die verschiedenen Berichte dem einen oder anderen Gridstil entsprechen. Von diesem Ausgangspunkt aus haben wir unsere Schlußfolgerungen getroffen, wie diese »extremen« Gridstile mit vielerlei seelisch-körperlichen Störungen zusammenhängen können.

Die Belastungen und der Streß einer 9,1-Orientierung können sich so sehr verschärfen, daß einige der unten beschriebenen Störungen als Folge für Körper und Seele eintreten können.

»Keine Freizeit«

Der 9,1-orientierte Mensch glaubt, daß jede Tätigkeit, die sein Ziel, nämlich voranzukommen, nicht direkt fördert, Faulheit und Verantwortungslosigkeit bedeute und deshalb unakzeptabel sei. Menschen mit einer tiefverwurzelten 9,1-Einstellung haben deshalb kaum andere Interessen. Abgesehen von der Arbeit macht ihnen nur wenig anderes Spaß. Freizeit ist für sie oft reine Verschwendung. Sie sind »Arbeitsbesessene«.

Zeitverschwendung ist eine Sünde, eine Mißachtung der Verantwortung und der Grund für nichtgenutzte Chancen. Ohne bestimmten Plan, der das Versprechen konkreter Ergebnisse in sich birgt, fühlt sich der 9,1-orientierte Mensch nicht wohl. Wenn man diesen Gedanken bis ins Extrem weiterverfolgt, raubt sogar der Schlaf Zeit, die eigentlich für Leistung aufgewandt werden sollte. Es heißt, daß diese mit einer angespannten Konzentration einhergehende Einstellung eng mit Schlaflosigkeit zusammenhänge.

Eine Ausnahme gibt es von dieser Konzentration auf die Arbeit: die Ausübung eines Wettkampfsportes wie Tennis oder Golf. Dem 9,1-orientierten Menschen bietet dieser Sport die Ausweitung seiner Grundeinstellung zur Arbeit, nur die Wettkampfarena ist eine andere: entweder man gewinnt oder verliert.

Krankheiten leugnen

Eine Krankheit wird gerne als persönliches Versagen angesehen. Die biologische Realität der Krankheit wird manchmal ignoriert. Selbst medizinische Beweise wie beispielsweise ein Herzanfall können kaum überzeugen. Der Mensch tut weiter die Dinge, die seiner Gesundheit schaden, ihm aber persönliche Befriedigung bringen.

Müdigkeit und Niedergeschlagenheit

Die Unterdrückung des Impulses »anzugreifen und zu zerstören« – ein grundlegender Impuls eines 9,1-orientierten Führungsstiles in großen Organisationen – kann eines der frustrierendsten und ermüdendsten Erlebnisse beim Streben nach Sieg, Dominanz, Herrschaft und Kontrolle sein. Man muß die Spannungen, für die man im Angriff ein Ventil finden würde, unterdrücken und mit ihnen leben. »Dampf ablassen« geht nicht.

Einige Führungskräfte erleben ihr Versagen mit einem Gefühl des Grauens, weil Versagen für sie gleichbedeutend mit Selbstzerstörung ist. Ein Versagen ruft also Schuldgefühle hervor, daß man sich nicht genügend bemüht hat, daß man nicht gründlich genug gewesen ist, daß das Vertrauen in andere nicht gerechtfertigt war. All dies kann bei einem Menschen zu Depressionen führen, zu der Überzeugung, daß »das Leben nicht lebenswert ist«. In manchen Depressionsreaktionen ist Feindseligkeit ein Schlüsselfaktor. Der Haß auf andere richtet sich auf einen selbst. Der Mensch fühlt sich unzulänglich.

Bei den meisten 9,1-orientierten Führungskräften dauert diese Reaktion jedoch nicht lange an. Morgen sind sie schon wieder zum nächsten Kampf bereit.

»Krankhaftes« 9,1-Verhalten

Zu viel Wut und Haß kann zu tiefgehenden Geistesdefekten führen. Ein Mensch, der dauernd zum Schlag gegen andere ausholt, um seine Ziele zu erreichen, wird allmählich gar nicht mehr anders reagieren können. Befriedigung empfindet er aus dem Schlag als solchem. Diese Befriedigung entsteht nicht daraus, daß der Angriff notwendig ist, um siegen zu können, sondern sie entsteht aus dem Vergnügen, anderen weh zu tun. Der andere soll sich krümmen wie ein Wurm, würde der Laie sagen. Sadismus ist der Fachausdruck dafür. Daraus kann sich ein »krankhaftes« 9,1-Verhalten entwickeln.

Einige sadistische 9,1-Manager arbeiten sich zu Positionen hoch, in denen sie »legitimerweise« Kämpfe austragen können, die durch keine andere Macht behindert werden. Es gibt Führungskräfte, verantwortlich für die Beziehungen zwischen Arbeitgeber und Arbeitnehmer, die beide Parteien gegeneinander aufhetzen, um anschließend ihre ganze Gehässigkeit an den Gewerkschaften auslassen zu können. Das Management schafft beispielsweise eine falsche Polarität zwischen sich und den führenden Gewerkschaftsmitgliedern. Die Gewerkschaftsführer reagieren mit »entweder ihr oder wir«, ohne sich zu vergewissern, daß die Mitglieder auch hinter ihnen stehen.

Wenn die Gewerkschaft dann tatsächlich der schwächere Teil ist, herrscht bei den Managern Schadenfreude. Sie empfinden ein sadistisches Vergnügen, wenn sie sehen, wie sich die Gewerkschafter krümmen und winden. Umgekehrt kann ein solches Verhalten auch von den Gewerkschaften ausgehen. Sie suchen sich ein bestimmtes Unternehmen aus und bestrafen es für vermeintlich begangene Missetaten, die in Wirklichkeit gar nicht so beabsichtigt waren.

Wir sehen also, daß die Verzweigungen eines extremen 9,1-Führungsstiles weit über die unmittelbaren Auswirkungen auf die Produktionserzielung mit und durch Menschen hinausgehen. Es sind nicht nur die auf diese Weise Geführten, die zurückschlagen oder sich zurückziehen. Auch der 9,1-orientierte Manager selbst kann hier schweren Schaden erleiden.

Mißtrauen und Argwohn

Bei einer extremen 9,1-Orientierung lassen sich häufig Mißtrauensreaktionen beobachten. So kommen sie zustande: Der 9,1-orientierte Manager erkennt seine eigene Rücksichtslosigkeit. Er ist sich der Antipathie der anderen und der organisationsfeindlichen Kreativität bewußt. Allmählich sieht er hinter dem Verhalten der anderen dieselben Motivationen wie hinter seinem eigenen. Er erstellt also eine »Feindliste«. Er schreibt die Menschen auf, von denen die größte Bedrohung ausgeht. Ob diese Bedrohung wirklich ist oder nur vermutet wird: Er geht davon aus, daß sie ihn vernichten könnte. Hier ist eine Grundlage für Wahnvorstellungen (Paranoia).

Selbstmord

Selbstmord ist eine auf das eigene Ich gerichtete Zerstörungswut. Manchmal bietet er auch die Möglichkeit, vor einem unerträglichen Versagen zu fliehen. Scheitern oder Versagen ist das, was der 9,1-orientierte Manager am meisten fürchtet. Manchmal läßt sich Selbstmord auch als Rache an anderen auslegen, wenn ein anderer Mensch dadurch mit einem tiefen persönlichen Schuldgefühl zu der Einstellung gezwungen wird: »Ich habe ihn dazu getrieben.«

Migräne

Migräneartige Kopfschmerzen sind ein weiteres Beispiel für psychosomatisch bedingte Schmerzen. Eine extreme 9,1-Orientierung scheint das Entstehen dieser Krankheit zu beeinflussen. Für »Migränemenschen« hat man in ausführlichen Untersuchungen folgende Persönlichkeitsmerkmale festgestellt: Sie sind ehrgeizig, erfolgreich, perfektionistisch, starr, ordentlich, vorsichtig. Meistens werden Gefühle unterdrückt, aber ab und zu kommen regelrechte Wutanfälle vor. In anderen Untersuchungen werden Konkurrenzstreben, Starrsinn und Perfektionismus als charakteristisch hervorgehoben. Wieder andere Wissenschaftler gehen ohne Erhärtung der erwähnten Charakteristika davon aus, daß Migräne der Ausdruck irgendeines seelischen Kummers sein dürfte.

Herzinfarkt in Zusammenhang mit einer 9,1-Orientierung

Viele Mediziner sind davon überzeugt, daß zwischen einer extremen 9,1-Führungsorientierung und dem Herzinfarkt ein enger Zusammenhang besteht. In einer Untersuchung ließ man eine ganze Reihe von Herzinfarktpatienten durch Bekannte und Freunde charakterisieren. In San Francisco haben 150 Geschäftsleute die Gewohnheiten und Merkmale der Freunde aufgezählt, die einen Herzinfarkt erlitten hatten. 70 Prozent sagten aus, daß diese Menschen »unter einem übermäßigen Termindruck gestanden hatten«. Einhundert auf Herzkrankheiten spezialisierte Internisten sagten von ihren Herzinfarktpatienten, daß das häufigste Verhaltensmerkmal »ein übermäßiger Ehrgeiz, sich dem Termindruck zu beugen«, gewesen sei. Weitere Kontrolluntersuchungen ergaben folgendes: Man hat Vergleiche angestellt zwischen einer Gruppe, deren Verhalten einer 9,1-Orientierung entsprach, und einer Gruppe mit einer anderen Verhaltensorientierung. Die 9,1-orientierten Menschen »litten siebenmal häufiger an Erkrankungen der Herzkranzgefäße als die anderen . . . Ernährungs- und Sportgewohnheiten aber waren dieselben«.

Die Mediziner Friedman und Rosenman haben folgendes Verhalten als typisch für Herzinfarktpatienten festgestellt[1]. Diese Feststellungen decken sich mit einer 9,1-Orientierung.

Wahrscheinlich macht niemand auf den ersten Blick einen so sicheren Eindruck wie der typische Vertreter des Typs A (9,1). Er strotzt vor Selbstvertrauen und scheint eine verschwenderische Selbstsicherheit und Selbstbewußtsein auszustrahlen. Wie sollte man einem solchen Menschen Unsicherheit nachsagen, einem Menschen, der immer fragt: »Was ist Ihr Problem, und wie kann ich *Ihnen* helfen?«, einem Menschen, der es so verabscheut, sagen zu müssen: »Ich habe ein Problem und brauche Ihre Hilfe«? Und trotzdem behaupten wir nach vielen Jahren der Erforschung des Menschen vom Typ A, daß er unsicher ist. Entweder hat er seinen inneren »Maßstab« verloren, oder er hat ihn nie gehabt, einen Maßstab, an dem er seinen Eigenwert zur eigenen Zufriedenheit messen könnte.

Von irgendeinem Zeitpunkt seiner Entwicklung an hat er den Eigenwert seiner Persönlichkeit oder seines Charakters nur noch an der *Zahl* seiner *Erfolge* gemessen. Es zählten nur die Erfolge, die ihm auch die Achtung und Bewunderung seiner Kollegen und Vorgesetzten einbrachten. Es ist ihm gleichgültig, ob ihm diese Leistungen auch die Liebe und Zuneigung seiner Mitarbeiter einbringt, obwohl er es nicht unbedingt vertragen kann, nicht gemocht zu werden.

Mit der Wahl dieses Maßstabs hat er sich unrettbar auf einen Lebenswandel festgelegt, der ihm niemals wahren Gleichmut bringen kann. Die *Zahl*, nicht die Güte seiner Leistungen, muß sich ständig erhöhen, um ein Verlangen zu sättigen, welches ungehindert von anderen Hemmnissen ständig wächst. Außerdem glaubt er, daß die Zahl seiner Leistungen immer von seinen Kollegen und Mitarbeitern beurteilt wird. Da die Mitarbeiter bei seinem Aufstieg auf der sozioökonomischen Leiter ständig wechseln, meint er, immer mehr Leistungen erbringen zu müssen.

Der Primarschlüssel für das Auftreten von Aggressionen und Haßgefühlen liegt vielleicht bei fast allen Menschen vom Typ A (9,1) in ihrer Tendenz, immer mit anderen konkurrieren zu müssen, immer andere herausfordern zu müssen, ob beim Sport, beim Kartenspiel oder in einer einfachen Diskussion. Wenn sich die Aggression zu offener Feindseligkeit entwickelt hat, merkt man meistens selbst bei harmlosen Gesprächen mit solchen Menschen, daß dem von ihnen Gesagten ein boshafter Klang anhaftet. Sie regen sich bei einem Gespräch über Dinge auf, die ein normaler Mensch entweder lachend einstecken oder aber überhören würde.

Ähnliches ist auch von anderen Wissenschaftlern bestätigt worden.

In der Kindheit verwurzelte Wesenszüge

Ein Gitterstil kann auf zweierlei mögliche Ursprünge zurückgehen. Auf der einen Seite spricht man von Vererbung. Auf der Grundlage umfangreicher Forschungen von Verhaltenswissenschaftlern und Biologen läßt sich jedoch sagen, daß die Idee, daß die in einer Generation aufgebauten Einstellungen und Verhaltensweisen biologisch auf die nächste übertragen werden können, jeder Grundlage entbehrt.

Auf der anderen Seite sind die Umwelteinflüsse zu nennen. Wie nutzen Eltern oder Erwachsene, die für die Erziehung von Kindern verantwortlich sind, die ihnen gegebene Macht vom Standpunkt der Lösung von Erziehungsproblemen? Dazu gehören Planung, Organisation, Unterweisung, Steuerung und Überwachung. Wir behaupten, daß sich ein bestimmter Gitterstil in der Erziehung auf das spätere Verhalten des Jugendlichen oder Erwachsenen auswirkt, und zwar so, daß das spätere gitterbezogene Verhalten voraussagbar ist. Diese Hypothese führt zu umfangreichen Forschungsarbeiten und klinischen Beweisen, daß bestimmte Erziehungsmuster ganz spezifische Auswirkungen haben und ein Kind für einen bestimmten Gitterstil prädisponieren.

Bei der Herausbildung einer 9,1-Orientierung scheinen verschiedene Erziehungsansätze bedeutsam zu sein. Eine 9,1-Orientierung entwickelt sich aus dem Motto »gleich und gleich gesellt sich gern«. 9,1-orientierte Eltern ziehen 9,1-orientierte Kinder auf, die zu 9,1-orientierten Erwachsenen werden. Als zweite Möglichkeit existiert ein patriarchalischer Ansatz. Ein dritter Ursprung kann in unvollständiger elterlicher Fürsorge liegen. Die vierte Quelle ist ein möglicher schwerer Zuneigungsentzug in der Kindheit.

Von Anfang an neigen 9,1-orientierte Eltern dazu, die Aufmerksamkeit ihrer Kinder auf Leistung und Erfolg zu richten. Diese Forderung nach Leistung mag in Schuldgefühlen der Eltern selbst begründet sein, wenn sie alles, abgesehen von harter Arbeit, als leichtfertig und wertlos ansehen. Diese Ängste lassen nach, wenn sie sehen, daß ihr Kind etwas durch harte Arbeit leistet. Dann haben sie Kinder, die ihrer Eltern wert sind.

Ein Kind kann sich dem Druck elterlicher Mißhandlung durch Fügsamkeit entziehen. So wird das Kind von den Eltern noch mehr anerkannt. Gehorsam ist selbstverständlich und wird deshalb auch nicht belohnt. Ungehorsam fordert die Eltern heraus. Die Kinder sind manchmal ungehorsam, aber so, daß es für die Eltern schwer ist, sie zu bestrafen. Trödeln kann zum Beispiel eine Form passiven Widerstands sein. Hier wird es für die Eltern schwierig, das Kind zu strafen oder zurechtzuweisen, da es ja nicht aktiv gegen etwas verstoßen hat. Das Kind hat nur nicht auf die gewünschte Weise reagiert.

Direkter Ungehorsam wird bestraft, durch körperliche Züchtigung oder auf subtilere Weise durch Privilegienentzug, Herabsetzung, Spott, Sarkasmus usw. Damit wird meistens das Selbstwertgefühl des Kindes untergraben. Die Eltern können das Selbstwertgefühl des Kindes verringern, indem sie von dem Kind ständig mehr verlangen, als es erfüllen kann. Wie die Leistung des Kindes objektiv zu beurteilen wäre, spielt keine Rolle. Entscheidend ist, daß das Kind sich subjektiv als Versager sieht. Dies ist keine gute, solide Grundlage für die Entwicklung eines Selbstwertgefühls. Dieses Kind wird später anfangen, andere so zu behandeln, wie es selbst von seinen Eltern behandelt worden ist.

Eltern können dieselbe Wirkung erzielen, wenn sie ihr Kind dauernd mit anderen vergleichen, die weiter sind, die mehr erreichen oder sich durch Außergewöhnliches hervortun. Gleichzeitig impfen Eltern ihren Kindern ein, daß sie besser sein müßten als andere, daß sie gewinnen müßten. Auf die Weise wird der Zwang verstärkt, dominieren, kontrollieren und herrschen zu wollen. Dem Kind bleibt nichts anderes übrig, als sich selbst als unzulänglich, als unfähig zu sehen. All dies trägt zu einer Minderung des Selbstwertgefühles bei.

Ein Kind, das sich bemüht und dennoch scheitert, dürfte diese Reaktionen als unfair, streng und abweisend empfinden. Sie können Unmut provozieren, der zu noch mehr Fehlverhalten führt, was wiederum zusätzlich bestraft wird. Es läßt sich jedenfalls absehen, daß strafende 9,1-orientierte Eltern feindselige und aggressive 9,1-orientierte Kinder heranziehen. Hier entwickelt sich ein Teufelskreis, aus dem das Kind nicht heraus kann. Da man von dem Kind erwartet, daß es sich bemüht, obwohl es nur verlieren kann, gewinnen Sieg, Erfolg und Stärke in den Augen des Kindes eine übertriebene Bedeutung.

In der Schule werden die Bemühungen des Kindes, Bester zu sein, durch Belohnungen der Eltern verstärkt. Hier bietet sich ein neues »Kampffeld«. Wiederholtes Bessersein als die anderen, äußerlich belohnt und innerlich begrüßt, führt allmählich zu einem 9,1-orientierten Wertsystem. Besser sein als andere wird zum lebensbeherrschenden Spiel.

Eltern können auch eine 9,1-Orientierung bei ihren Kindern fördern, wenn sie ihnen ständig sagen, daß andere es besser haben, daß Armut Sünde ist und daß der Sinn des Lebens einzig und allein darin bestehe, sich die Fähigkeit zu harter Arbeit anzugewöhnen und die Entschlossenheit, Entbehrungen zu überwinden. In diesem Sinne ist das Überwinden von Entbehrungen gleich Sieg, und der Erwerb der entsprechenden Fähigkeiten bedeutet etwa das gleiche wie das Erlernen von Strategien zur Dominanz, Kontrolle und Herrschaft über andere.

Bei einem patriarchalischen Erziehungsansatz bestimmen die Eltern ganz spezifisch und in allen Einzelheiten, was das Kind darf und nicht darf. Das Kind ärgert sich vielleicht darüber, aber es fügt sich. Die Eltern geben dem Kind positive Anerkennung und Billigung und verstärken damit die Bemühungen des Kindes, ihnen zu gefallen. Zuneigung und Billigung im Austausch gegen Gehorsam können den Wunsch des Kindes, den elterlichen Bedürfnissen nach Leistung zu entsprechen, sehr verstärken. So lernt das Kind während seines streng gesteuerten Heranwachsens, wie wichtig es ist, tüchtig zu sein, sich durchzusetzen und andere zu übertreffen.

Der innerliche Unmut, Ärger und Haß, der sich aus einer solch übermäßigen elterlichen Steuerung und Überwachung ergibt, bleibt bis ins Erwachsenenalter bestehen und zeigt sich häufig in der Form von Jähzorn, der manchmal sogar in Haß umschlägt.

Eine 9,1-Orientierung, besonders wenn sie als Ersatzstil auftritt, läßt sich auch auf eine übertriebene, aber unvollkommene elterliche Fürsorge zurückführen. Wenn die Eltern zu sehr nachgeben, wird die Eltern-Kind-Beziehung auf den Kopf gestellt. Das Kind ist praktisch der Herr, die Eltern die Sklaven. Die blinde Anbetung der Eltern pumpt das Kind in seiner Wichtigkeit auf. Wenn alles geduldet wird und das Kind alles bekommt, braucht es nichts mehr zu fordern.

Wenn die Eltern fast alles dulden, lernt das Kind, daß es mit seinen anhaltenden Forderungen alles Fehlende und Gewünschte bekommen kann. Die Eltern geben nach. So prägt sich ein Verhaltensmuster ein. Das Kind fordert immer noch mehr, besteht auf Erfüllung seiner Wünsche, bekommt Wut- und Trotzanfälle. Es wird äußerst schwierig, auch an die Rechte anderer zu denken. Die Forderungen werden also zum Mittel der Kontroll- und Herrschaftsausübung über die Eltern. Sobald das Kind die Formel gelernt hat, wendet es sie auch auf andere an. Das läßt sich bei Erwachsenen beobachten, die normalerweise ruhig sind, aber plötzlich in Zorn geraten, wenn sie ihren Willen nicht durchsetzen können. So kann man auf theatralische Weise seinen Willen durchsetzen.

Junge Menschen beneiden andere um Dinge, die sie nicht haben. Entbehrung wird mit Schwäche gleichgesetzt. Ein Mensch fühlt sich getrieben, unablässig danach zu streben, aufzuholen oder andere zu überholen, um einen Ausgleich für das zu schaffen, was er früher nicht gehabt hat. So kann schon der kindliche Ehrgeiz, solche Entbehrungen zu überwinden, zu Konkurrenzdenken und dem Wunsch führen, die Spitze zu erreichen ohne Ansehen von Mühe, Zeit und Kosten für sich selbst oder andere. Dieser Drang drückt sich auch in dem Wunsch aus, Besitz zu erwerben. Das ist aber oft erst möglich, wenn man die Macht zur Kontrolle und Herrschaft über andere erreicht hat.

Bei einem 9,1-orientierten Kind sind wahrscheinlich beide Elternteile so wie oben beschrieben, oder das Kind hat einen »starken« Elternteil und einen schwachen, wobei sich der schwache Elternteil an Entscheidungen oder an der Lenkung des Kindes nicht beteiligt. Beide Möglichkeiten sind gemeint, wenn wir in diesem und den nächsten Kapiteln von den »Eltern« sprechen.

Wut ist typisch für jeden Menschen, dessen 9,1-motivierter Drang nach Lenkung, Herrschaft und Dominanz bedroht ist. Dabei spielt es keine Rolle, welche elterliche Einstellung dazu geführt hat, daß sich das Kind eine 9,1-Grundeinstellung zu eigen gemacht hat. Wut ist die Vorbereitung zum Angriff. Handgreiflichkeiten kommen relativ häufiger vor zwischen Geschwistern, auf dem Schulhof, zwischen Erwachsenen zu Hause (die mißhandelte Frau), zwischen Eltern und Kindern (das mißhandelte Kind) und in Situationen, in denen der äußere gesellschaftliche Anstrich durch Trunkenheit weggefegt wird. Zu wütenden verbalen Angriffen und Konflikten führende Meinungsverschiedenheiten findet man auf der anderen Seite jedoch überall – zu Hause, am Arbeitsplatz, in Schule und Universität, in Verbänden, in den Regierungen von Kommunen, Ländern und Bund und überall in der Politik.

Aus zwei Gründen kann eine dominierend 9,1-orientierte Erziehung Wutreaktionen beim Kind hervorrufen. Das Kind will »Dampf ablassen«, oder es identifiziert sich mit dem Angreifer.

Zorn kann folgendermaßen zum Ventil werden: Ursache für den Zorn des Kindes sind meistens die Eltern. An ihnen aber kann es den Zorn normalerweise nicht auslassen. Also läßt es ihn meistens an andern Kindern aus, die so zur Zielscheibe für das frustrierte Kind werden. Das Kind hackt auf anderen herum und lernt so, was Macht, Stärke und Überlegenheit bedeuten. Aus Versuchen ist auch hervorgegangen, daß kleine Kinder, die sich durch das Verhalten eines Erwachsenen enttäuscht fühlen, dasselbe Verhalten ausüben, allerdings gegenüber anderen. Ein gescholtenes oder verprügeltes Kind nimmt anschließend zum Beispiel eine Puppe und schimpft sie aus oder verhaut sie. So lernt ein Kind, das anderen anzutun, was es selbst erfahren hat.

Diese in der Kindheit erlernte »Verlagerung« des Zorns läßt sich am Arbeitsplatz und auch außerhalb beobachten. Ein Mitarbeiter ist anderer Meinung als sein Vorgesetzter. Wütend, aber respektvoll, wie es sich für ihn seiner Stellung nach gehört, kehrt er in sein eigenes Büro zurück. Er läßt seinen Ärger an seiner Sekretärin aus. Auch sie schluckt alles mit dem entsprechenden Respekt. Sie geht nach Hause und läßt ihren Ärger an ihrem ältesten Sohn aus. Ein paar Minuten später schikaniert der Ältere seinen jüngeren Bruder. Jeder Untergebene, jeder Mensch in schwächerer Position ist ein möglicher Kandidat, ein mögliches, wenn auch unschuldiges Opfer von Zorn und Feindseligkeit, die in einer früheren Begegnung verursacht, aber nicht entladen wurden.

Die Identifizierung mit dem Angreifer bietet einen weiteren Grund für Wut- und Haßgefühle. Das Kind sieht, wie andere ihre Gefühle aggressiv und angreiferisch entladen. Das Kind wird davon aufgewühlt. Obwohl es selbst nicht die Zielscheibe des aggressiven Verhaltens war, nimmt es die Reaktionen der anderen als Modell für das, was zu tun ist, wenn es selbst in Zorn gerät. Haßgefühle dienen als Auslöser. Ein anderer wird zur Zielscheibe einer gefühlsmäßigen Reaktion.

Bei solchen Verhaltensmustern wird ein Kind wahrscheinlich nicht lernen, wie man mit Menschen zusammenarbeitet oder mit und durch Menschen Ergebnisse erzielt. Wenn das Kind von anderen enttäuscht wird, wird es nicht versuchen, das Problem zu lösen, sondern es hat gelernt, mit Zorn und Feindschaft zu reagieren und auf diese Weise seinen Willen durchzusetzen.

Führungsfassaden

Es gibt vielerlei 9,1-Fassaden. Der Mensch scheint von einer 9,1-Grundeinstellung motiviert zu sein. Unter der Oberfläche aber wirken andere gitterbezogene Einstellungen.

Der »Leuteschinder«

Der »Leuteschinder« erscheint hart wie Stahl. Die menschlicheren oder weicheren Züge des Lebens lehnt er ab. Diese aggressive Ausübung einer willkürlichen Macht kann 9,1-orientierte Wünsche nach Liebe und Anerkennung verdecken. Er meidet seine Angst vor Zurückweisung, indem er absichtlich Dinge tut, die »beweisen«, daß Zurückweisung unwichtig ist.

Einschüchterungstaktiken

Eine andere 9,1-Fassade vermittelt ein falsches Bild von Macht und Autorität. Man will stärker erscheinen als der Gegner, obwohl die wahre Stärke zur Untermauerung des Images fehlt. Einschüchterungstaktiken können für einen Fassadenbauer von hohem Wert bei der Durchsetzung seiner Wünsche sein. Auch wenn es unnötig ist, wird ein Manager in Verfolgung einer solchen Strategie sich persönlich zu einem Geschäftsfreund begeben, um einen Vertrag perfekt zu machen, obwohl er dies genausogut schriftlich oder telefonisch hätte erledigen können. Für das eigene Image ist ein Privatjet eindrucksvoller als die Benutzung von Linienmaschinen. Einen Geschäftspartner zum Vertragsabschluß in das Flugzeug auf dem Rollfeld zu bitten ist besser, als sich in einem Hotel oder Büro zu verabreden. Wenn der Manager einen Assistenten oder eine Sekretärin mitbringt, der man die Einzelheiten anvertrauen kann, vermittelt er den Eindruck, daß er für die richtige Bearbeitung von Detailfragen sorgt, sich selbst aber auf die Hauptsache konzentriert.

Auch zur Verfügung stehende Juristen oder sonstige Experten tragen zur Demonstration der Macht bei. Solch äußerer Staat wird auf höheren Führungsebenen immer häufiger. Man verläßt sich auf diese Äußerlichkeiten, um jenes zusätzliche Quentchen »Überzeugungskraft« ins Spiel zu bringen, das mit der eigenen Tüchtigkeit allein anscheinend nicht gelingt.

Bei Meinungsverschiedenheiten werden »Prinzipien« zu eigenen Gunsten ins Feld geführt, obwohl es objektiv gar nicht um ein wirkliches Prinzip geht. So behält man die Einstellung bei, daß es um Sieg oder Niederlage geht, anstatt sich auf die Problemlösung zu konzentrieren. Man läßt die Sache als äußerst wichtig erscheinen, weil es angeblich um Prinzipien geht. Bei einer gründlicheren Überprüfung stellt sich oft heraus, daß das Prinzip dieses 9,1-Fassadenbauers nichts anderes ist als ein Dogma, das durch Selbstgerechtigkeit zu einem »Absolutum« gemacht wurde.

Es gibt eine ganze Reihe trickreicher und hinterlistiger Möglichkeiten, um eine Aura von Macht und Autorität um sich zu verbreiten. Man läßt Geschäftsfreunden beispielsweise durch den Oberkellner ausrichten, warum man sich zu einem Essen verspätet, obwohl es für diese Verspätung keine wirkliche Entschuldigung gibt. Die Geschäftsfreunde gewinnen so einen (falschen) Eindruck von großer Macht und Wichtigkeit. Wenn dieser Fassadenbauer dann endlich kommt, muß die Unterhaltung immer wieder unterbrochen werden, weil er häufig ans Telefon gerufen wird. Diese Anrufe sind von ihm bestellt. Die Geschäftsfreunde denken, daß es bedeutende Entscheidungen sind, wenn dieser Manager sogar von einem Essen dauernd weggeholt wird. Mit solchen Manövern kann sich ein 5,5-orientierter Manager aufmöbeln. Es gibt ihm das Selbstvertrauen, das er aus seiner natürlichen Gitterorientierung nicht gewinnen kann.

Es ist wichtig, klar zwischen einer geradlinigen, dynamischen 9,1-Orientierung und einem 9,1-Fassadenverhalten zu unterscheiden. Ein Mensch, der nicht zum Bauern auf dem Schachbrett der Fassadenspieler werden will, muß sich des Unterschieds zwischen Zwang und Manipulation bewußt sein.

Auswirkungen des 9,1-Führungsstiles auf die Organisationen

Viele Organisationen haben sich aus einer industriellen Gesellschaft entwickelt, die von einer 9,1-Führungstheorie ausging. Historisch gesehen wurzeln diese Einstellungen in einer kulturspezifischen Einstellung zur Arbeit und in der Natur des Menschen. Typisch war das Verhältnis Feudalherr–Leibeigener oder Herr–Sklave.

Wie soll man aber das Organisationsziel durch Menschen erreichen, wenn man die Menschen für mehr oder weniger gehässige, unwillige und widerstrebende Produktionswerkzeuge hält? Einige Fachleute fragen sich zum Beispiel, ob sich eine 9,1-Einstellung von selbst bewahrheitet: »Direktive Führung schafft Abhängigkeit, Unterwürfigkeit und Anpassung. Mitarbeiter haben meistens Angst, selbst Initiative zu ergreifen. Der Chef füllt dieses Vakuum mit seiner direktiven Führung. Wir haben es mit einer *self-fulfilling prophecy* zu tun.«

Bis jetzt ist diese Denkweise noch nicht ernsthaft in Frage gestellt worden, beispielsweise durch ein System, das zu genauso guten oder sogar noch besseren Leistungen führt, ohne die schon festgestellten Nebenwirkungen zu erzeugen. Eine ganze Reihe wichtiger Faktoren, ein Wandel sozialer Werte, ein allgemein besserer Bildungsstand, Organisation in Gewerkschaften und das Entstehen von »Industrien des Wissens« haben dazu geführt, daß sich das Führungsdenken in eine von 9,1 abgewandte Richtung verlagert hat. Wir brauchen jedoch die *Anwendung* einer Führungstheorie, die besser ist als 9,1. Erst dann werden 9,1-Organisationen nach wirksameren Alternativen suchen.

Welche Bedingungen fördern und erhalten eine 9,1-Führungsorientierung in einer Organisation? Bildung und Ausbildung stellen einen wichtigen Faktor dar. Trotz des heute zur Verfügung stehenden Bildungsangebotes und trotz des allgemein höheren Bildungsstandes mangelt es einem großen Teil unserer Bevölkerung immer noch an den Voraussetzungen zum Umgang mit Fachwissen. Es mangelt ihnen immer noch an Urteilskraft. Folglich hält es die Führung immer noch für notwendig, Planung, Unterweisung, Steuerung und Überwachung größtenteils zu zentralisieren. Fachlich ausgebildete Führungskräfte planen. Führungskräfte auf mittlerer Ebene überwachen die Durchführung, und andere führen aus. Ein solches Konzept fördert die 9,1- und 1,1-Orientierung.

Die wirtschaftlichen Bedingungen sind immer noch so, daß viele Menschen Arbeitnehmer sein müssen, um sich ihren Lebensunterhalt zu verdienen. Aufgrund ihrer begrenzten Fähigkeiten und wegen relativ geringer Schwankungen auf dem Arbeitsmarkt müssen sie eine 9,1-orientierte Aufsicht einfach ertragen. Heute trifft das zwar weniger zu als noch vor zwanzig oder dreißig Jahren, aber es kommt immer noch häufig vor.

Der scharfe Wettbewerb von Industrieorganisationen untereinander ist ein weiterer Faktor, der eine 9,1-Orientierung fördert. Heute drängt man sogar noch stärker auf strengere und effizientere Steuerung und Überwachung der Organisationsleistung.

Durch all diese Faktoren ist die 9,1-Orientierung ein allgemein üblicher Führungsstil in einer industriellen Wettbewerbsgesellschaft.

Viele langfristige Folgen einer 9,1-Orientierung sind bereits in dieser Generation in Erfüllung gegangen. Eine der wichtigsten Folgen war die verstärkte Organisation in Gewerkschaften. Das soll nicht heißen, daß die Organisation in Gewerkschaften das einzige Ergebnis einer 9,1-orientierten Führung gewesen ist. Das Tauziehen zwischen Gewerkschaften und Arbeitgebern dreht sich aber häufig um Führungsaspekte, die den Arbeitnehmern widerstreben und von ihnen abgelehnt werden.

Die allgemeinste, aber weitreichendste Auswirkung der 9,1-Orientierung zeigt sich in einer allmählichen Verlagerung auf eine 1,1-Orientierung, in Resignation, Langeweile und Entfremdung von der Arbeit.

Ein Rückgang der Produktivität ist eine zweite einleuchtende Folge.

Zusammenfassung

Kontrolle, Herrschaft und Dominanz kennzeichnen die positiven Motivationen eines 9,1-orientierten Managers. Auf der negativen Seite steht das Risiko des Versagens. Ein solcher Manager wird jede notwendige Initiative ergreifen, um ein Scheitern zu vermeiden. Produktion ist das Mittel, durch das der 9,1-orientierte Manager Leistung erreicht. Menschen sieht er als Hindernisse, es sei denn, sie fügen sich ihm bereitwillig. Eine 9,1-orientierte Führung hat zum Ziel, Macht so auszuüben, daß man die nachteilige Auswirkung von Menschen auf die Produktion überwindet.

Ein 9,1-orientierter Mensch legt hohen Wert auf unumstößliche Entscheidungen oder darauf, Dinge auf seine Art zu tun, weil es nun einmal seine Art ist. Er steht bereitwillig für seine Ideen, Meinungen, Einstellungen und Überzeugungen ein und drängt kraftvoll darauf, daß sie auch akzeptiert werden, selbst wenn sich andere dem widersetzen oder ihren eigenen Willen gegen den seinen durchsetzen wollen. Sobald er zu einer Überzeugung, Meinung oder Einstellung gelangt ist, wird er sich zäh an sie klammern. Da seine Überzeugungen meistens tief verwurzelt sind, ergreift er die Handlungsinitiative. Der Ball soll in seine Richtung laufen. Er treibt andere dazu an, aufzuholen und Schritt zu halten. Häufig wächst seine Schwungkraft so sehr, daß man ihn kaum noch stoppen kann. Er geht von der Grundeinstellung aus, daß er zwar nicht immer recht haben mag, aber nur selten Zweifel hegt. Eher interpretiert er Tatsachen falsch, um seine eigene Meinung aufrechterhalten zu können, als seine Schlußfolgerungen in Übereinstimmung mit der objektiven Situation zu ändern. Er läßt sich von seinem inneren Ich leiten.

Von seiner inneren Einstellung her gibt es wenig Grund, vor einem Konflikt zurückzuschrecken. Sich selbst durchzusetzen, selbst wenn er anderen damit auf die Zehen tritt, ist besser, als eine Niederlage einzustecken oder ein Versagen zugeben zu müssen. Charakteristisch für einen 9,1-Ansatz ist die Unterdrückung von Meinungsverschiedenheiten. Widerstand reizt zu Wut und Haß. Er braust auf, wenn nicht alles nach seinem Wunsch geht. Er hat einen beißenden Humor. Immer ist ein Stachel im Spiel.

Kurzfristig läßt sich durch eine 9,1-orientierte Führung hohe Produktivität erreichen. Es steht jedoch fest, daß langfristig gesehen die Nebenwirkungen zu einer Minderung der Leistung führen können. Eine extreme 9,1-Orientierung soll für den so führenden Menschen nachteilige Folgen für Körper und Seele mit sich bringen: Müdigkeit und Depressionen, Argwohn und Mißtrauen, Sadismus, Migräne und Herzinfarkt.

Ursprünge in der Kindheitserziehung, die zu einer 9,1-Orientierung im Erwachsenenleben führen, sind auf mindestens vier Erziehungsansätze der Eltern zurückzuführen: 9,1-Orientierung, Patriarchentum, unvollkommene Fürsorge und Zuneigungsentzug.

Abschnitt D in Kapitel 1 ist die Selbstbeschreibung eines 9,1-orientierten Managers. Wenn Sie bei der Selbstbewertung nicht gemogelt haben und diesen Abschnitt mit einer 5 bezeichneten, da damit Ihr Verhalten am zutreffendsten beschrieben wurde, heißt das, daß Sie sich selbst als eine 9,1-orientierte Führungskraft sehen.

Kapitel 4

1,9

Für einen 1,9-orientierten Manager sind die Einstellungen und Gefühle seiner Mitarbeiter von höchster Bedeutung. In einer freundlichen Umgebung fühlt er sich gefühlsmäßig sicher. Er will von seinen Mitarbeitern geliebt werden. Deshalb kümmert er sich übermäßig um das, was seine Mitarbeiter, Kollegen und Vorgesetzten denken. Er will Anerkennung von ihnen. Er interessiert sich für sie. Er ist gut, freundlich und rücksichtsvoll und geht vor allem auf ihre Wünsche ein. Wenn sich andere freuen und dies auch in ihren Reaktionen zeigen, fühlt er sich eins mit ihnen. Aus diesen Gründen pflegt er eine herzliche Atmosphäre.

Zwischen einem gesunden Bedürfnis nach Zuneigung und einem 1,9-orientierten Bedürfnis besteht ein Unterschied. Bei einem gesunden Bedürfnis fühlt der Mensch Zuneigung gegenüber dem, von dem er sie haben will. Echte Zuneigung wird von Gegenseitigkeit geprägt. Der 1,9-orientierte Mensch aber will Zuneigung und Anerkennung von allen! Es spielt keine Rolle, ob er selbst echte Herzlichkeit für sie empfindet oder nicht.

Auf der anderen Seite ist diese Motivation von einer Furcht vor Mißbilligung geprägt. Diese Furcht stellt eine starke gefühlsmäßige Reaktion dar. Ganz stark ist die Furcht davor, persönlich zurückgewiesen zu werden. Ein 1,9-orientierter Manager reagiert auf andere mit einer tief verinnerlichten Unsicherheit. Er reagiert nicht auf die objektive Situation selbst. Er versucht, jeder Ablehnung aus dem Wege zu gehen. Er legt ein eifriges, fügsames und anpassungsfähiges Wesen an den Tag.

Eine natürliche Reaktion auf Angst ist der Fluchttrieb. Wenn sich aber ein 1,9-orientierter Manager einer Mißbilligung oder Ablehnung durch Flucht entziehen wollte, würde er sich von denen trennen, von denen er anerkannt und angenommen werden möchte. Deshalb hofft er auf Wiederherstellung der Beziehung und geht lieber auf ihre Wünsche ein. Er schmeichelt sich ein und glaubt, die Möglichkeit der Anerkennung zu erhöhen und gleichzeitig das Risiko einer Ablehnung zu verringern. Seine Grundeinstellung wird von »Ehrerbietigkeit« geprägt. Ein Manager, der sich vor Mißbilligung fürchtet, meint, es sei besser, in Sicherheit zu sein als sich selbst bedauern zu müssen. Deshalb sagt man von solchen Menschen oft, daß sie Angst vor ihrem eigenen Schatten hätten oder immer einen nervösen Eindruck machen. Ein 1,9-Mensch fühlt sich von der Einstellung motiviert: »Bin ich nett zu dir, bist du nett zu mir!«

Anderen zwingt er seinen Willen nicht auf. Gerne sagt er: »Lieber führe ich, als daß ich dränge.« Damit meint er: »Ich stelle fest, was sie sich als richtig wünschen oder für richtig halten, und sorge dafür, daß es auch so wird.« Man sollte den Menschen helfen, anstatt sie anzutreiben. Das versteht man unter einer 1,9-orientierten stützenden Führung. Dabei kann ein 1,9-orientierter Mensch durchaus ein harter Arbeiter sein. Er tut dies, weil er mit seiner Arbeit Anerkennung erreichen will, nicht aber weil er an der Arbeit selbst interessiert ist oder sich für die Organisationsziele, für Leistung und Gewinn engagiert.

Wenn in einer ganzen Organisation eine 1,9-Orientierung herrscht, macht sich eine lässige Clubatmosphäre breit. Die Menschen bestimmen ihr Arbeitstempo selbst, tun das, was ihnen Spaß macht, und arbeiten mit denen, die sie mögen. Führungskräfte fördern dieses Klima noch, weil der Chef seine Mitarbeiter für den wichtigsten Aktivposten hält. Er tut alles, damit seine Mitarbeiter mit den Arbeitsbedingungen und mit ihm zufrieden sind. »Die Mitarbeiter sind wichtig. Meine Aufgabe ist es, für sie zu sorgen und sie bei Laune zu halten.« Der 1,9-orientierte Manager hegt den Wunsch, dafür zu sorgen, daß sich die Menschen gerne, freundlich und sicher in jede Situation einpassen. Man könnte durchaus sagen, daß der 1,9-orientierte Manager von positiven Motivationen ausgeht in dem Sinne, daß er Unzufriedenheit oder das Erlernen negativer Einstellungen verhindert.

Das Verhalten des Vorgesetzten

Fragt man einen 1,9-orientierten Manager nach seinen Aufgaben und seinem Verantwortungsbereich, so wird er die gleiche Antwort geben wie Führungskräfte mit anderen Stilorientierungen. Es geht um Planung, Organisation, Unterweisung, Steuerung und Überwachung und Stellenbesetzung. Er unterscheidet sich von anderen Stilorientierungen jedoch in der Durchführung.

Planung: »Ich schlage die Aufgabenverteilung vor und drücke mein Vertrauen aus: ›Ich weiß, daß Sie Bescheid wissen und alles gutgehen wird.‹«
Organisation: »Meine Mitarbeiter wissen, was zu tun ist und wie sie sich untereinander koordinieren müssen. Wenn sie Vorschläge von mir brauchen, höre ich ihnen gerne zu und biete ihnen alle meine Kräfte an.«
Unterweisung: »Ich sehe meine Mitarbeiter häufig und ermuntere sie, zu mir zu kommen. Meine Tür steht immer offen. Ich wünsche, daß sie bekommen, was sie wollen, ohne darum bitten zu müssen. So muntert man die Mitarbeiter auf.«
Steuerung und Überwachung: »Ich brauche nur sehr selten zu kontrollieren, wie die Arbeit läuft, weil meine Mitarbeiter ihr Bestes geben. Ich lege Wert darauf, jedem einzelnen zu seinen großen Bemühungen zu gratulieren. Unsere Gespräche enden meistens damit, daß wir uns darüber unterhalten, warum alles so gut verlaufen ist und wie wir die Arbeit genauso reibungslos oder noch besser in der Zukunft gestalten könnten.«
Stellenbesetzung: »Ich kann es natürlich nicht jedem recht machen, aber ich versuche doch, dafür zu sorgen, daß jeder die Arbeit tun kann, die ihm am meisten Spaß macht, und mit Kollegen zusammenarbeitet, die er mag.«

Das *Zusammengehörigkeitsgefühl* bedeutet einem solchen Manager sehr viel. Er sieht sich und seine Mitarbeiter als »eine große, glückliche Familie«. Für dieses Zusammengehörigkeitsgefühl wird er wohl alles tun. Er wird alles tun für Umgänglichkeit, nicht aber für das Erzielen von Leistung. Er glaubt, damit eine Leistungsminderung verhindern zu können, weil jeder einem anderen, der sich schlecht fühlt oder zurückgefallen ist, helfen wird.

Auch Konferenzen bieten die Gelegenheit zu geselligem Treffen. Sie fangen erst an, wenn alle da sind, womit ihre gesellschaftliche Bedeutung hervorgehoben wird. Solche Sitzungen bleiben unbedeutend für die Aufgaben der Organisation, so lange Themen vermieden werden, bei denen es um Arbeitsdruck oder persönliche Kritik gehen könnte. Unter solchen Gegebenheiten sind die Menschen nicht leistungsfeindlich im Sinne aktiven Widerstands. Sie interessieren sich jedoch immer weniger für die Arbeit selbst, weil ihr Vorgesetzter sich nicht dafür interessiert.

Eine solche Grundeinstellung kann sogar die Einrichtung eines Büros bestimmen.

In einer Organisation, von der Größe und Verantwortungsebene her gesehen ähnlich wie die in Kapitel 3 beschriebene, haben wir einen Manager beobachtet. Er ist der Leiter der Registratur in einer alten, konservativen Versicherungsgesellschaft. Vierzehn Angestellte arbeiten in dieser Abteilung. Alle Bürotüren stehen offen. Innerhalb eines weit gesteckten Rahmens dürfen sich die Führungskräfte ihre Büroeinrichtung selbst aussuchen und die Zeiten für Kaffee- und Mittagspause selbst bestimmen. Auf vielen Schreibtischen findet man Blumenvasen oder Topfpflanzen. Auf einem Schreibtisch steht ein Radio. Die Musik läuft leise, um andere nicht zu stören. Das Radio wird nur während wichtiger Ereignisse zum Mittelpunkt. Ein typischer Arbeitstag geht ganz gemütlich vorüber. Krisen werden gedämpft und in das ansonsten störungslose Betriebsklima eingepaßt. In der Halle gibt es eine Kaffeetheke. Der Arbeitstag fängt ganz lässig an. Die Angestellten treffen sich hier zu einer Tasse Kaffee und Gebäck. Für viele ist das ihr Frühstück. Gegen 10 Uhr treffen sich die

Angestellten paarweise oder zu dritt zu einer dreißig- bis vierzigminütigen Kaffeepause. Die ungeschriebene Regel lautet: »Laß deine Probleme auf dem Schreibtisch zurück . . . keine Gespräche über die Arbeit während der Pausen.«

Management by Objectives (Führen durch Zielvereinbarung)

Führen durch Zielvereinbarung ist ein anziehendes Konzept für den 1,9-Manager. Er zieht es jedoch vor, Ziele in freier und ungesteuerter Diskussion zu setzen. Er will mit diesem Ansatz jedem Mitarbeiter helfen, die Ziele so zu setzen, daß er sie auch erreichen kann. Wenn ein Mitarbeiter seine Ziele selbst setzt, kann er sich auch selbst führen und sich sagen, was zu tun ist. Bei einem sich selbst führenden Mitarbeiter besteht auch kaum die Wahrscheinlichkeit, daß er Haßgefühle gegen seinen Vorgesetzten entwickelt.

Leistungsbewertungen sollen den Mitarbeitern das Gefühl vermitteln, daß man sie aufgrund ihrer Bemühungen in der Vergangenheit schätzt. Nur ganz selten werden sie zur Erreichung eines Ziels in Bezug gesetzt. Mit zwanglosem Geplauder über persönliche Angelegenheiten deutet der Chef an, daß er seine Mitarbeiter mag. Er behandelt seine Mitarbeiter wie wertvolle Treibhauspflanzen. Er widmet ihnen die nötige Pflege und Aufmerksamkeit, damit sie »blühen und gedeihen« können.

Konflikt

Der 1,9-orientierte Manager verabscheut jeden Konflikt. Konflikt bedroht die Atmosphäre von Herzlichkeit und Anerkennung, das Hauptgericht einer 1,9-orientierten Gefühlsnahrung. Sollte aber doch einmal ein Konflikt entstehen, versucht er, die enge und unterstützende Beziehung so schnell wie möglich wiederherzustellen.

Angenehmes Betriebsklima

Ein 1,9-orientierter Manager zeichnet sich durch Herzlichkeit aus. Er ist freundlich zu jedem – zu Vorgesetzten, Kollegen, Partnern, Mitarbeitern. Er schafft eine Atmosphäre der Harmonie. Er überschüttet alle mit seiner Freundlichkeit. Man nennt einander beim Vornamen, hält sich über Kinder und Verwandte auf dem laufenden und erkundigt sich interessiert nach den Urlaubsplänen. Unter solchen Bedingungen spricht man nur ungern über Schwierigkeiten und Konflikte. Da die Konflikte nicht an die Oberfläche kommen, durchlebt der Manager einen weiteren Tag unbeeinträchtigt von nervösen Spannungen oder Frustrationen.

Gefördert wird dieses Klima durch spontane Gespräche und Beratungen mit den Mitarbeitern. So bleibt der 1,9-orientierte Manager stets über die jeweilige Arbeitsmoral auf dem laufenden. Er achtet auf einsame Außenseiter und versucht, mit Lob und positiver Reaktion auf besondere Wünsche ein Klima der Anerkennung zu schaffen. Ein anerkennendes Schulterklopfen, ein Lächeln, eine Tasse Kaffee – all dies macht die Arbeit erfreulicher und das Leben angenehmer. Es entsteht eine Gemeinschaft, in der man alles miteinander teilt. Alle sind einander herzlich zugetan. Ihre Gemeinsamkeit beruht auf Gegenseitigkeit und gibt ihnen allen ein Gefühl der Sicherheit. Man wirbt um die Anerkennung und Billigung anderer, indem man auch ihnen Anerkennung und Billigung ausspricht. Das bekräftigt die Gemeinsamkeit und dient als Schutzschild gegen möglicherweise verstimmte Mitarbeiter, die eventuell ihr Unwohlsein aussprechen könnten.

Anderen den Vortritt lassen

Wenn die eigene Meinung den Ansichten und den Ideen der anderen entspricht, können Unstimmigkeiten erst gar nicht entstehen. Ohne Unstimmigkeiten gibt es auch keinen Streit. Ohne Streit gibt es keinen Konflikt. Also hört man erst einmal zu, was die anderen denken. Man wird eher zurückgewiesen, wenn man seine eigenen Gedanken zuerst ausspricht, als wenn man auf die anderer reagiert. Man würde sich ja der Kritik aussetzen, wenn ein Vorschlag angefochten wird, und Kritik ist mit offener Abweisung direkt verwandt. Wenn der Chef aber andere dazu bringen kann, Vorschläge zu machen und Initiative zu ergreifen, setzt er sich nicht dem Risiko aus, ihnen seinen Willen aufzwingen zu müssen. Wenn die Mitarbeiter nicht von selbst Vorschläge machen, drängt er sie dazu. Er fragt: »Wie würden Sie hier vorgehen?«

Manchmal *muß* ein 1,9-orientierter Vorgesetzter die Initiative ergreifen. Vorher aber überlegt er mit Intuition und Einfühlungsvermögen, welche Reaktionen kommen könnten. Er hält alle Sinne weit offen. Mit Auge und Ohr sammelt er alle möglichen Eindrücke und filtert sie durch seine 1,9-orientierte Grundeinstellung. Er will im voraus feststellen, ob sein Vorschlag Aussicht auf Erfolg hat.

Solche Führungskräfte meinen, daß Konferenzen die Gelegenheit bieten, zusammenzukommen. Konferenzen werden abgehalten, um sich angeblich mit den Mitarbeitern zu beraten. Gespräche unter vier Augen sollen sie nicht ersetzen. Sie finden zusätzlich statt. Diese freien und unverbindlichen Gespräche festigen die guten Beziehungen und führen oft schnell und einfach zu Gruppenentscheidungen. Oft werden Themen angeschnitten, über die man sich schon weitgehend einig ist. Ähnlichkeiten und Übereinstimmungen werden betont, um das Gefühl der Einigkeit zu fördern. Über diese Dinge spricht man so lange, bis keine Zeit mehr für strittige Themen bleibt. Abweichende Stellungnahmen werden so allgemein und abstrakt behandelt, daß Übereinstimmung erzielt wird, auch wenn dies wenig oder gar keinen Einfluß auf den Betrieb hat. Die erzielten Übereinkünfte stellen so meist nur ein Mindestmaß an Maßnahmen dar, aber sie werden von allen bereitwillig akzeptiert.

Mit einer Gegenmeinung hinter dem Berg halten

Der 1,9-Manager meidet risikobelastete Aussprüche wie: »Ich bin anderer Meinung« oder: »Sie sind im Unrecht.« Er sagt sich lieber im stillen: »Ich dulde eine ganze Menge, ohne wirklich damit einverstanden zu sein. Ich tue das, weil ich Spannungen vermeiden will, die unweigerlich entstehen würden, wenn ich verlangen würde, daß dies geändert wird.« Ungern unterstützt er ein Argument, wenn es angefochten werden könnte. Er opfert die möglichen Früchte seines eigenen schöpferischen Denkens. Widerspruch und Spannungen hervorrufende Themen werden vermieden, zurückgestellt und schließlich ganz begraben.

Den eigenen Standpunkt nur indirekt äußern

Innerhalb einer 1,9-Orientierung ist es möglich, den eigenen Standpunkt so vorzutragen, daß er keinen Widerspruch hervorruft. Anstatt zu schweigen, formuliert der 1,9-Manager seine Stellungnahme so, daß man ihn nicht auf eine Aussage festlegen kann. Er gibt auch keine ausdrückliche Stellungnahme ab, von der er sich später eventuell distanzieren müßte. Er sagt nicht etwa: »Ich habe heute ein neues Modell gesehen. Es ist wohl an der Zeit, daß wir unsere auch ändern.« Statt dessen wird er viel eher sagen: »Haben Sie schon gemerkt, wie laut die Motoren unserer Maschinen in letzter Zeit sind?« Damit tut er zwar seine Meinung kund, aber so indirekt, daß sein Argument nicht direkt abgelehnt wird, wenn jemand dagegen spricht. Bei Einigkeit kann das Gespräch fortgesetzt werden.

Negatives vertuschen

Ein 1,9-orientierter Manager versucht, negative Gefühle zu umgehen. Wenn andere wütend reagieren, schlägt er nicht genauso zurück, sondern läßt die Sache fallen. Er findet immer eine Entschuldigung für die Reaktion des anderen: »Er steht unter schrecklichem Druck« oder: »Er fühlt sich nicht wohl.« Damit befreit sich der 1,9-orientierte Manager von dem Gefühl, abgelehnt worden zu sein.

Wenn Mitarbeiter nicht kooperativ reagieren, wird dieses Verhalten nicht als Insubordination gewertet. Es wird vielmehr auf Ungelegenheiten oder ein Mißverständnis zurückgeführt. Häufiges Fernbleiben von der Arbeit ist kein Drückebergertum. Es wird mit Krankheit des Mitarbeiters oder eines seiner Familienmitglieder erklärt. Vielleicht hat er auch einen Kater. Sein Fehlen würde man nie als Widerspenstigkeit oder Faulheit interpretieren.

Entschuldigungen und Versprechungen

Manchmal gerät der 1,9-orientierte Manager doch in eine Situation, in der sich Meinungsverschiedenheiten nicht mehr vermeiden lassen. Enttäuschende Ergebnisse sprechen für sich selbst, wenn eine offensichtliche Lücke zwischen früheren optimistischen Berichten und dem Ist-Stand klafft. Durch wortreiche Entschuldigungen und Versprechungen versucht der Manager in diesem Fall, dem Risiko der Zurückweisung zu entgehen. »Das wird nie wieder passieren.« Um seine Angst vor Zurückweisung noch mehr zu verringern, bittet er vielleicht sogar noch um zusätzliche Aufgaben und hofft, die aufs Spiel gesetzte Anerkennung auf diese Weise wieder zurückzugewinnen.

Streit schlichten

Trotz allem werden aber irgendwann einmal Streitigkeiten auftauchen, auch wenn der Manager noch soviel Sorgfalt auf ein Klima der Harmonie und Einigkeit aufgewandt hat. Sehr wahrscheinlich wird der Chef, um die Zusammengehörigkeit wiederherzustellen, selbst kapitulieren. Er wird meinen, daß die Sache doch gar nicht so wichtig sei und er sich selbstverständlich einverstanden erkläre. Der 1,9-Manager fährt glättend über Unzufriedenheiten hinweg. Er bittet die Mitarbeiter, sich doch einmal zu überlegen, wie gut alles laufe, wenn man bedenke, wieviel schlechter es sein könnte. Er hofft, eine gute Arbeitsmoral aufrechtzuerhalten, betont alles Positive und schaltet alles Negative aus.

Kreativität ersticken

Ein Aufeinanderprallen schöpferischer, zündender Ideen gibt es bei einem 1,9-Manager nicht. Ein kreativer Ansatz ist etwas Neues, anderes. Meinungsverschiedenheiten können zu Spannungen führen. Deshalb gibt es neuartige oder kreative Lösungsvorschläge fast nie. Ein zündender Funke ist von Gegnerschaft nicht zu unterscheiden. Er muß erstickt werden, damit er sich nicht zu einer aktiven Kontroverse entzünden kann.

Druck mildern

Ein 1,9-Manager fühlt sich unwohl unter dem Druck, gewinnorientierte kurz- und langfristige Ziele erreichen zu müssen, weil er deshalb Forderungen an andere stellen muß. Seiner Meinung nach kann Druck die Mitarbeiter nur frustrieren und sowieso kaum zu den gewünschten Ergebnissen führen. Auch Gewinnerhöhung durch Kostenreduzierung bringt nur Ärger, weil man Annehmlichkeiten oder Privilegien abbauen muß. Dadurch könnte sich die Produktivität noch mehr verringern.

Oft aber muß Druck von oben nach unten weitergegeben werden. Eine sanfte, freundliche Anerkennung suchende Führungsweise wird dadurch gefährdet. Der 1,9-Manager steht vor einem Dilemma. Wenn er die Wünsche seines Vorgesetzten mißachtet, schadet er dieser Beziehung und riskiert Zurückweisung durch seinen Chef und die höheren Vorgesetzten. Wenn er den Druck jedoch direkt an seine Mitarbeiter weitergibt, riskiert er den Verlust der Anerkennung durch seine Mitarbeiter. Es gibt einen Ausweg aus diesem Dilemma. Er interpretiert die erhaltenen Produktionsvorschriften neu und überredet seine Mitarbeiter vorsichtig, sich mit dem Problem zu beschäftigen. Er gibt die bittere Pille in einer süßen Hülle von Versprechungen weiter oder deutet Vorteile im Austausch gegen ihre Unterstützung an. Er übt keinen Druck aus, sondern redet seinen Mitarbeitern gut zu. Er schmeichelt ihnen, um sie mühelos in die gewünschte Richtung zu bewegen. Ein ursprünglich unumstößlicher Befehl wird so zu einer mit Entschuldigungen verbrämten Bitte.

Wenn ein Problem auftaucht, das ihm wichtig genug erscheint, um es an die Mitarbeiter weitergeben zu müssen, wird er es stückchenweise erklären, damit sich niemand aufregen kann. Die stückchenweise Information wird keine große Aufregung auslösen. Wenn er aber die ganze Information auf einmal weitergibt, könnte eine Explosion entstehen.

Vergessen

Vergeßlichkeit wird man bei 1,9-orientierten Managern wahrscheinlich häufiger finden als bei anderen Gitterorientierungen. Das läßt sich erklären. Ein 1,9-Manager will Zuneigung und Anerkennung. Er will sie besonders von Menschen, die er fürchtet. Deshalb kommt ein solcher Manager einer Bitte nach, auch wenn es ihn eigentlich ärgert, daß man ihn fragt. Er kann oder will nicht »nein« sagen, und doch ärgert er sich über seinen Unmut. So schiebt er diese Bitte weit von sich und denkt nicht mehr daran. Er bringt die erbetene Arbeit nicht zu Ende. Wenn man ihn auf seine Vergeßlichkeit hinweist, legt er übermäßige Zerknirschung an den Tag. Aus diesen Gründen ist es manchmal schwierig, sich auf 1,9-orientierte Menschen verlassen zu müssen. Ihnen unangenehme Aufgaben führen sie häufig nicht durch.

Die Wahrheit verbrämen
Wenn man einen 1,9-Manager um Erklärung strittiger Umstände bittet, wird er meistens nicht alle Tatsachen angeben. Durch die Weitergabe schlechter Neuigkeiten setzt er sich vielleicht der Kritik aus. Also verschönt er die Tatsachen oder spielt sie herunter. Er wird zwar nicht direkt *lügen*, aber er verbrämt die Wahrheit, macht sie schmackhafter, häufig ohne sich dessen selbst bewußt zu sein.

Reaktionen der Mitarbeiter

Die Reaktionen der Mitarbeiter reichen von einem Gefühl der Sicherheit und Geborgenheit in einer herzlichen und freundschaftlichen Atmosphäre bis hin zu einem Gefühl der Unterdrückung und Erstickung. Sie fühlen sich nicht gefordert und wollen diesem Klima entfliehen.

Sicherheit
Wenn die zwischenmenschlichen Beziehungen am Arbeitsplatz den Wunsch eines Menschen nach Anerkennung genügend verstärken und seine Furcht vor Zurückweisung verringern, wird er das 1,9-Klima als fördernd und hilfreich empfinden. Auf die Frage nach seiner Einstellung wird der Mitarbeiter eines 1,9-Vorgesetzten sagen: »Ich möchte nicht tauschen. Ich mag die Menschen, mit denen ich zu-

sammenarbeite. Ich könnte mir keine besseren und netteren Bedingungen vorstellen.« Ein solcher Mensch fühlt sich geborgen in einem Unternehmen, das seine Sehnsüchte erfüllt, ohne Forderungen an ihn zu stellen.

Sein Vorgesetzter wird sagen: »Hier haben viele Abteilungen eine hohe Mitarbeiterfluktuation. Wir nicht. Ich bin seit 33 Jahren bei der Firma. Die meisten meiner Mitarbeiter habe ich schon seit Jahren. Wir setzen uns alle sehr ein, weil wir ein gemächliches Arbeitstempo haben. Wir arbeiten in einer leisen, anerkennenden Atmosphäre, nicht in einem Dampfkessel.«

Unmut und Frustration

Viele wollen eine herausfordernde Arbeit. Sie fühlen sich durch die Arbeit selbst angespornt und belohnt. Solche Menschen fühlen sich frustriert, wenn man sie nicht herausfordert. Selbst wenn man sie gut bezahlt, halten sie ihre Arbeit für Zeitverschwendung. Sie glauben, keinen oder nur einen geringen Beitrag zu leisten. Sie werden anerkannt, ohne gleichzeitig die Gelegenheit zu echter Leistung zu erhalten. So kann ein 1,9-Manager seine Mitarbeiter frustrieren, obwohl er gerade das sehnlichst zu vermeiden sucht.

Wenn Kreativität im Keime erstickt wird

Leistungsorientierte Mitarbeiter wenden sich von selbst den anstehenden Aufgaben zu. Oft erkennen sie, wie sich die Arbeit anders und besser durchführen läßt. Die notwendigen Änderungen zur Einführung einer neuen Arbeitsweise werden aber alles aus dem gewohnten Gleis werfen und Streitigkeiten und Unstimmigkeiten hervorrufen, besonders wenn mehrere Mitarbeiter davon betroffen sind. 1,9-geführte Mitarbeiter lernen schnell, ihre kreativen oder originellen Ideen für sich zu behalten. Sie sprechen sie lieber nicht aus, weil sie ja doch nur abgewürgt werden. Kreativität wird im Keime erstickt. Routine, Langeweile und Eintönigkeit bestimmen die Arbeit. Diese reizlose Umgebung kann unerträglich werden. Der schöpferische Mensch sieht sich nach anderen Gelegenheiten um.

Ehrgeizige gehen
Ehrgeizige, engagierte Mitarbeiter, die etwas leisten und Erfolg haben wollen, werden wohl nicht lange bei einem 1,9-orientierten Vorgesetzten bleiben. Sie stellen irgendwann einmal fest, daß ihre Bemühungen nicht nur unbemerkt bleiben, sondern sogar noch von ihrem Vorgesetzten gedämpft werden. Er »drängt« raffiniert auf weniger Leistung, um nicht »schlafende Hunde zu wecken«. Da man den ehrgeizigen Mitarbeitern keinen Mut macht, werden sie wahrscheinlich eher gehen, als ihr Leistungsziel aufgeben.

Seelische und körperliche Störungen als Folge

»Entstelltes« 1,9-Verhalten
Masochismus ist das Bedürfnis, bestraft zu werden. Der 1,9-orientierte Mensch empfängt die Strafe und fühlt sich anschließend von seiner vorausgefühlten Furcht vor Zurückweisung befreit. Aus einer extremen 1,9-Orientierung kann Masochismus erwachsen. Dies läßt sich in etwa mit den unerträglichen Gefühlen erklären, die einen 1,9-Manager befallen, wenn er eine Zurückweisung *voraussieht*. Auch wenn die Zurückweisung in Wirklichkeit gar nicht geschieht, die Angst davor bleibt. Sie wird sogar immer größer, bis er endlich wirklich zurückgewiesen wird. Sobald er Strafe oder Schmerz auskosten kann, fühlt er sich von dieser übertriebenen Furcht vor der vorausgesehenen Zurückweisung befreit. Nach seiner Leidenszeit erwartet er nämlich erneute Anerkennung und Bestätigung, vielleicht genauso wie in der Kindheit. Er wurde von den Eltern bestraft und dann wieder von ihnen angenommen. Wahrscheinlich suchen deshalb manche 1,9-orientierte Menschen nach schmerzhaften Erlebnissen, um sich selbst wieder bestätigen zu können.

In einer Chef-Untergebenen-Beziehung läßt sich auch manchmal eine Symbiose zwischen Sadismus, der schon beschriebenen entstellten 9,1-Orientierung, und Masochismus, der entstellten 1,9-Orientierung, finden. Das sadistische Element, der Wille zur Bestrafung, erfüllt das Bedürfnis des 9,1-orientierten Managers nach Ablehnung anderer. Das masochistische Element, die wiedergewonnene Sicherheit nach der Bestrafung, befriedigt das Bedürfnis des 1,9-orientierten Mitarbeiters nach dem Gefühl der Anerkennung. Diese Wechselwirkung kann dazu führen, daß ein 9,1-Chef mit einem 1,9-Mitarbeiter zusammengespannt wird. Normalerweise geht man davon aus, daß ein Mitarbeiter die Schimpftiraden seines Vorgesetzten so entsetzlich findet, daß er entweder zurückschlägt oder geht. Ein 1,9-Mitarbeiter tut aber wahrscheinlich keins von beiden. Er ordnet sich unter und scheint diese Behandlung nur als gerecht zu empfinden. Eine solche Beziehung kann über Jahre bestehenbleiben, ohne daß ein anderer Grund vorhanden wäre als das Bedürfnis des Chefs, seinem Ärger durch Angriff Luft zu machen, und das Bedürfnis des Mitarbeiters, durch Bestrafung von seinen Spannungen befreit zu werden.

Hypochondertum

Zwischen diesem Gridstil und Hypochondertum besteht ein enger Zusammenhang. Levinson beschreibt den typischen Vertreter einer 1,9-Orientierung:

> »Durchschnittlich fehlt er einen Tag pro Woche. Er sorgt sich sehr um seine Gesundheit und die seiner Familie. Das ist für ihn häufiges Gesprächsthema. Seine Kollegen glauben, daß er den seiner Stellung entsprechenden Status hat und die dazugehörige Anerkennung und Beachtung erhält. Ihm wurde gesagt, daß die Vorgesetzten seine Leistung mit Wohlwollen sehen. Er verlangt sehr nach Anerkennung (Liebe und Aufmerksamkeit von anderen) und meint, daß er nicht genug bekommt (er *hungert* nach Liebe).
>
> Dieser abhängige, ichbezogene Mensch würde sich viel lieber auf andere stützen, die stärker sind als er. Das aber ist weder akzeptiert noch erlaubt. Er fühlt sich nicht genug geliebt. Deshalb muß er sich selbst lieben und hat selbst wenig Liebe zu geben. Wie kann ein Mensch jedoch in unserer Gesellschaft sein Bedürfnis nach Abhängigkeit und Umsorgtsein befriedigen? Indem er krank wird. Wenn man krank ist, darf man sich von jemand anderem um-

sorgen lassen. ›Wenn ich krank bin, dürfen sich andere um meine Gesundheit Sorgen machen.‹ Wenigstens seine Ärzte werden ihn lieben, wenn es schon niemand anderen gibt.«

Levinson erklärt das so:

». . . Die ständige Sorge des Hypochonders um seine Krankheitssymptome bringt ihm Aufmerksamkeit ein. Sie befriedigt seine Abhängigkeitsbedürfnisse. Er kann Freunde und Verwandte manipulieren, wobei er seine Symptome als Entschuldigung benutzt.«[2]

Die Feststellungen von Missildine über die Ursprünge des Hypochondertums bestätigen das oben Gesagte:

»In den meisten Fällen entsteht Hypochondrie aus der von den Eltern ausgesprochenen und vom Kind gehörten Angsteinstellung vor der Krankheit. Das hilflos von seinen allwissenden Eltern abhängige Kind nimmt diese ängstliche Einstellung seiner Eltern in sich auf und macht sie sich durch Nachahmung zu eigen. Dadurch fühlt es sich ihnen nahe und sicher – es fühlt sich buchstäblich wie sie, die einzigen Erwachsenen, die es kennt, seine Beschützer.«[3]

Es sieht also so aus, daß ein unbefriedigtes Bedürfnis nach Liebe zu einer unrealistischen Angst um die eigene Gesundheit führen kann. Diese Befürchtungen führen wiederum dazu, daß sich andere Sorgen machen. Damit erhält der 1,9-orientierte Mensch etwas von der Aufmerksamkeit, nach der er sich so verzweifelt sehnt.

Asthma

Aus mehreren Untersuchungen geht hervor, Bronchialasthma sei zurückzuführen auf ein mangelndes Selbstbewußtsein bei gleichzeitig starkem Abhängigkeitsbedürfnis und dem Verlangen nach richtunggebendem Rat und Anerkennung. Ein Mensch mit einer solchen Orientierung erleidet einen »Anfall«, sobald er sich in einer Situation sieht, die seine Furcht vor Ablehnung hervorruft.

Darmentzündungen

Manager mit einer extremen 1,9-Orientierung können in schier »unerträgliche« Spannungszustände geraten, durch den Tod eines geliebten Menschen, die Notwendigkeit, alle Zelte abbrechen zu müssen, eine Versetzung akzeptieren zu müssen usw. Der innere Konflikt läßt sich nicht lösen. Hier scheint eine psychobiologische Beziehung zu einer ganzen Reihe von Darmfunktionsstörungen zu bestehen.

Die Grid-vergleichbaren Verhaltensweisen solcher Menschen werden von McMahon und anderen beschrieben. Sie haben die Persönlichkeitsmerkmale von Kolitis-Patienten mit denen ihrer gesunden Geschwister verglichen.

> »Unterschiede zwischen Patient und Geschwistern lassen sich insofern sehen, als der Patient auf eine Ebene fixiert zu sein scheint, auf der er seine Eltern idealisiert und sich ihnen unterwirft. Seine Identität leitet er über ihre Anerkennung und ihren Schutz ab. In gewissem Sinne ist die Autorität für ihn mit Problemen behaftet, allerdings nicht in dem Sinne, wie wir es vom ewigen Rebellen her kennen.
>
> Das Autoritätsproblem geht tiefer und ist schwerer zu erkennen, weil es keine Wellen schlägt und das Bedürfnis der Autorität nach Idealisierung erfüllt. Der Patient scheint im Gegensatz zu seinen Geschwistern seinen Kampf um Identität als psychologisch unabhängiges, autonomes Wesen aufzugeben oder abzuschwächen. Er ist an die ursprüngliche Quelle seiner Befriedigung gebunden und scheint einen Teil seiner Autonomie aufgegeben zu haben, um diese Bindung aufrechtzuerhalten.«[4]

Bluthochdruck

Die schleichende Krankheit des Bluthochdruckes soll auf Ursprünge zurückzuführen sein, die in enger Verbindung stehen mit einem 1,9-Hauptgridstil und einer starken 9,1-Ersatzorientierung. Menschen mit dieser Krankheit sollen ein deutliches Bedürfnis nach Zuneigung und Anerkennung zeigen. Gleichzeitig haben sie Angst vor Zurückweisung, was sie in ihren Bemühungen zeigen, anderen gefällig zu sein. Unter der dünnen Oberfläche lauert jedoch ein vor Ärger und Feindseligkeit brodelnder Vulkan, dessen sich der Mensch unter Umständen nicht einmal bewußt ist.

Alexander schreibt, daß Menschen mit Bluthochdruck oft extrem einlenkend und verbindlich seien und alles tun würden, um ihren Kollegen einen Gefallen zu tun. Außerdem deutet er ihre Unfähigkeit an, Zorn offen zu zeigen. Gleichzeitig bieten sie das künstliche Erscheinungsbild ausgeglichener und reifer Menschen.

Diese beiden Kräfte, die Suche nach Anerkennung durch Freundlichkeit gegenüber anderen und der Wunsch, Frustrationen durch Aggressionen abzureagieren, rufen in einem solchen Menschen eine enorme gefühlsmäßige Anspannung hervor. Es ist schwierig, diese Spannung durch einen Angriff zu lösen oder den Druck auf andere Weise loszuwerden. Nicht abreagierte Spannungen können sich heimtückisch auf den Kreislauf auswirken.

Diabetes

Im Diabetes findet sich eine weitere verhaltensbezogene Krankheit. Der Blutzuckerspiegel steigt und löst einen Anfall aus. Dunbar berichtet:

> »Die meisten Diabetiker haben als Kinder an einem starken Gefühlskonflikt gelitten, auf der einen Seite Unmut gegenüber den Eltern, auf der anderen Seite fügsame Unterwerfung. Unter ihnen gibt es eine ganze Menge ›verwöhnter‹ Kinder und viele, die sehr eifersüchtig auf ihre Geschwister waren. Besonders bei den Männern findet man eine sehr dominierende Mutter, zu der starke Zuneigung und ein starkes Gefühl der Abhängigkeit besteht.
>
> ... Oberflächlich gesehen scheinen Diabetiker mit ihren Mitmenschen gut auszukommen. Sie quälen sich aber mit Gefühlen der Unsicherheit in ihren Beziehungen zu anderen. Einmal ergreifen sie selbstbewußt die Initiative und kommen anderen um mehr als die Hälfte entgegen. Ein anderes Mal drängt sie eine undurchsichtige innere Sperre, sich plötzlich aus Freundschaften zurückzuziehen. Ihr zwanghaftes Werben um Sympathie bewirkt oft genau das Gegenteil.

Sie arbeiten meistens mit lobenswertem Fleiß, zeigen aber wenig Initiative. Vor Verantwortung schrecken sie zurück. Sie zersplittern ihre Energien auf eine Vielzahl von Aufgaben, wobei sie oft das Wichtige zugunsten des Trivialen übersehen. Diese Unfähigkeit zur Verfolgung eines konsequenten Kurses hindert sie daran, ihre oft überdurchschnittliche Intelligenz und ihre Fähigkeiten voll zu entwickeln.«[5]

Setzt man diese Beschreibung in Bezug zum Verhaltensgitter, so haben wir es mit einer vorherrschenden extremen 1,9-Orientierung und einem starken 1,1-Ersatzstil zu tun.

In der Kindheit verwurzelte Wesenszüge

1,9-orientierte Kinder können zu 1,9-orientierten Erwachsenen werden. Es sind Kinder, die tun müssen, was ihre Eltern sagen, und dafür Liebe und Zuneigung erhalten. Häufig geschieht das, wenn einer oder beide Eltern das Kind so gut analysieren, daß sie über das Denken und Fühlen des Kindes bis ins kleinste Bescheid wissen. So ist die Kontrolle der Eltern über das Kind vollkommen. Sie sagen ihm, was es zu tun, zu denken, zu fühlen hat. Das Kind kann jeden Ratschlag, jede Richtlinie gern befolgen und akzeptieren. Das Kind erhält Herzlichkeit und Zuneigung, weil sein Abhängigkeits- und Orientierungsbedürfnis gebilligt wird. Der ständige Beistand der Eltern vermittelt dem Kind unbemerkt das Gefühl, daß Selbständigkeit gefährlich ist. Es merkt, wie wichtig es ist, die ständige Hilfe der Eltern sicherzustellen, indem es sich auf ihren Rat und ihre Hilfe verläßt. Es will sich die Herzlichkeit und Anerkennung bewahren, die ihm zuteil werden, wenn es sich eng an die Eltern anlehnt.

Wenn ein Kind aber unabhängig oder spontan denkt und handelt, fühlen sich die Eltern bedroht. Das vermitteln sie auch dem Kind: »Wenn du mich liebhättest, würdest du das nicht tun.« Das Kind hat Angst vor Ablehnung und unterdrückt von vornherein den Wunsch, selbständig zu handeln. Wenn Eltern dafür sorgen, daß das Kind auf sie angewiesen bleibt, und ihm dafür Liebe und Anerkennung entgegenbringen, schaffen sie damit die Voraussetzungen für eine 1,9-Orientierung.

Strafen, die Gegnerschaft oder Wut hervorrufen könnten, gibt es meistens nicht. Die höchste Strafe dürfte der elterliche Liebesentzug sein.

Die Eltern eines 1,9-orientierten Kindes üben daher einen patriarchalischen Erziehungsansatz aus. Die Eltern üben ihr Weisungs- und Kontrollrecht sehr streng aus, nicht etwa indem sie das Kind sachbezogen leiten und es fordern, sondern indem sie Selbstvertrauen und Selbständigkeit des Kindes hintertreiben. Typische Redewendungen kennzeichnen die Eltern eines 1,9-orientierten Kindes. »Komm, ich mach' es schon für dich!« »Vater und Mutter wissen es am besten.« »Du bist so ein liebes Kind!« »Immer tust du das Richtige (wobei das Richtige das ist, was ich von dir will).« Das Kind lernt allmählich, sich vor neuen, fremden und unvertrauten Situationen zu fürchten. Es ist so sicher unter dem Schutzschirm hilfsbereiter Eltern, Lehrer und Vorgesetzter. Das Kind dürfte diese Kontrolle annehmen und dankbar dafür sein. Ständig vergewissert es sich bei seinen Eltern: »Ist das gut so? Ist das richtig so? Tue ich, was du willst? Wie willst du das von mir haben?«

Eltern, die mit ihren Erziehungsgrundsätzen ein 1,9-orientiertes Kind heranziehen, wollen ihre Kinder zu erwachsenenorientierten Menschen heranwachsen sehen. Es soll Erwachsenen liebevoll, nett, freundlich und respektvoll begegnen. Sich so verhaltende Kinder werden von den Erwachsenen als »brav« gelobt. Die Eltern hören solche Komplimente anderer Erwachsener und werden in ihrer Überzeugung bestärkt, daß ihre Erziehungsweise von Nachbarn und Freunden gutgeheißen wird.

Bei einer solchen Erziehung lernt ein Kind, sich Erwachsenen gegenüber so zu verhalten, daß es von ihnen anerkannt und bestätigt wird. Spiele mit anderen Kindern sind weniger wichtig. Das Kind hat gelernt, sich immer zu fragen: »Was muß ich tun, um Anerkennung und Bestätigung von Erwachsenen (später vom Vorgesetzten) zu bekommen?« »Wie soll ich denken oder fühlen?« »Wie kann ich nett sein und so Ablehnung vermeiden?« So tut das Kind immer nur das, was ihm Anerkennung einbringt, anstatt seine Selbständigkeit und Unabhängigkeit zu fördern.

Dieser patriarchalische Ansatz ohne Strafen wird wahrscheinlich zu einer 1,9-Orientierung der Kinder führen, während patriarchalische Eltern, die mangelnde Leistung und Ungehorsam bestrafen, eher 9,1-orientierte Kinder haben werden, die sich ihrer Steuerung und Überwachung widersetzen.

Es gibt noch einen zweiten möglichen Ursprung einer 1,9-Einstellung in der Kindheit, der jedoch weniger häufig vorkommen dürfte. Es geht um 9,1-orientierte Eltern, die ihr Kind übermäßig ablehnen. Das Kind spürt diese Ablehnung und entwickelt ein immer stärkeres Bedürfnis nach Bestätigung, das aber nicht erfüllt wird. Es hungert nach Liebe, es hat eine unersättliche Gier nach Zuneigung. Jedes Zeichen der Ablehnung verursacht Schmerz und Leid. Das Kind verstärkt seine Bemühungen um Anerkennung und tastet jede Beziehung nach dem ab, was es sich am sehnlichsten wünscht: geliebt und bestätigt zu werden.

Führungsfassaden

Der Ausdruck persönlicher Sympathie für andere, wie man ihn bei 1,9-orientierten Menschen beobachten kann, dient oft als Tarnung für ein 9,1-Verlangen nach Herrschaft, Kontrolle und Dominanz. Es sieht so aus, als ob der Manager in seinen Reaktionen von einer 1,9-orientierten Grundeinstellung ausgeht. Die Menschen meinen nämlich, daß er ihnen mit seinem Handeln tiefe Wertschätzung und Zuneigung ausdrückt. Da sich dieser Tarnkappenträger aber nicht von Gefühlen beeinflussen läßt, fällt es ihm leicht, herzlich und freundlich zu sein und Bündnisse zu schließen, die sich leicht wieder lösen lassen, wenn es die Situation zur Verfolgung seiner eigenen Ziele auf Kosten anderer erfordert.

Lob

Der Manager mit einer 1,9-Fassade baut die Menschen durch geschickten Gebrauch von Lob und Hochachtung auf. Er spendet verschwenderisch Lob und Beifall, auch wenn sie unverdient sind. Komplimente vermitteln ja ein Gefühl der Wichtigkeit. Ein Mensch, der gelobt wird, mag und bewundert denjenigen, von dem er das Lob erhalten hat. Die Freude an diesem Lob läßt ihn oft denken, daß er es aufgrund seiner Leistung verdient hat. Damit hat der Tarnkappenträger sein Ziel erreicht. Er hat den so Geschmeichelten völlig in seiner Hand.

Es ist davon abzuraten, diese Führungsfassade zu weit zu treiben. Schmeichelei kann zum Bumerang werden. Der Tarnkappenträger läßt sich leicht durch die Schmeicheleien derer, denen er selbst schmeichelt, irreführen und verliert damit die Kontrolle über sie.

Kritik

Die Kritik birgt viele Gefahren. Schon Carnegie hat gesagt: ». . . selbst wenn man kritisch eingestimmt ist und Kritik tatsächlich gerechtfertigt ist, sollte man sie vermeiden.« Warum? Er erklärt das so:

> »Wenn wir mit Menschen zu tun haben, sollten wir immer daran denken, daß wir es nicht mit Wesen zu tun haben, die nur aus Logik bestehen. Wir stehen Menschen mit Gefühlen gegenüber, Menschen, die voller Vorurteile sind und sich von Stolz und Eitelkeit leiten lassen . . . Kritik ist ein gefährlicher Funke – ein Funke, der leicht eine Explosion im Pulverfaß des Stolzes entzünden kann . . .«[6]

Carnegie meint also, daß Kritik ein viel zu gefährliches Spielzeug für einen Menschen ist, der den Eindruck erwecken will, daß er die Menschen mag. Negative Reaktionen lassen sich vermeiden, wenn man sich der Kritik enthält, auch wenn man eigentlich kritisieren müßte. Hier handelt es sich um Manipulation, weil die nicht geäußerte Kritik für den Empfänger konstruktiv und nützlich gewesen sein könnte. Der andere wird irregeführt. Er glaubt, daß alles in Ordnung ist, obwohl das in Wirklichkeit nicht stimmt.

»Kräutlein Rührmichnichtan«

Manche Menschen reagieren äußerst empfindlich auf Ablehnung. Der 1,9-Tarnkappenträger weiß, daß er sich um seine Kontrollmöglichkeiten bringt, wenn er andere beleidigt. Diese Menschen, die außerordentlich empfindlich reagieren, wenn man ihnen »auf die Zehen tritt«, nennt man auch »Kräutlein Rührmichnichtan«.

Bei solchen Menschen tut ein Fassadenspieler alles, um eine rein private Beziehung zu ihnen aufzubauen. Es sieht so aus, als ob Bewunderung und persönliche Freundschaftsgefühle der einzige Grund sind. Bei näherem Hinsehen entpuppt sich jedoch eine verborgene Zielsetzung. Bei einem privaten Besuch erkundigt er sich immer nach dem Wohlergehen des anderen, nach seiner Familie, seinen Urlaubsplänen usw. Erst wenn sich der andere akzeptiert fühlt, deckt der Tarnkappenträger den wahren Beweggrund auf – er bittet um bestimmte Informationen. Diese Bitte wäre vor diesem Privatgespräch wohl mißverstanden oder nicht erfüllt worden. So bemüht sich der 1,9-Tarnkappenträger um eine herzliche und freundschaftliche Atmosphäre, weil er etwas von dem anderen haben will.

»Jasager«

Um die wohlwollende Beachtung eines Vorgesetzten zu gewinnen, unterstützt man ihn in seinen Meinungen und verbirgt die Tatsache, daß man selbst anderer Überzeugung ist. Das zahlt sich aus, wenn der Vorgesetzte überlegt, wen er befördern oder zu seinem Stellvertreter machen soll. Er erinnert sich an die »Richtigdenker« unter seinen Mitarbeitern und belohnt sie. Die »Jasager«-Reaktion entsteht nicht aus einem Bedürfnis nach Bestätigung, wie wir es bei einer strikten 1,9-Orientierung finden. Sie entsteht vielmehr aus dem Willen, auf krummem Wege Karriere zu machen, eine Karriere, bei der nicht die Leistung ausschlaggebend wird. Diese abwegige Strategie wird vom Vorgesetzten als echte Übereinstimmung mit seinem Standpunkt aufgefaßt. Der Unterschied zwischen einer 1,9-Führungsfassade und der echten 1,9-Orientierung besteht darin, daß der wirkliche 1,9-Manager ein echtes Bedürfnis nach Liebe hat. Der 1,9-Fassadenspieler will Herzlichkeit und Zuneigung und empfindet darin Befriedigung, nicht weil er selbst Anerkennung braucht, sondern weil er die Hilfsbereitschaft des anderen ausnützen will.

Auswirkungen des 1,9-Führungsstiles auf die Organisationen

Unter zwei Bedingungen kann der »Glacéhandschuhstil« zum Führungsstil des gesamten Unternehmens werden, wenn ein Unternehmen beispielsweise mit einer hohen Gewinnspanne operiert oder die Nachfrage nach seinen Produkten so groß ist, daß sich Gewinne nicht vermeiden lassen. Ohne Konkurrenzdruck besteht kein Zwang zu effektiver Arbeit. Rationalisierungsmaßnahmen werden unattraktiv. Angst könnte sich bei den Mitarbeitern verbreiten und zur Unzufriedenheit führen. Die Führungskräfte ständen in schlechtem Licht. Da ist es einfacher, die Dinge laufen zu lassen.

Auch Organisationen mit einem Beinahemonopol werden leicht zum Opfer dieses Führungsstiles. Rationalisierungsmaßnahmen mit Entlassungen und der Durchführung strengerer Kontrollen würden die Mitarbeiter nur verwirren. Man braucht sie nicht. Solche Organisationen legen größten Wert auf die Erhaltung vermeintlich guter zwischenmenschlicher Beziehungen.

Das folgende Beispiel gibt einen treffenden Überblick über einen 1,9-orientierten Organisationsstil. Es handelt sich um ein Industrieunternehmen mit einer großen Produktion. Über die Jahre hatte sich die Gewohnheit herausgebildet, während der Sommermonate regelmäßig eine Gruppe von Aushilfskräften einzustellen. Damit wollte man das urlaubsbedingte Fehlen des Mitarbeiterstammes ausgleichen. Der Urlaub für die Mitarbeiter wurde nicht mit der Produktionszielsetzung abgestimmt. So konnte jeder seinen Urlaub nehmen, wann er wollte. Die Rechnung mußte die Firma zahlen. Diese 1,9-Orientierung fand jedoch mit einem Paukenschlag ein Ende. Da das Produkt hoffnungslos konkurrenzunfähig wurde, mußte die Fabrik stillgelegt werden. Wegen dieses luxuriösen Führungsstiles, bei dem man es versäumt hatte, die Mitarbeiter gemeinsam auf richtige Leistung einzuschwören, hatte nun jeder einen Jahresurlaub von 52 Wochen.

Man entscheidet sich also meistens gegen Rationalisierungsmaßnahmen. Diese Entscheidungen werden von dem Wunsch motiviert, die Mitarbeiter nicht zu beunruhigen und ihnen ihr persönliches Sicherheitsgefühl zu erhalten, obwohl damit dem Produktionsziel des Unternehmens immer weniger gedient ist. Solche Entscheidungen scheinen zwar die Entwicklung und Erhaltung guter zwischenmenschlicher Beziehungen zu begünstigen, aber wirklich gesunde Beziehungen können gar nicht entstehen. In einer gewinnorientierten Wirtschaft können und sollten andere Organisationen mit Gespür für die Wirtschaftslage und einer »Nase fürs Geschäft« eine solch »fette und glückliche« Organisation übernehmen. Sie werden von konkurrenzfähigeren Unternehmungen ausgebootet. Sie sind schwach, weil sie den Keim zur Selbstzerstörung in sich tragen. Ein Beispiel dafür ist die schon beschriebene Fabrikstillegung.

Zusammenfassung

Der 1,9-orientierte Manager legt großen Wert auf eine herzliche und freundliche Atmosphäre. Er fühlt sich sicher, wenn er von Menschen umgeben ist, die für ihn eintreten und ihn schätzen. Ihm ist es natürliche Neigung, Wünschen und Bedürfnissen anderer zuvorzukommen und ihnen ihren Willen zu tun. Er verhält sich rücksichtsvoll und ist darauf erpicht, anderen gefällig zu sein.

Um Ablehnung zu vermeiden, werden andere von ihm auch nicht abgelehnt. Jemanden auszutricksen oder zu betrügen liegt ihm fern. Das gelingt ihm, indem er lieber die Meinungen, Einstellungen und Ideen anderer akzeptiert, anstatt seine eigenen durchzusetzen. Deshalb ergreift er selten eine positive Führungsinitiative, auch wenn er sich aktiv um enge Kontakte bemüht und auf den Aufbau harmonischer Bindungen hinarbeitet. Nur selten geht ein Konflikt von ihm selbst aus. Wenn aber ein Konflikt zwischen ihm und anderen oder zwischen anderen in seiner Gegenwart entsteht, versucht er, die Wogen zu glätten. Wenn die Menschen in ihren Taten nicht so reagieren, wie es der 1,9-orientierte Manager braucht, fühlt er sich persönlich abgelehnt und bemüht sich, diese Reaktionen umzukehren, so daß auf jeden Fall wieder Herzlichkeit und Anerkennung herrschen. Ein 1,9-orientierter Mensch hat anscheinend viele Freunde und nur wenige oder gar keine Feinde. Sein Führungsansatz behindert aber die Leistungsfähigkeit, anstatt sie zu fördern.

Unter einer solchen Führung ist eine hohe Leistung kurz- und langfristig unwahrscheinlich. Deshalb wird sich eine 1,9-Orientierung kaum in konkurrenzstarken Unternehmungen herausbilden können. Sie tritt viel eher in Unternehmen mit Vertragsproduktion, in Produktionen mit hoher Gewinnspanne und in Beinahemonopolen auf.

Eine extreme 1,9-Orientierung hat Folgen für Körper und Seele: Masochismus, Hypochondrie, Darmfunktionsstörungen, Asthma, Diabetes und Bluthochdruck.

Patriarchalische Eltern betonen, wie wichtig es ist, daß ihre Kinder auf sie angewiesen sind. Sie lenken die Gedanken und Gefühle ihrer Kinder mit Rat und Tat in die »richtige« Richtung und geben dem fügsamen Kind Liebe und Anerkennung dafür. Das Kind lernt, sich an Erwachsenen (und später an seine Vorgesetzten) anzulehnen, anstatt selbständig zu werden.

Abschnitt B in Kapitel 1 beinhaltet die Selbstbeschreibung eines 1,9-orientierten Managers. Wenn Sie diesen Abschnitt mit einer 5 bewertet haben, womit Ihr Führungsverhalten dieser Beschreibung am ehesten entspricht, glauben Sie, daß Ihr Führungsstil von einer 1,9-Grundeinstellung geprägt ist.

Kapitel 5

1,1

Der 1,1-orientierte Manager hat sich gefühlsmäßig aufgegeben. Ihm ist fast alles gleichgültig geworden. Er will nur noch eines, nämlich im Unternehmen überleben. Er muß also etwas tun, um sich seinen Arbeitsplatz bis zum Eintritt in das Pensionsalter zu bewahren, ohne allerdings Arbeit zu leisten, die seinen Kollegen oder der Organisation zugute kommt. Er erwartet wenig und gibt auch wenig. Er ist lustlos, teilnahmslos, läßt sich treiben, ohne jedoch dadurch aufzufallen. Er ist durchaus bereit, sich mit der Situation abzufinden und als Manager die äußere Form zu wahren. »Durchhalten« ist seine Devise, seine Negativmotivation. Er will nicht in Hoffnungslosigkeit und Verzweiflung versinken.

Es ist bezeichnend für diesen Manager, daß er nicht auffällt. Er hält sich aus Streitigkeiten heraus, macht sich keine Feinde, wird nicht entlassen. Er erweckt immer den Eindruck, sehr beschäftigt zu sein. Mit dieser Einstellung hält er sich die Menschen vom Leibe. Das Ausmaß seiner Passivität, seiner Unzugänglichkeit und seines Unbeteiligtseins wird davon bestimmt, was andere zu tolerieren bereit sind. Er entwickelt keine gefühlsmäßigen Beziehungen zu Aufgaben oder Menschen. So braucht er sich auch mit seinen eigenen Unzulänglichkeiten und Unfähigkeiten nicht auseinanderzusetzen. Diese Kombination von Neutralität und physischer Präsenz ist für ihn bezeichnend. Übermäßiger Unmut auf seiten anderer kann gar nicht erst entstehen, da er sich nicht engagiert. Er lebt nach dem Motto: »Nichts Böses sehen, nichts Böses sagen, nichts Böses hören. So bist du sicher, weil du nicht auffällst.«

Wie ist es möglich, daß eine Organisation diesen »Ballast« ständig übersieht? In vielen Organisationen herrscht ein ungeschriebenes Gesetz, daß Mitarbeiter nach einer bestimmten Zeit der Unternehmenszugehörigkeit unkündbar werden. Ihr Arbeitsplatz ist ihnen bis zur Pensionierung sicher. Dies wird toleriert oder gar nicht beachtet, solange noch ein Minimum an Leistung erbracht wird. Wir kennen ein solches Beispiel. Das Mutterunternehmen befördert den Präsidenten einer Tochtergesellschaft auf einen Posten in der Rechtsabteilung der Zentrale. Offizielle Begründung: Die juristischen Probleme der Unternehmung seien komplizierter geworden. Für diese Aufgabe brauche man eine Führungskraft mit juristischer Ausbildung und entsprechender Erfahrung.

Dieser Manager hatte noch zwölf Jahre bis zu seiner Pensionierung. Man sah und hörte ihn kaum. Er delegierte alle fachlichen Probleme an seine Mitarbeiter, zeichnete ihre Berichte ab und leitete sie weiter. Die Mitarbeiter mußten ihre Empfehlungen meist alleine verfechten. Er selbst kam und ging, still und unauffällig. Seine Sekretärin mußte höchstens einmal Briefumschläge adressieren. Ansonsten hatte sie kaum zu tun. Sie sah ihn nur in unregelmäßigen Abständen. Von Anfang an wurden nur wenige Briefe geschrieben und kaum Telefongespräche geführt. Sie nahmen im Laufe der Zeit noch mehr ab. Führungskräfte, die Hilfe in Rechtsfragen brauchten, wandten sich nämlich direkt an seine Mitarbeiter. An Besprechungen nahm er regelmäßig teil, aber mehr als Zuhörer denn als Teilnehmer. Er war »auf dem Abstellgleis gelandet« und zog sich daraufhin auf die 1,1-Position zurück. Die Organisation mußte ihn jahrelang als Ballast mitschleppen.

Ein 1,1-Mensch rechtfertigt seine Leistungslosigkeit, indem er andere oder die Umstände für seine Lage verantwortlich macht. »Der Staat ist zu einem Mammut geworden. Dagegen läßt sich nichts mehr tun.« Schuld an der zunehmenden Entmenschlichung sei der rapide technische Fortschritt. Er wolle damit nichts zu tun haben. Mahnend hebt er seinen Finger und warnt vor »den geldgierigen Organisationen, in denen nur noch der Profit zählt«, oder vor dem »gemeinen Konkurrenzkampf um Beförderung, in dem sich die Menschen gegenseitig aufreiben«. Er beklagt sich über die Universität, die es versäumt habe, ihm eine den heutigen Bedürfnissen entsprechende Ausbildung zu vermitteln. Mit diesen Rationalisierungen will er seine innere Haltung rechtfertigen, daß »nichts mehr geht«. So braucht er sich selbst nicht einzugestehen, daß er unbeteiligt bleibt. Der 1,1-orientierte Manager ist froh, wenn er in Ruhe gelassen wird und seine Arbeitsjahre absitzen kann. Er lebt als Zuschauer.

Die Soziologie kennt für diese Stimmungslage den Begriff *Anomie* und meint damit ein 1,1-ähnliches Verhalten, das durch Orientierungs- und Normenlosigkeit gekennzeichnet ist. Solche Menschen besitzen keine Persönlichkeit, keine Wurzeln. Sie lassen sich treiben. Aus ihrem Verhalten läßt sich keine Richtung erkennen. In einem Punkt jedoch unterscheidet sich der 1,1-Typ von der Situation der Anomie. Anomie heißt, daß der Mensch in seinem Verhalten nur noch auf das nackte Überleben Wert legt. Die Verantwortung dafür übernehmen andere, etwa die Sozialhilfe. Sie sorgt dafür, daß er Essen und ein Dach über den Kopf bekommt. Es existieren keinerlei Bindungen mehr. So verhält sich beispielsweise ein Penner. Er ist schlampig angezogen, unrasiert, sitzt still da und unterhält sich nicht mit anderen. Er hat keine Wurzeln und läßt sich treiben. Er versucht gar nicht erst, seine Umwelt zu beeinflussen. Er lebt in einer Welt, die auch keine Forderungen an ihn stellt. Es gibt also einen wichtigen Unterschied zwischen Anomie und einer 1,1-Einstellung. Der 1,1-Mann verfolgt ein ganz egoistisches Ziel: Er will im Unternehmen bleiben und überleben. Er hat jedoch den strategischen Rückzug aus jeder aktiven Mitarbeit auf seine Fahne geschrieben. Er wahrt die äußere Form akzeptablen Verhaltens. Allerdings bleibt die Form hohl. In seinem Inneren entsteht ein Vakuum, aber der »Außenanstrich« bleibt, wie er war. Nach außen hin verhält er sich genauso wie seine Kollegen. Er sieht die Organisation nur als Mittel. Er kann seine sozial akzeptierbare Rolle als gutes Mitglied der menschlichen Gesellschaft weiterspielen und seine Mindestaufgaben als Bürger erfüllen. Die Organisation gibt ihm Position, Status und Gehalt. Er erbringt dafür das notwendige Leistungsminimum. Dies also ist der Unterschied zwischen einem Anomie- und einem 1,1-Typ. Die gefühlsmäßige Resignation ist bei beiden mehr oder weniger dieselbe.

1,1-Situationsdynamik

1,1 als vorherrschende Orientierung muß nicht unbedingt durch lange Zeit zurückliegende Ursachen begründet sein. Sie kann durchaus aus Arbeitserlebnissen im Erwachsenenalter entstehen.

Diese Möglichkeit wollen wir am Beispiel eines jungen Mannes erläutern. Unser junger Mann war ein guter Schüler und in den ersten beiden Universitätsjahren auch ein guter Student. Er verläßt die Universität und schlägt sich in den nächsten zwei, drei Jahren mit Gelegenheitsarbeiten durch. »Der wird es nie zu etwas bringen«, so lautet das allgemeine Urteil.

Diejenigen, die um die Möglichkeit einer 1,1-Orientierung wissen, können sich durchaus vorstellen, daß im dritten oder vierten Semester irgend etwas geschehen ist, das ihn veranlaßte, zurückzustecken, sich nicht mehr anzustrengen. »Er wurde aus der Bahn geworfen.« Er hat sich von seiner Grundhaltung abgewandt (9,9; 9,1; 5,5 oder 1,9) und auf eine 1,1-Orientierung zurückgezogen.

Irgendwann kehrt er wieder an die Universität zurück, fängt da wieder an, wo er aufgehört hat, und besteht sein Examen mit Auszeichnung. Er geht in den Beruf und macht Karriere. Wie soll man dieses Zwischenspiel verstehen? Mehrere Ursachen sind möglich. Vielleicht wollte er in der Zeit seines Bummelantentums einer Bedrohung seines Eigenbildes aus dem Wege gehen. Er hat an Reife und damit auch das Verständnis und die Einsichten gewonnen, die es ihm nun erlauben, seine Karriere zu verfolgen. Die Bedrohung des eigenen Ich existiert nicht mehr. Er kann heute Dinge begreifen, die er im vierten Semester nie verstanden hätte. Seine früheren Vorstellungen von der eigenen Zulänglichkeit haben sich geändert. Die Leistungen können dieselben geblieben sein. Nur haben sie eine andere Bedeutung bekommen. Sie bergen nicht mehr dieselbe Bedrohung in sich. Der junge Mann kann sich nun ohne das Gefühl, ein übermäßiges Risiko einzugehen, engagieren. Seine Grundorientierung hat sich von neuem verlagert, vielleicht zurück zum ursprünglichen, vielleicht auch zu einem anderen Stil. Jedenfalls hat er sich von der 1,1-Grundorientierung gelöst.

Eine 1,1-Orientierung kann auch entstehen, wenn sich ein Manager anderen ausgesetzt fühlt, weil ihm alles über den Kopf wächst. Es gibt Mitarbeiter, die Außerordentliches leisten, solange sie streng nach Anweisung handeln. Nun wird ein solcher Mitarbeiter aufgrund seiner hervorragenden Leistungen befördert und zum Abteilungsleiter gemacht. Sein Vorgesetzter läßt ihm alle Handlungsfreiheit. Plötzlich können alle sehen, was er leistet. Vielleicht muß er nun zum erstenmal selbständig handeln. Als Untergebener hat er sich an präzise Anweisungen gehalten und im Namen eines anderen gehandelt – ohne eigene Motive, ohne eigene Ideen. Wenn etwas schieflief, lag es nicht an ihm, sondern an falschen Anweisungen. Seine inneren Werte standen nicht auf dem Spiel, solange er stellvertretend für andere handelte. Nun aber, nach der Beförderung, muß er im eigenen Namen handeln. Er muß seine Gedanken und seine Beurteilungen offenlegen und geht damit das Risiko ein, daß sie sich als unzulänglich erweisen könnten. Wir können verstehen, warum ein fähiger Mitarbeiter nicht unbedingt auch ein guter, verantwortungsfähiger Vorgesetzter wird.

Als Grund für eine 1,1-Einstellung läßt sich dieses »Sich-exponieren-Müssen« auf allen Organisationsebenen finden, nicht nur auf der Eingangsstufe zur Führungsebene. Wegen seiner ungewöhnlichen Qualifikationen, seines Studiums oder seiner Fachkenntnisse wird ein Manager beispielsweise zum Assistenten des Vorstandsvorsitzers oder eines Vorstandsmitgliedes berufen. Jede Weisung führt er mit augenfälliger Tüchtigkeit aus. Seine Leistungen erregen Aufmerksamkeit, und er erhält eine wichtige Linienposition, ein junger Mann, der Jahre vor anderen seiner Altersklasse eine hohe Position erreicht. Während der Einarbeitungszeit geht alles gut, der Zeit also, in der er die Verantwortung noch nicht selbst trägt. Je mehr er sich aber für Entscheidungen und Ergebnisse selbst verantwortlich fühlt, desto weniger ist er in der Lage, selbst die Initiative zu ergreifen. Er schiebt Entscheidungen auf, weil er weitere Untersuchungsergebnisse abwarten will. Sobald er diese Ergebnisse hat, müssen weitere unbeantwortete Fragen untersucht werden. Seine Entscheidungen werden nie auf die Probe gestellt. Er wird unerreichbar und unbelehrbar.

Wenn aber etwas getan werden muß und keine Weisung kommt, handeln die Mitarbeiter manchmal aus eigener Initiative. Wenn sich diese selbständige Handlungsweise im nachhinein als richtig herausstellt, bleibt zwar der gute Ruf des Managers gewahrt, sein Gitterstil aber ist immer noch von der 1,1-Position geprägt.

Ein anderer Fall ist der Chef, der sich an einem bestimmten Punkt seiner Karriere bis zum äußersten eingesetzt hat, heute aber nach 1,1 führt. Hier ist ein Ersatzstil zum Hauptstil geworden. Ursprünglich wird er die Führungsweise 9,1 praktiziert haben. Nun aber hat er sich aus dem Kampf zurückgezogen oder dem Druck nachgegeben, weil er nicht unterliegen oder scheitern wollte. Er rechtfertigt sich damit, daß man auf seine Mitarbeit doch keinen Wert lege. Es gibt Menschen, die bis zum Alter von 40 oder 45 Jahren recht gute Leistungen erbringen. Dann aber fühlen sie sich »ausgelaugt«, verlieren das Interesse an einer vermeintlich sinnlosen Arbeit und stellen keine Forderungen mehr. Vielleicht meinen sie auch, zu viel gearbeitet zu haben, und wollen nun der Familie und den Freunden mehr Zeit widmen. Die wirklichen Gründe für dieses Ausbrennen können sehr verschieden sein. Sie sind weit weg von der Macht und Herrschaft, die sie sich während der ersten erfolgreichen Jahre erträumt hatten. Die Jahre sind verronnen. Als Manager auf mittlerer Ebene stehen sie nun vor der Lebensmitte. Zum Vorstandsmitglied werden sie es nie bringen. Wie können sie die Erkenntnis umgehen, daß die Leistungen schlechter waren als erhofft? Man kann den Mythos aufrechterhalten und das Risiko der Selbstenthüllung umgehen, indem man »sich drückt«. Jeder findet Rationalisierungsgründe: »Die Arbeit fordert mich nicht mehr . . . Ich habe das Interesse verloren . . . Ich will mich mehr meiner Familie widmen.« Der Hauptstil ist geschwunden und durch eine 1,1-Orientierung ersetzt worden.

Wie eine 1,1-Ersatzorientierung zu einer Hauptorientierung werden kann, ist schon im dritten Kapitel über den 9,1-Führungsstil beschrieben worden. Der Rückzug auf eine 1,1-Orientierung kann entstehen, wenn ein Mensch nicht zurückschlagen kann und es sich auch nicht leisten kann, zu kündigen und sich anderswo eine Stelle zu suchen. Die 1,1-Ecke ist ein Hafen, der davor bewahrt, gegen ungünstige Winde ansegeln zu müssen.

Das Verhalten des Vorgesetzten

Ein 1,1-orientierter Manager betraut seine Mitarbeiter mit allen zu erledigenden Aufgaben und stellt die Durchführung ihrem Ermessen anheim. Daß dies eher Abdankung als Delegation ist, zeigt sich darin, wie er seine Verantwortung sieht.

Planung: »Die von mir angewiesenen Aufgaben sind weit gefaßt. Wann immer möglich, setze ich keine spezifischen Ziele oder Termine. Jeder Mitarbeiter schlägt sich alleine durch.«
Organisation: »Wenn man sie in Ruhe läßt, führen sie ihre Aufgaben durch. Sie kennen ihre Arbeit und ihre Fähigkeiten selbst am besten.«
Unterweisung: »Ich gebe die Mitteilungen von oben nach unten weiter. Ich gebe die Informationen sachlich einwandfrei weiter. Ich verbräme oder deute sie sowenig wie möglich.«
Steuerung und Überwachung: »Ich mache meine Runden, aber ich ergreife Sofortmaßnahmen sowenig wie möglich. Meine Mitarbeiter mögen das so und ich auch.«
Stellenbesetzung: »Man nimmt die, die einem zugewiesen werden.«

Der Chef vermeidet jede Einmischung, nicht weil andere eine Chance zum Selbständigsein brauchen und aus ihren Bemühungen lernen sollen, sondern weil er sich selbst nicht engagieren will. Eine Bemerkung wie: »Ich treffe hier keine Entscheidungen, ich arbeite nur hier« zeigt den 1,1-orientierten Rückzug aus der Verantwortung.

So kleidet ein 1,1-orientierter Manager seine Position nur nach außen hin aus. Er tut gerade so viel, daß er seine Position nicht verliert. Er bewegt sich wie ein Schatten und hinterläßt keine Spuren bei der Organisation, der er angehört, noch hinterläßt die Organisation Spuren bei ihm.

Management by Objectives (Führen durch Zielvereinbarung)

Der 1,1-orientierte Manager beugt sich den Anforderungen des Management by Objectives (MbO), d. h., »er wird die Übung hinter sich bringen«. Wenn das System verlangt, daß jeder Manager die Ziele mit seinen Mitarbeitern besprechen soll, so tut er es. Wenn der Vorgesetzte diese Ziele mit seinem eigenen Chef überprüfen soll, so tut er es. Wenn er Formulare ausfüllen soll, so tut er es. Wenn eine Nachbereitung mit Leistungsbewertung und Leistungsüberprüfung erfolgen soll, so tut er auch das. Auf dem Papier dürfte dieses Management by Objectives ein Erfolg sein.

Dieser 1,1-Ansatz ist aber nur Hülle ohne Substanz. Der Vorgesetzte hat sich weder gedanklich noch gefühlsmäßig damit befaßt, was er leisten könnte. Er hat seine Mitarbeiter weder ermuntert noch davon abgehalten, über ehrgeizig gesteckte Ziele und die dazu notwendigen Maßnahmenschritte nachzudenken. Er genügt den äußeren Bedingungen und »schlägt damit dem System ein Schnippchen«, obwohl ihn auch das nicht wirklich motiviert. Er praktiziert wohl mehr Management durch Unterlassung als Management durch Ziele setzen.

Ziele im normalen Sinne existieren nicht. Ziele haben ja eine Beziehung zur Leistungs- oder Menschenorientierung. Da er sich für keins von beiden interessiert, haben organisationsbezogene Ziele für einen 1,1-orientierten Manager keinerlei Relevanz. Er hat vielmehr ein ichbezogenes Ziel. Er will innerhalb des Systems überleben, sein Gehalt bekommen und vielleicht auch die betriebliche Altersversorgung genießen, mehr nicht. Seine allgemeine Einstellung unterscheidet sich kaum von der Mentalität der Arbeitslosenunterstützungsempfänger in der Zeit der großen Depression.

Sobald ein Mitarbeiter an seinem Arbeitsplatz etabliert ist, läßt ihn der 1,1-orientierte Manager mit der Hoffnung allein, daß er schon das Notwendige wissen werde. Wenn Leistungsbewertungen zu einem laufenden formalen MbO-Durchführungsprogramm gehören, wird er dieser Aufgabe oberflächlich nachkommen. Wenn die Personalabteilung regelmäßig Formulare schickt, füllt er sie aus und gibt sie zurück. Über die »Noten« denkt er nicht allzuviel nach. Er paßt nur auf, daß er niemanden zu hoch oder zu niedrig bewertet, denn dann müßte er Fragen beantworten. Wenn ein persönliches Gespräch mit dem Mitarbeiter notwendig ist, bittet er ihn zu sich. Mechanisch leiert er seine Erklärungen herunter und bittet um Fragen. Falls erforderlich, bittet er den Mitarbeiter um Unterschrift des Formulars. Wenn keine Fragen gestellt werden, ist das Gespräch vorbei.

Konflikt

Auch der Manager mit diesem Gitterstil steht unter dem Druck seines Vorgesetzten. Er muß mit unzufriedenen, unglücklichen oder aufsässigen Mitarbeitern fertig werden, die sich alle an ihn wenden, damit er für sie handle. Seine Reaktionen reichen von Pseudogefügigkeit über Neutralität bis hin zum physischen Rückzug.

Solche Manager haben nur den Vorgesetztentitel inne, handeln aber nicht danach. Manager mit dieser Orientierung bleiben deshalb von Verwicklungen und Konflikten weitgehend verschont. Sie treiben eine Vogel-Strauß-Politik. Sie stecken ihren Kopf in den Sand und meinen, so allen Konflikten aus dem Wege gehen zu können. Unangenehme Situationen sehen sie einfach nicht. Manchmal gehen sie von selbst vorbei, weil man ihnen keine Aufmerksamkeit gewidmet hat.

Sich sehen lassen, aber nichts sagen

So kann man manchmal einen Konflikt vermeiden. Man läßt sich sehen, sagt aber nichts. Wenn dieser 1,1-orientierte Manager sich plötzlich in einer Gruppe von zwei oder mehreren Personen wiederfindet, greift er selten spontan in die Diskussion ein. Weder durch Worte noch durch seinen Gesichtsausdruck enthüllt er seine Gedanken (wenn überhaupt welche vorhanden sind) über das Gesagte.

Er gibt nichts Sinnvolles von sich. So kann er nicht provozierend wirken und auch nicht aufgefordert werden, seinen Standpunkt zu vertreten. Seine Mitmenschen haben keine Ahnung, was für ihn wichtig oder unwichtig ist. Wodurch aber wird sein Schweigen akzeptiert? Da keine Gründe vorhanden sind, die dagegen sprechen, merken seine Mitmenschen entweder gar nichts oder glauben, daß Schweigen Zustimmung oder Einverständnis bedeutet.

Die beste Antwort ist ein undeutliches Gebrummel. »Hm« heißt mehr oder weniger »in Ordnung, was soll's, mich geht's nichts an«. Eine klare Äußerung eines 1,1-Managers könnte als Affront, als Herausforderung gedeutet werden. Ein »Hm« aber kann alles bedeuten. Der andere bekommt damit keine eindeutige Antwort und weiß nicht, wie er darauf reagieren soll.

Fragt jemand: »Wie geht's denn so?«, antwortet er: »Okay.« Damit regt er zwar kein Gespräch an, es ist aber auch nichts Negatives an diesem netten »okay«, besonders nicht, wenn darauf die Gegenfrage folgt: »Und wie geht es Ihnen?« Bei einer wahrheitsgemäßen Antwort könnte man ja in eine Diskussion verwickelt werden, und diskutieren ist doch so fad. Wenn es heißt, daß X und Y erst nach dem Z stehen, nun, okay.

Manchmal wird ein 1,1-orientierter Manager dazu aufgefordert, etwas zu tun. Wenn er die Führung hat, fängt er an abzuwägen und delegiert, wenn er in Schwierigkeiten ist. Er murmelt vor sich hin oder versucht, sich herauszureden, wenn er uninformiert ist. Untätigkeit ist unter solchen Umständen gerechtfertigt. Er sagt sich: »Sie verstehen es ja doch nicht«, »es bleibt nicht genug Zeit«, »es hört ja sowieso niemand zu«.

Manchmal kann ein 1,1-Manager gar nicht umhin festzustellen, daß er und seine Mitarbeiter gegeneinander arbeiten. Was tut er? Er ignoriert sie einfach, es sei denn, der Konflikt ist so wichtig, daß er seine Position bedroht. Er zuckt mit den Schultern und hofft, daß die Mitarbeiter nicht zur Verantwortung gezogen werden.

Weitergabe von Mitteilungen

Der 1,1-orientierte Manager führt die Unternehmenspolitik aus, indem er Mitteilungen weitergibt. Er gibt Anweisungen von oben auf dem Dienstweg weiter. Er will nicht dabei erwischt werden, daß etwas bei ihm steckenbleibt. Genauso wahrheitsgetreu wiederholt er Mitteilungen von unten gegenüber seinem eigenen Vorgesetzten. Er sorgt dafür, daß nicht er das fehlende Glied in der Kette bildet. Das Sicherste ist, dem, was andere gesagt haben, weder etwas hinzuzufügen noch etwas wegzulassen. Er gibt Zitate weiter und braucht sich so nicht selbst mit dem Inhalt der Worte zu identifizieren.

Ein Beispiel soll die 1,1-Orientierung verdeutlichen. Der Vorgesetzte muß regelmäßig Abteilungskonferenzen einberufen, um die Kommunikation nach unten sicherzustellen. Das ist Firmenpolitik. Er kommt gerade von der wöchentlichen Abteilungsleiterkonferenz, auf der Änderungen von Verfahrensrichtlinien, Firmenpolitik und ähnlichem erörtert wurden. Jeder Teilnehmer wurde aufgefordert, die entsprechenden Veränderungen in seinem eigenen Verantwortungsbereich zu veranlassen. Der Manager legte während der Konferenz ein anscheinend lobenswertes Verhalten an den Tag. Er hörte zu und machte sich Notizen. Sein Vorgesetzter deutete dies als großes Interesse.

Der Manager kehrt in sein Büro zurück und bittet seine fünf Mitarbeiter zu sich. Sobald sich alle gesetzt haben, verliest er die Ergebnisse der Abteilungsleitersitzung, so daß später niemand sagen kann, er habe nicht »kommuniziert«. Nach seinem Vortrag legt er die mit dem Datum versehenen Notizen in seine Schreibtischschublade.

Ohne aufzuschauen, sagt er: »Ich fahre jetzt nach . . . Wer hat die Schlüssel (des Firmenwagens)?« Als er zur Tür geht, stellt ein Mitarbeiter die Frage, wann und wie eine bestimmte Änderung durchgeführt werden soll.

»Das wurde nicht besprochen«, antwortet der Manager.

Ein anderer Mitarbeiter fragt, was mit fünfzehn großen Kisten, die in der Halle stehen, geschehen soll.

»Sie haben uns den Auftrag gegeben, das Material zu bestellen. Sie haben uns nicht gesagt, was wir bei Ankunft mit ihnen tun sollen. Ich habe mitgeteilt, daß die Kisten angekommen sind. Lassen Sie sie stehen.« Damit geht er.

Aus dieser Begebenheit läßt sich die 1,1-Orientierung ganz deutlich erkennen. Der Manager hat die oben gehörten Tatsachen genauso an seine Mitarbeiter weitergegeben. Für den Fall, daß man ihn zur Verantwortung zieht, tut er genug, um sagen zu können: »Ich habe ihnen gesagt, was sie zu tun haben. Wenn sie es nicht getan haben, dann haben sie nicht zugehört. Mein Problem ist das nicht.«

Wenn ein Mitarbeiter etwas Falsches tut, wird er wahrscheinlich sagen: »Oh, *die* machen uns aber auch immer Schwierigkeiten, aber was soll's. Sie können nichts daran ändern!« Er kann die Verantwortung immer auf *die*, auf andere, abschieben.

Unwilligkeit tarnen

Es gibt durchaus Unterschiede zwischen dem sichtbaren und unsichtbaren Verhalten eines 1,1-orientierten Managers. Sein sichtbares Verhalten entspricht den äußeren Bedingungen. Es schützt ihn, weil er nicht auffällt. Er ist pünktlich, wenn Pünktlichkeit wichtig ist. Er geht nie vor Arbeitsschluß. Seinen Urlaub spricht er mit anderen ab. Im Krankheitsfalle fehlt er sowenig wie möglich. Unterlagen werden immer termingerecht eingereicht. All dies ist Tarnung, um den Eindruck der Leistungswilligkeit für die großen Ziele der Organisation zu erwecken. Mit seinen Gedanken ist er nicht bei der Arbeit, auch wenn sein Gesichtsausdruck immer leichtes Interesse zeigt.

Wenn er nicht beobachtet oder überprüft wird, verhält er sich anders. Sein Verhalten spiegelt seine tiefe Resignation und Gleichgültigkeit wieder. Rückrufe werden nicht erledigt, es sei denn, er wird ausdrücklich dazu aufgefordert. Briefe, die nicht ausdrücklich eine Reaktion erfordern, werden nicht beantwortet.

Arbeit liegen lassen

Wenn sich jemand unzufrieden über etwas äußert oder sich beklagt, wird der 1,1-orientierte Manager diesen Menschen ignorieren oder ihm sagen, daß er das Mißfallen zur Kenntnis genommen habe. Er wird alles herunterspielen und hinauszögern. »Ich werde mich selbst darum kümmern.« »Ich werde mich morgen damit befassen.« Vielleicht meint er auch: »Das ist eine Sache, die gut bedacht werden will.« Die Antwort auf eine beunruhigende Aktennotiz wird immer wieder aufgeschoben. Schließlich legt er sie weg und »vergißt«, wohin er sie gesteckt hat, oder gibt sie an einen Mitarbeiter weiter mit der

Bitte, eine Antwort zu konzipieren. Auf Fragen zu länger zurückliegenden Akten meint er nur: »Tut mir leid, aber ich weiß nicht, ob ich sie überhaupt bekommen habe.«

Neutralität wahren

Man kann auf vielerlei Weise reagieren, ohne eine Meinung kundzutun. Um ganz sicherzugehen, wahrt man Neutralität.

Man fragt ihn danach, was andere meinen oder tun würden. Er hat darauf unzählige neutrale Antworten parat: »Ich bin nicht eingearbeitet ... Ich habe nichts gehört ... Ich weiß nicht ... Ich war nicht dabei.« Er wird gedrängt. Seine Antworten sind genauso geschickt: »Das bleibt Ihnen überlassen ... Das ist Ihr Problem, nicht meins ... Wenn Sie das sagen ... Ich bin kein Fachmann.« Er sagt zwar etwas, weicht aber jeder Kontroverse aus.

Manchmal muß ein Mensch seine Karten auf den Tisch legen, wenn er direkt gefragt wird. Der 1,1-orientierte Mensch zieht sich mit vagen, abstrakten und allgemeinen Worten aus der Affäre, ohne daß ein Sinn hinter diesen Worten steht. Manche sind froh, überhaupt eine Antwort bekommen zu haben. Aus der Antwort war aber keine wirkliche Stellungnahme ersichtlich. Wenn Zustimmung weniger kostet als Widerstand, sollte man lieber zustimmen. »Wie Sie meinen« lautet die Standardzustimmung.

Es mit beiden Parteien halten

Es ist sehr nützlich, es mit beiden Parteien zu halten, wenn sich zwei Meinungen herausgebildet haben und jede Meinung starke Parteigänger besitzt. Der 1,1-orientierte Manager will es mit niemandem verderben und scheint sich gleichzeitig für beide Parteien auszusprechen. »Die Alternative A ist aus den gegebenen Gründen vielleicht besser, aber genauso gute Gründe sprechen andererseits für die Alternative B.« Jede Partei freut sich über das Verständnis und die mitfühlende Bewertung der eigenen Seite. Der 1,1-Manager spricht nicht mit doppelter Zunge. Er hält es mit beiden Parteien und läßt sich dadurch die Möglichkeit offen, sich je nach endgültiger Entscheidung auf die eine oder andere Seite schlagen zu können.

Reaktionen der Mitarbeiter

Mitarbeiter unter einer 1,1-Führung ergreifen entweder selbst die Initiative, ziehen sich selbst auf eine 1,1-Orientierung zurück oder kündigen, um einer unerträglichen Situation zu entgehen.

Sich ganz einsetzen

Für einen Mitarbeiter, der viel »Beinfreiheit« braucht, kann ein 1,1-orientierter Chef ideal sein. Er erkennt nicht einmal, daß sein Chef mit einer 1,1-Orientierung führt. Wenn der Mitarbeiter von sich aus handelt, bleibt der Rückzug des Vorgesetzten fast unbemerkt. Der Mitarbeiter deutet Delegation als Anerkennung seiner Tüchtigkeit. Er deutet also das Tun seines Chefs, indem er von seinen eigenen Vorstellungen ausgeht. Er stürmt mit Volldampf voraus.

Möglicherweise erkennt der Mitarbeiter auch, daß sein unmittelbarer Vorgesetzter schon auf dem Abstellgleis steht. Wenn aber der Vorgesetzte des Chefs (zwei Stufen höher) Verständnis für die Lage hat und für den Mitarbeiter (zwei Ebenen niedriger) beispielsweise eine Gehaltserhöhung durchsetzt, hat die Zwischenebene wenig oder gar keinen Einfluß mehr. Dann kann der Mitarbeiter mit großem Einsatz und Engagement arbeiten. Er übergeht seinen direkten Vorgesetzten und arbeitet für den Vorgesetzten auf der nächsthöheren Ebene. Von ihm bekommt er die notwendige Orientierung und Anerkennung.

Kündigen

Meistens erkennen 1,1-geführte Mitarbeiter die Lage richtig. Sie wird aber nicht dadurch akzeptierbar, daß man Verständnis dafür hat. Manche Mitarbeiter fühlen sich durch diese Art der Führung beleidigt und gehen lieber, als sich anzupassen. Andere merken, daß ihr Weg in eine Sackgasse führt, und können sich daraus befreien, indem sie sich versetzen lassen.

Rückzug auf eine 1,1-Orientierung

Eine dritte Möglichkeit ist, die Lage so zu akzeptieren, wie sie ist, und sich in die 1,1-Ecke zurückzuziehen. Man nimmt sein Gehalt als Ausgleich für Monotonie und Langeweile in Empfang. Dies kommt aber meistens nur dann vor, wenn sich ein Mensch sowieso schon in die 1,1-Richtung begeben hat. Man läßt ihn den endgültigen Schritt vollziehen, indem man ihn zu einem 1,1-orientierten Chef versetzt. Diese Versetzung hätte sein müssen, heißt es dann. »Wir können uns in der Leistung keine Abstriche leisten, aber wir können leistungsfähige Mitarbeiter auch nicht entlassen. Was soll man da tun?« Die Duldung einer solchen 1,1-Einstellung gibt es in vielen Organisationen, in denen bürokratische Regeln oder Tarifverträge die Entlassung von Mitarbeitern verbieten oder sehr einschränken.

9,1-orientierte Reaktionen auf den Vorgesetzten

Der 9,1-orientierte Mitarbeiter dürfte mit ständigen Angriffen auf seinen Chef reagieren. Er hofft, daß der Vorgesetzte entweder zurückschlägt oder geht.

Invertierte 1,1-Orientierung

Die Umstände können manchmal so sein, daß sich Rationalisierungsmaßnahmen nicht durchführen lassen. Eine 9,1-orientierte Führung legt es dann unter Umständen in teuflischer Form darauf an, 1,1-orientierte Gruppen entstehen zu lassen. Sie drehen den Spieß um und schaffen eine Arbeitswelt, die sich nur mit einer 1,1-Orientierung ertragen läßt. Sehen wir uns ein Beispiel an. Ein 9,1-orientierter Abteilungsleiter hat viel zu viele Sachbearbeiter. Zehn Sachbearbeiter müssen mit ihren Schreibtischen in ein Großraumbüro umziehen. Sie bekommen keine Arbeit mehr. Niemand hat etwas zu tun. Sie stehen weiter unter strenger Disziplin. Sie dürfen nicht miteinander reden, können sich also nicht einmal durch Gespräche Erleichterung verschaffen. Einen Ausweg gibt es nicht. Die Mitarbeiter können nichts anderes tun, als ihre Lage zu akzeptieren oder zu resignieren. Das Betriebsklima wird durch die Schaffung eines 1,1-Umfeldes so schlecht, daß die Mitarbeiter lieber kündigen, als diese Einsamkeit und Langeweile zu ertragen.

Seelische und körperliche Störungen als Folge

Wenn die 1,1-Orientierung in extremer Weise zum Hauptgitterstil geworden ist, bringt sie auch gesundheitliche Probleme mit sich. Dafür gibt es stichhaltige Anhaltspunkte.

Früher Tod

Von Konzentrationslagerinsassen wie z. B. in Auschwitz weiß man über den Zusammenhang zwischen Hoffnungslosigkeit, Verzweiflung und Tod. Mediziner konnten als Kriegsgefangene diese Wechselwirkung aus erster Hand beobachten.

Sie stellten in ihren Untersuchungen folgendes fest: Gefangene, die jede Hoffnung auf Flucht oder Befreiung aufgegeben hatten, waren krankheitsanfälliger als die Gefangenen, die weiter auf die Zukunft und die Wiedervereinigung mit ihrer Familie hofften.

Darüber hinaus trat der »einfache«, nicht auf eine besondere Krankheit zurückzuführende Tod bei diesen 1,1-orientierten Gefangenen häufiger auf.

Ein weiterer Bezug zwischen einer 1,1-Orientierung und Krankheit läßt sich bei älteren Menschen feststellen. Man geht davon aus, daß Menschen, die aufgegeben haben, schnell verfallen und bald sterben.

Dieses Aufgeben läßt sich auch bei Menschen nach der Pensionierung feststellen. Das Rentendasein besitzt für viele die Eigenschaften einer 1,1-Orientierung. Spätestens mit 65 Jahren muß man sich pensionieren lassen. Mit dieser Vorschrift wollte man ursprünglich jüngeren Menschen eine Chance geben und einer durch Senilität geschwächten Führung vorbeugen. Außerdem wollte man es den Menschen ermöglichen, ihren Lebensabend nach eigenem Geschmack zu gestalten.

Selbstverständlich sind diese positiven Aspekte vorhanden. Es hat sich jedoch herausgestellt, daß die Zwangspensionierung für einige nichts anderes als eine erzwungene 1,1-Orientierung darstellt. Das Leben wird zu einem Vakuum, aus dem es keine Fluchtmöglichkeiten mehr gibt. Die Menschen können ihren Arbeitsgewohnheiten nicht mehr nachgehen und müssen sich einem ungewollten Nichtstun hingeben. In anderen Tätigkeiten sehen sie keinen Sinn.

Es gibt viele Menschen, die mit 65 bei ihrer Pensionierung gesund sind und mit 66 oder 67 Jahren plötzlich sterben, wohingegen ihre Kollegen, die auch mit 65 Jahren pensioniert wurden, sich aber auf ihr Rentnerdasein vorbereitet haben, immer noch rüstig sind.

Tuberkulose

Auch die Tuberkulose scheint mit der Hoffnungslosigkeit von Menschen zusammenzuhängen. Diese Patienten leben mit einer 1,1-Orientierung. Vielleicht mußten sie mit dem plötzlichen Tod eines geliebten Menschen fertig werden. Sie sehen in ihrem Leben keinen Sinn mehr und ziehen sich in eine extreme 1,1-Orientierung zurück.

Dadurch scheint sich die Tuberkuloseanfälligkeit zu erhöhen. Die Krankheit verläuft meistens sehr rasch und führt häufig bald zum Tod.

Krebs

Auch der Krebs scheint mit einer extremen 1,1-Orientierung in engem Zusammenhang zu stehen. LeShan beschreibt das Verhalten seiner Krebspatienten so:

> »Das Gefühlsleben des Krebspatienten scheint meinen Beobachtungen nach aus drei Hauptteilen zu bestehen. Seine Kindheit oder Jugendzeit wird von Isolationsgefühlen gekennzeichnet. Er geht davon aus, daß intensive und sinnvolle zwischenmenschliche Beziehungen gefährlich sind und Schmerz und Ablehnung mit sich bringen. Der zweite Abschnitt, der sein Gefühlsleben bestimmt, ist die Zeit, während der er eine sinnvolle Beziehung zu einem anderen Menschen entdeckt. Er freut sich daran, von einem anderen angenommen zu werden (zumindest in einer bestimmten Rolle) und einen Sinn in seinem Leben zu finden. Der dritte das Gefühlsleben bestimmende Aspekt taucht auf, wenn diese zentrale Beziehung in die Brüche geht. Er ist zutiefst verzweifelt. Diese Verzweiflung geht aber über sein Isolationsgefühl aus der Kindheit hinaus.

In dieser dritten Phase überwältigt ihn die Überzeugung, daß das Leben für ihn keine Hoffnung mehr bereithält. Und kurz nach dem Beginn dieser dritten Phase werden die ersten Krebssymptome festgestellt.

Die Welt ist sorglos und kümmert sich nicht um ihn. Der typische Krebspatient kann sich nicht vorstellen, daß es noch etwas geben könnte, das über das menschliche Leben hinausgeht. Gleichzeitig hat er jedoch das Gefühl, daß ihm alles vom Schicksal vorausbestimmt ist. Es spielt ja doch keine Rolle, was er tut oder wie sehr er sich bemüht. Sein freudloser Lebensweg ist ihm schicksalhaft vorherbestimmt. Sein Konzept dürfte wohl leicht paranoide Züge tragen. Sie bleiben jedoch auf der unterschwelligen Gefühlsebene, auf der die meisten Menschen des 20. Jahrhunderts ihre Vorstellungen über das Universum in sich tragen. Mir schien es bei der Betreuung dieser Patienten, daß sie diese tief eingegrabene Überzeugung schon seit ihrer Kindheit in sich tragen. Selbst in den schönsten Augenblicken ihres Lebens war dieser Glaube an das vorherbestimmte Schicksal mit leisem, aber unheimlichem Trommelschlag im Hintergrund vorhanden.«[7]

Diese gefühlsmäßige Orientierung zeichnet sich durch die finstere Hoffnungslosigkeit aus, dem Leben jemals einen Sinn geben zu können. Wenn dann noch ein katastrophales Ereignis hinzukommt – ein geliebter Mensch stirbt, die Kinder verlassen das Haus für immer, er wird arbeitslos –, bleibt nichts mehr übrig, was des Lebens wert ist. Hoffnung alleine genügt nicht, um wieder Anteil am Leben zu nehmen. Damit ist die Bühne frei für eine gefühlsmäßige Resignation, und die Abwehrkräfte gegen den Krebs werden schwächer. LeShan meint auch, daß diese Patienten ihren Weg in eine 1,1-Orientierung schon sehr früh im Leben angetreten und diese Anpassung nicht erst in letzter Zeit vorgenommen haben.

»Es sollte von Anfang an klargestellt werden, daß diese Verzweiflung nicht die Folge der Erkrankung an Krebs war. Sie war vielmehr ein fundamentaler Teil des Gefühlslebens der Patienten, ein

> Gefühl, mit dem sie schon ihr ganzes Leben gelebt hatten. Um diesen Punkt noch zu untermauern, haben viele Patienten ausdrücklich darauf hingewiesen, daß sie schon seit Jahren das Gefühl gehabt hätten, daß es aus dieser Kapsel von Todesvorstellungen kein Entrinnen gebe.«[8]

Wir wissen zur Zeit nicht, warum der eine 1,1-orientierte Mensch an Krebs und ein anderer an Tuberkulose erkrankt.

Auswirkungen des 1,1-Führungsstiles auf die Organisationen

Bestimmte Organisationsbedingungen fördern die Herausbildung eines dominierenden 1,1-Führungsstiles.

Eine weitverbreitete 1,1-Orientierung läßt sich häufig in Unternehmen feststellen, in denen eine extreme Arbeitsteilung und Arbeitsvereinfachung besteht. Die Arbeit ist monoton und routinemäßig. Niemand wird gefordert. Man schätzt, daß in einer solchen Situation ein Drittel der Gesamtbelegschaft mit Apathie, Langeweile, Desinteresse, Rückzug und Einsatzunwilligkeit reagiert. Sie passen sich einer 1,1-Orientierung an.

Auch technische Neuerungen, aufgrund derer aber niemand entlassen werden darf, können zu einer 1,1-Anpassung führen. Wenn man nur noch Büroklammern zählt und die Stellenbeschreibung nur auf dem Papier existiert, kann man der Organisation nicht mehr nützlich sein. Man wird sich also verhaltensmäßig auf die Aspekte des eigenen Überlebens einstellen.

Man kann sich auch eine »total« 1,1-orientierte Organisation vorstellen, dann nämlich, wenn Arbeit »erfunden« wird. Ein Beispiel dafür war das sogenannte Arbeitsbeschaffungsamt (Work Projects Administration) zur Zeit der Depression in den dreißiger Jahren in den USA.

In Industrie und Verwaltung begegnet man Mitarbeitern, die in der Beförderung mehrere Male übergangen wurden. Diese Menschen schauen sich nicht nach anderen Möglichkeiten um, sondern bleiben lieber an ihrem Arbeitsplatz und tun nur noch das Notwendigste mit der Begründung: »So schlimm ist die Arbeit nun auch wieder nicht. Wir leben gerne in dieser Stadt. Wir haben ein schönes Haus. Ich zähle die Tage bis zu meiner Pensionierung. Hoffentlich bricht mein Stuhl in der Zwischenzeit nicht zusammen.«

Der 1,1-Führungsstil gehört nicht zu den häufigsten. In einer konkurrenzfähigen Wirtschaft kann ein nach 1,1-Grundsätzen geführtes Unternehmen nicht lange weiterbestehen. Es gibt aber eine ganze Reihe von Einzelmenschen und Organisationsabteilungen, die sich an den 1,1-Führungsstil halten. Sie können sich damit durchaus längere Zeit halten. Das gilt besonders, wenn die Arbeit total bürokratisiert ist, wenn von Arbeitsnutzen keine Rede mehr sein kann und Mitarbeiter nicht entlassen werden dürfen.

1,1-orientiertes Führungsverhalten ist »unnatürliches Verhalten«. Es gibt natürlich einige wenige Ausnahmen unter den Managern, bei denen die 1,1-Orientierung schon in frühester Kindheit entstanden ist. Meistens ist sie jedoch Ausdruck einer persönlichen Niederlage, die zu einer Selbstabdankung führt. Der Mensch schlittert langsam in diese Orientierung hinein. Sie ist ihm nicht von Anfang an gegeben. Das Vorhandensein dieser Orientierung deutet auf ein persönliches Versagen der einzelnen Führungskraft und auch auf ein Versagen der Organisation hin. Der Manager ist insofern gescheitert, als er seine Niederlage akzeptiert und sich so weit zurückgezogen hat, daß ihn selbst Kritik nicht mehr berührt. Die Organisation ist gescheitert, weil es ihr nicht gelungen ist, die produktive Leistung des einzelnen mit gesunden zwischenmenschlichen Beziehungen in Einklang zu bringen.

In der Kindheit verwurzelte Wesenszüge

Ein 1,1-Gitterstil läßt sich auf verschiedene Kindheitsursprünge zurückführen.

Eine 1,1-Orientierung kann zum einen auf die Eltern zurückzuführen sein. Das Kind wird äußerst streng an die Kandare genommen. Es gerät in eine Zwangssituation, in der es nichts anderes als Kritik und Vorwürfe gibt. Dem Kind bleibt kaum oder gar kein Spielraum zur Entwicklung eines eigenen Willens oder eigener Initiative. Wenn es aufmuckt, rebelliert, zurückschreit oder sonstwie Widerstand leistet, wird es sofort bestraft. Der Wille des Kindes wird gebrochen. Es hört auf, Widerstand zu leisten oder sich zur Wehr zu setzen. Ihm bleibt nur noch der Rückzug. Es kommt den Forderungen der Familie nach und schützt sich vor Druck und Schmerz nach dem Motto »sich sehen lassen, aber nichts sagen«. Diese 9,1-orientierte Kindererziehung bringt einen Menschen dazu, einen Schutzwall um sich aufzubauen und sich nur noch auf das Überleben zu konzentrieren. Das heißt allerdings nicht, daß dieses Kind keinen Zorn und keine Gegnerschaft zu seinen Eltern empfindet. Es läßt aber diese Empfindungen niemand merken, um dadurch noch größeren angedrohten Strafen oder weiterem Liebesentzug zu entgehen. Damit mindert es das Risiko, daß sich seine mächtigen Eltern gegen es wenden oder es sogar im Stich lassen.

Eine 1,1-Orientierung kann sich auch herausbilden, wenn die Eltern ganz passiv bleiben und sich dem Kind weder strafend noch liebend zuwenden. Die Eltern leben in abgestumpfter Distanz. Das Kind bleibt mehr oder weniger isoliert, wenn sich dieses neutrale Verhalten über längere Zeit hinzieht. Die Eltern vernachlässigen das Kind, weil sie vielleicht häufig außer Haus müssen, weil sie andere Sorgen haben oder arm sind. Die Eltern lassen sich scheiden. Ein Familienangehöriger stirbt. So können sie dem Kind nur wenig Zeit widmen. Das Kind lernt, für sich allein zu sein. Es wird nicht dazu ermuntert, sich die Fähigkeiten zum Verhalten in Gruppen anzueignen. Wenn dieser Mangel an sozialen Anreizen und die Neutralität der Eltern über längere Zeit hinweg anhält, wendet sich das Kind allmählich einer 1,1-ähnlichen Orientierung zu. Es zieht sich zurück, wird gleichgültig und uninteressiert. Es spürt eine innere Leere.

Auch die Trennung eines Kindes von seinen Eltern und seine Unterbringung in einem Krankenhaus oder einem Heim kurz nach der Geburt kann schon in der Kindheit zu einer 1,1-Orientierung führen. Zunächst reagiert das Kind auf diesen Abbruch einer gewohnten Beziehung mit lautstarkem Protest und Weinen. Danach zieht sich das Kind allmählich in sich selbst zurück, wird passiv und stellt keine Forderungen mehr. Es weint nur noch dann und wann, aber ohne erkennbaren Grund. Es wird immer hoffnungsloser und trauriger. Die Verzweiflung macht allmählich seichten Reaktionen Platz, mit denen es sein Zurückgezogensein und seine Teilnahmslosigkeit kaschiert. Dieses Verhaltensmuster, sich den Umständen ohne jegliches inneres Engagement zu beugen, dürfte ein wichtiger Faktor sein, der im Erwachsenenleben zu einer 1,1-Haupt- oder Ersatzorientierung führt.

Auch wenn sich die Eltern dauernd intensiv streiten, kann eine 1,1-Orientierung entstehen. Das Kind kann sich nur noch in sich selbst zurückziehen, wenn es diesen schrecklichen Emotionen entgehen will. Einige Kinder »frieren förmlich ein«. Sie können sich vor Seelenqual nicht mehr rühren. Sie werden später auf jede Konfliktsituation genauso reagieren. Dieses Verhaltensmuster bildet sich manchmal so weit aus, daß es zu einer Hauptgitterorientierung wird.

Auch eine unberechenbare Erziehungsweise kommt vor. Die Eltern handeln abwechselnd nach einer 9,1- und 1,9-Orientierung. Diese 1,1-Ausgangslage ist von Horney beschrieben worden.

> ». . . Vielleicht hat das Kind auch Eltern gehabt, die in ihren Launen völlig unberechenbar waren. Überschwengliche Liebesbezeugungen wechselten sich mit Schimpftiraden, Wutanfällen und Schlägen ab, ohne daß das Kind die Gründe dafür hätte verstehen können. Auf der einen Seite hatte das Kind ausdrücklichen Forderungen seiner Umwelt zu genügen, auf der anderen sollte es erraten, wie es sich einzufügen habe. Die Umwelt drohte, es aufzufressen, ohne sich um sein individuelles Wesen zu kümmern oder es in seiner persönlichen Entwicklung zu fördern.
>
> So wird das Kind über einen längeren oder kürzeren Zeitraum hinweg hin und her gerissen. Es bemüht sich vergeblich um Zuneigung und Anteilnahme und lehnt sich gleichzeitig gegen seine Fesseln auf. Es baut eine gefühlsmäßige Distanz zwischen sich und anderen auf und setzt damit seinen inneren Konflikt außer Kraft. Es will von anderen keine Zuneigung mehr, und es will andere auch

nicht bekämpfen. So fühlt es sich von seinen widersprüchlichen Gefühlen anderen gegenüber nicht mehr hin und her gerissen und kann einigermaßen mit ihnen auskommen.«[9]

Eine 1,1-Orientierung wird manchmal auch von übermäßig duldsamen Eltern verursacht. Sie machen ihr Kind zu einem Idol. Es sieht sich selbst als rundum perfektes Wesen. Es ist schön, klug, talentiert und liebenswert. Die Eltern verwöhnen ihr Kind und lesen ihm jeden Wunsch von den Augen ab. Das Kind kommt in die Schule und müßte eigentlich lernen, daß es nicht so perfekt ist, wie es glaubt. Bei einem genügend starken Selbstbild wird es diese Informationen aber gar nicht registrieren.

Das Kind wird größer, und es mehren sich die Anzeichen, daß es nicht perfekt ist. Die Notwendigkeit, sich als junger Erwachsener mit der Wirklichkeit auseinandersetzen zu müssen, wirkt erdrückend. Um sich dieser Notwendigkeit zu entziehen, läßt er sich nicht mehr auf Situationen ein, die ihm diese Diskrepanz vor Augen führen. So gibt ein junger Mensch sein Studium auf, »weil es ihn langweilt«, nicht aber, weil er etwa einsehen müßte, daß es ihm unmöglich ist, eine Durchschnittsnote von 1,0 zu erreichen. Er bewirbt sich um eine Stelle, geht aber nicht zum Vorstellungsgespräch. Es sind ja auch noch andere Bewerber vorhanden. Er muß sich mit ihnen vergleichen lassen. Das könnte dazu führen, daß ein anderer die Stelle bekommt, womit wieder einmal erwiesen wäre, daß andere perfekter sind als er. Aus solchen Gründen leben manche Menschen ihr Leben nur am Rande und können sich damit das Selbstbild von Perfektion bewahren.

Hiermit läßt sich auch erklären, warum manche Manager hervorragende Leistungen erbringen, wenn sie die Wünsche anderer ausführen, aber scheitern müssen und sich nicht mehr rühren können, wenn Initiative von ihnen verlangt wird, die ihre Unzulänglichkeit enthüllen könnte.

Führungsfassaden

Wenn jemand sagt: »Mir ist es egal«, muß das nicht unbedingt eine gleichgültige Haltung bedeuten. Vielleicht will er starke Bedenken anderen nur nicht mitteilen. In diesem Fall kann die 1,1-bedingte Neutralität eine reine Fassade darstellen. Nach außen hin hält er sich an das Motto: »Wer erst gar nicht den Versuch macht, kann auch nicht scheitern.«

Auch das kann eine 1,1-Führungsfassade sein: Ein Vorgesetzter veranlaßt seine Mitarbeiter durch Manipulation zu immer höheren Leistungen, indem er keine Notiz von ihnen nimmt und ihre Arbeit nicht anerkennt. Um die Aufmerksamkeit des Vorgesetzten auf sich zu ziehen, verstärken die Mitarbeiter ihre Bemühungen. Vielleicht wird er sie dann zur Kenntnis nehmen. Diese Art Manipulation muß aber langfristig scheitern, weil sich die Mitarbeiter schließlich doch abwenden und ihre Bemühungen aufgeben. Sie merken schließlich, daß es keine Rolle spielt, auch wenn sie sich noch so sehr bemühen. Sie können es ihrem Vorgesetzten nie recht machen. Wenn dieser Punkt erreicht ist, legt der Vorgesetzte seine Führungsmaske ab. Er erkennt ihre Leistung an und verstärkt damit ihre Einsatzbereitschaft. Sobald die Mitarbeiter wieder der Meinung sind, daß sich ihre Bemühungen lohnen, kehrt er abermals zu seiner ursprünglichen Tarnkappe zurück.

Zusammenfassung

Die 1,1-Orientierung läßt sich am besten mit *Richtungslosigkeit* umschreiben. Ein Manager mit dieser Einstellung bemüht sich weder um Auseinandersetzung mit der Arbeitsumwelt, noch will er von den Menschen, mit denen er arbeitet, geliebt oder geschätzt werden. Er läßt sich durch Rückzug in sich selbst und Resignation bestimmen, allerdings im Rahmen des Systems. Er tut die Äußerlichkeiten, die man von ihm erwartet, und entspricht den Verhaltensregeln nach außen häufig genauso wie andere. Er tut dies jedoch nicht aus Gründen der

Konformität. Er reagiert weder positiv noch negativ. Er will nicht auffallen und möglichst auch nicht bemerkt werden.

Bei Streitigkeiten Partei zu ergreifen gibt es für ihn nicht. Er drückt nur selten seine eigene Überzeugung aus. Auch die Überzeugungen anderer interessieren ihn nicht. Man könnte ihn als farblosen Menschen charakterisieren. Man weiß zwar nicht, wo er steht, aber das scheint auch keine Rolle zu spielen. Im Konfliktfall bleibt er neutral und hält sich soweit wie möglich heraus. Aufgrund seiner Neutralität regt er sich nur äußerst selten auf. Andere können keine Pointe erkennen, wenn er einmal versucht, witzig zu sein.

Die Produktivität sinkt auf eine niedrigstmögliche Ebene ab. Wenn er sie aber erhöhen muß, »löst« er dieses Problem, indem er entweder zusätzliche Mitarbeiter einstellt oder zusätzliche Geräte einkauft. Er erhöht die Kosten, ohne das eigentliche Problem zu lösen.

Bezüglich der geistigen und körperlichen Gesundheit sind Krankheitserscheinungen zu verzeichnen, die mit extremer gefühlsmäßiger Resignation zu tun haben: früher Tod, Tuberkulose, Krebs.

Eine 1,1-Orientierung läßt sich auf verschiedene Ursprünge in der Kindheit zurückführen. Eltern, die mit Strenge und Zwang erziehen, brechen den Willen des Kindes, so daß ihm in dieser Situation nichts anderes übrigbleibt, als sich in sich selbst zurückzuziehen. Andererseits kann auch die übermäßige Vernachlässigung des Kindes oder ein unberechenbares Verhalten seitens der Eltern eine 1,1-Orientierung entstehen lassen. Das Kind sieht nur Inkonsequenz und tut deshalb gar nichts.

Die 1,1-Orientierung ist in Kapitel 1 durch den Buchstaben A gekennzeichnet.

Kapitel 6

5,5

Der 5,5-Manager will dazugehören. Er möchte gute Figur machen und bei seinen Kollegen »in« sein. Eine bestimmte Richtung schlägt er erst ein, wenn er festgestellt hat, was die Mehrheit meint oder tut. Er bettet sich dann in diese Mehrheit ein. Er will populär sein und muß deshalb eine ganze Reihe menschlicher Eigenschaften in sich vereinen. Er muß sich nach der neuesten Mode kleiden, in der richtigen Gegend wohnen, wissen, wohin »man« geht, die richtigen Bücher lesen usw. Er wird angenehme Manieren haben und sich bemühen, ein guter Gesprächspartner zu sein. Er will Freunde gewinnen, aber nicht auf zu engem Fuße mit ihnen stehen.

Ein Manager, der sich von seinem Verlangen nach Zugehörigkeit leiten läßt, hegt wahrscheinlich nur oberflächliche Überzeugungen. Er will sich nicht exponieren. Er achtet also sehr genau darauf, was andere sagen und tun. Die vorherrschende Meinung ist auch seine Meinung. Was andere ablehnen, lehnt er auch ab. Deshalb wird er sich kaum auf Ideale festlegen, sei es in Politik, Religion, der Kunst, dem Gesellschaftsleben oder im Unternehmen.

Er fühlt sich wohl, wenn er von anderen Managern positiv beurteilt wird. Dieses Gefühl des Wohlseins bleibt bestehen, auch wenn er einen langfristigen Gewinn gegen einen kurzfristigen Vorteil eingetauscht hat. Er äußert eine Meinung nur, weil sein Vorgesetzter und seine Kollegen so denken. Eine lebenswichtige Information gibt er nicht weiter, um einem vermuteten Kritikanspruch zu entgehen. Er drückt bei leicht obskuren Verfahrensweisen ein Auge zu, weil das so üblich ist. Die Fähigkeit, sich zu drehen und wenden, sein Fähnchen nach dem Winde zu drehen und immer zur Mehrheit zu gehören, ist ein wichtiger Teil der 5,5-Orientierung. Der 5,5-orientierte Manager fühlt sich wohl, wenn er dieses Ziel erreicht. Er handelt nach dem Motto: »Genauso, wenn auch ein bißchen prononcierter, denken, handeln und aussehen wie die anderen, und ich werde als guter Manager angesehen sein.«

Manchmal hat der 5,5-orientierte Manager keinen Erfolg. Er wird unpopulär, gerät aus dem Tritt und fühlt sich von der Gruppe isoliert. Er schämt sich. Da er aus dem Tritt geraten ist, wird er vielleicht verurteilt und ausgestoßen. Von der negativen Motivationsseite her will er auf jeden Fall vermeiden, eine schlechte Figur zu machen. Er will keinen Unmut hervorrufen. Er will nicht allein in der Minderheit stehen, nicht von der Hauptgruppe getrennt werden. Er will sich auch nicht lächerlich machen lassen, obwohl seine Position stichhaltig sein mag. Wenn er das Risiko eingeht, von seinen Kollegen »vor die Tür gesetzt zu werden«, entsteht Angst, die so groß werden kann, daß sie ihn mehr oder weniger ständig begleitet. Er selbst mag sich dieser Angst nicht einmal bewußt sein, für außenstehende Beobachter aber ist sie erkennbar. Die Angst kann ihn immer begleiten, weil er nie weiß, in welche Richtung er sich wenden soll, nicht einmal in Situationen, in denen es den meisten Menschen nicht schwerfällt, eine Entscheidung zu treffen.

Das Verhalten des Vorgesetzten

Eine 5,5-Orientierung läßt sich als »verständnisvolle« Führungsart bezeichnen. Es gibt viele Möglichkeiten, voranzukommen, aber immer im Gleichschritt mit anderen. Typisch für diesen Ansatz ist, daß ein solcher Manager niemals selbst die Führung übernehmen würde. Er bleibt innerhalb der Grenzen dessen, was alle anderen auch tun. Das Tun der anderen bleibt letzthin ausschlaggebend. Seine Philosophie ist der *Gradualismus*. Änderungen entstehen durch Improvisation, durch Versuche und Fehler. Sie kommen nicht etwa durch zielorientierte Experimente zustande. Hieraus ergibt sich zwar kein Chaos, aber auch nichts Einheitliches. Die Ergebnisse sind auf Konformität ausgerichtet und stellen nichts Halbes und nichts Ganzes dar.

Gemäß seiner Denkungsart wird ein Manager auch keine direkten *Befehle* oder *Anweisungen* erteilen. Damit die Arbeit erledigt wird, wird er vielmehr *motivieren* und *kommunizieren*. Seine formale Autorität will er nicht ausspielen. Er bittet und »verkauft«, um die Menschen dazu zu bringen, gerne zu arbeiten.

Planung: »Ich stelle mich mit meiner Planung auf die Wünsche und Widerstände meiner Mitarbeiter ein. Ich plane dann für jeden Mitarbeiter so, daß er die Sache akzeptieren wird.«
Organisation: »Ich erkläre die Ziele und den Terminplan und verteile dann die einzelnen Aufgaben. Dabei vergewissere ich mich noch einmal, daß die Mitarbeiter mit meinen Bitten einiggehen. Sie dürfen jederzeit zu mir kommen, wenn sie etwas nicht verstehen. Dazu fordere ich sie auf.«
Unterweisung: »Ich halte mich über die Leistungen aller Mitarbeiter auf dem laufenden und überprüfe von Zeit zu Zeit ihre Fortschritte. Wenn ein Mitarbeiter Schwierigkeiten hat, versuche ich möglichst, den Arbeitsdruck zu verringern und eine andere Arbeitsaufteilung vorzunehmen.«
Steuerung und Überwachung: »Ich treffe mich zwanglos mit meinen Mitarbeitern, und wir reden darüber, wie alles läuft. Ich betone die guten Leistungen und vermeide Kritik, obwohl ich meine Mitarbeiter dazu ermuntere, ihre Schwachstellen zu identifizieren. Meine Mitarbeiter wissen, daß ich ihre Gedanken und Gefühle bei der nächsten Aufgabenplanung berücksichtigen werde.«
Stellenbesetzung: »Ich suche die Leute so aus, daß sie zu uns passen.«

Der Vorgesetzte legt Wert auf Kommunikation. Seine Mitarbeiter sollen Vorschläge machen, und er will ihre Meinungen berücksichtigen. Er will nicht auf etwas drängen, das die Mitarbeiter nicht bereitwillig akzeptieren. Ein Manager hat es einmal so formuliert: »Ich gebe nie eine Anweisung, ohne vorher geprüft zu haben, ob meine Mitarbeiter bereit sind, sie mir auch abzukaufen. Sie lassen sich viel eher mitreißen, wenn man sie reden und auch ein bißchen meckern läßt.«

So geht also der 5,5-orientierte Manager auf den Widerspruch zwischen den Bedürfnissen der Produktion und denen der Menschen ein. Er läßt keine Bedürfnisgruppe außer acht. Er läßt die Produktion auf eine Stufe zurückfallen, die von den Mitarbeitern bereitwillig akzeptiert wird. Er ermuntert sie zu eigenen Vorschlägen. Er will damit die zur Erzielung von Ergebnissen notwendigen Anstrengungen verringern, den Arbeitsdruck lindern und damit Frustrationen ausschalten oder ganz einfach nur zeigen, daß er zuhört. Er schließt einen Kompromiß zwischen der Produktion und den Menschen und braucht so die Bedürfnisse der Menschen nicht zu opfern. Er vollführt einen Balanceakt, gibt etwas von dem einen auf, um etwas von dem anderen zu bekommen. Wenn der Chef weniger auf Leistung drängt und Gefühle und Haltung seiner Mitarbeiter berücksichtigt, wird die Lage akzeptiert, und die Mitarbeiter sind mehr oder weniger »zufrieden«. Ohne die Mitarbeiter übermäßig zu bedrängen, läßt sich akzeptierbare Leistung erzielen. Der Manager geht mit seiner Orientierung davon aus, daß die Menschen praktisch denken. Sie wissen, daß sie schon *ein wenig* Mühe auf ihre Arbeit verwenden müssen. Hier liegt das Kennzeichen einer 5,5-Orientierung: Es geht nicht darum, *nach dem Besten für die Produktion und die Menschen zu streben* (das wäre zu »ideal«), sondern darum, eine Position in der Mitte, etwa auf halbem Wege, zu finden.

Unter einem 5,5-Führungsstil werden Einzelgespräche mit den Mitarbeitern bevorzugt. Man unterhält sich formlos und unbekümmert, gibt und nimmt. Leutseligkeit den Mitarbeitern gegenüber wird dem 5,5-Manager als wahre demokratische Einstellung ausgelegt, die ihn noch beliebter macht. Er nimmt aber auch gerne an Gruppensitzungen teil. Er hat es lieber, wenn Entscheidungen in der Gruppe, Ausschüssen oder Projektteams gefällt werden. Er bemüht sich um die Zustimmung seiner Kollegen und Mitarbeiter, um die Verantwortung für die Entscheidung auf mehrere Schultern zu verteilen. Er sieht sich in seiner Führungsrolle als Katalysator oder Vereinfachungsfigur. Durch seine Verhandlungsfähigkeiten verhilft er der Gruppe zu einer Mehrheitsentscheidung. Der Chef genehmigt, was seine Mitarbeiter schon gebilligt haben, und wird so zu einem Mitglied der Gruppe, er ist »in«.

Riesman zeigt, daß diese Vorstellungen von Führung auch in der Gestaltung von Büros zutage treten können.

> »Es wäre interessant, aus dieser Perspektive einmal die gegenwärtige Tendenz in den Vereinigten Staaten zu untersuchen, Einzelbüros abzuschaffen und alle »demokratisch« in einem einzigen großen und gut ausgeleuchteten Raum arbeiten zu lassen. Ich nehme an, daß die doppelte Verpflichtung, nett zueinander zu sein und seine Arbeit zu erledigen, für viele dieselben Folgen hat wie in der Schule und der Universität. Es werden nämlich die zensiert, die ihre Arbeit offensichtlich gerne tun, und Angst werden die haben, die sich nicht gleichzeitig auf die vorliegende Arbeit und das Netz menschlicher Beobachter konzentrieren können. Andere werden nicht mehr so viel Angst empfinden wie an einem isolierten Arbeitsplatz und sich durch Freundlichkeit entschädigt sehen.«[10]

In solchen offenen Großraumbüros wird es noch wichtiger, Schritt zu halten, da ja jeder sehen kann, was der andere tut.

Management by Objectives (Führen durch Zielvereinbarung)

Die Konsequenzen dieses Bemühens um Gleichklang mit anderen lassen sich auch daran erkennen, wie der 5,5-Manager Management by Objectives auffaßt. Es spielt keine Rolle, welches System in eine Organisation eingeführt wurde. Es wird sowieso kaum etwas anderes hervorbringen, als in der Vergangenheit schon üblich war. Ziele werden als Zielscheiben aufgefaßt, auf die die Mitarbeiter »schießen« können. Wie in jedem Schießwettbewerb ist es auch hier annehmbar, wenn der Mitarbeiter nicht ins Schwarze getroffen hat. Er sollte aber wenigstens die Zielscheibe getroffen haben. Das ist aber noch nicht alles. Da es dem 5,5-Manager so wichtig ist, die Mitarbeiter bei der Stange zu halten, setzt er die Produktionsziele gemeinsam mit seinen Mitarbeitern fest, und zwar so, daß sie sie auch sicher erreichen, ohne große Klimmzüge machen zu müssen. Dieses Ziel ist also mit anderen

Worten kein absolutes Soll, das auf Biegen oder Brechen erfüllt werden muß. Der Mitarbeiter wird auch nicht lächerlich gemacht oder bestraft, falls er die Zielscheibe verfehlen sollte. Er braucht schon genug Energie, um mit seinen Leistungen die akzeptablen Ringe um das Schwarze herum zu treffen. Also wird die Zielscheibe in geringerer Entfernung aufgestellt, oder die Ringe bekommen einen größeren Durchmesser, so daß es schwerer wird, die Scheibe zu verfehlen. Die gesetzten Ziele werden so weit verwässert, daß gutes Mittelmaß zu ihrer Erfüllung genügt.

Bei der Leistungsbewertung konzentriert man sich auf die Fortschritte, die ein Mitarbeiter auf seine persönliche Zielscheibe oder seine persönlichen Ziele hin macht. Der Vorgesetzte hilft dem Mitarbeiter bei seiner Selbstbewertung. Der Vorgesetzte wird »sandwich«artig vorgehen. Er betont die Stärken, spricht dann von den Schwächen und dann wieder von Stärken (Brot-Butter-Brot), um auf diese Weise das durch die Aufzählung der Schwächen entstandene Entmutigungsgefühl wieder wettzumachen. Insgesamt werden sich Positives und Negatives annähernd ausgleichen – mit einem leichten Ausschlag zum Positiven hin. Selbst unter ungünstigen Umständen wird sich der Mitarbeiter ein wenig besser fühlen, wenn er von dieser Leistungsbesprechung kommt.

Konflikt

Die 5,5-Orientierung setzt auf überzeugende Logik. »Wo gibt es einen Menschen oder eine Bewegung, die immer nur ihren Willen bekommen hat? Extreme Positionen fördern nur den Konflikt und sind deshalb zu vermeiden. Die Erfahrung hat doch immer wieder gelehrt, daß sich stetiger Fortschritt aus Kompromissen und der Bereitschaft ergibt, einige Vorteile zu opfern und andere dafür zu gewinnen. Die Demokratie – so wie sie inzwischen von vielen gedeutet wird – funktioniert ganz gut, indem sie sich nach dem Willen der Mehrheit richtet und die Minderheit beschwichtigt.«

Der 5,5-Manager beherrscht eine ganze Skala von Techniken zur

Bewältigung von Konflikten, gleich ob sie nur drohen oder schon ausgebrochen sind.

Was hat man früher getan?

Der 5,5-orientierte Manager will Sicherheit und greift darum häufig auf Traditionen, schon lange bestehende Gebräuche oder Routinemaßnahmen zurück. Wenn er sich auf das Althergebrachte verläßt, braucht er nicht zu befürchten, für seine eigenen Überzeugungen einstehen zu müssen. Wenn er nicht auf die Tradition zurückgreifen kann, sucht er nach einem Präzedenzfall. Meistens findet er auch einen und kann den Konflikt daher so lösen, daß niemand sein Gesicht oder seine Stellung verliert.

Er hält sich an die Regeln und gewinnt so die Sicherheit, in der Organisation gut angesehen zu sein. Er meidet jeden Konflikt, der durch die Äußerung eines eigenständigen Urteils entstehen könnte. Er bewegt sich am sichersten im Rahmen des »Systems«.

Protokollfragen

Diplomatie und Takt weisen auf 5,5-ähnliche Handlungen hin. Man will den Konflikt vermeiden, indem man die Beziehungen der Menschen und ihre Interaktionen nach festgelegten, aber oft ungeschriebenen »Regeln« strukturiert. Das Protokoll bestimmt, was richtig und vernünftig ist, wenn eine eigene Überzeugung fehlt. Diese Protokollfragen haben eine ganze Menge mit dem Erhalt oder der Förderung einer sozialen Position innerhalb der Hierarchie zu tun. Man lehnt den Ausdruck der eigenen Persönlichkeit ab und ersetzt ihn durch äußere »Regeln«, die keine andere Funktion haben, als dem Status, der Hierarchie oder dem Alter den Vortritt zu lassen vor Echtheit oder Kompetenz. Die Hackordnung wird sehr wichtig.

Die Fühler ausstrecken

Wenn Richtlinien und Regeln keinen eindeutigen Maßnahmenkurs aufweisen, sucht der 5,5-Manager seine Orientierung bei anderen, aber so, daß man ihm seine Unsicherheit nicht anmerkt. Ganz vorsichtig kitzelt er die Informationen über die richtige Orientierung aus seinem Chef heraus. Der Chef merkt nicht, daß sich der Mitarbeiter seiner Sache nicht sicher ist. Sobald der Mitarbeiter die entsprechenden Informationen hat, ergreift er die Initiative und übernimmt auch die entsprechende Verantwortung. Er braucht sich ja nicht mehr davor zu fürchten, etwas zu tun, was der Chef nicht für richtig hält.

Ganz deutlich zeigt sich das Bedürfnis, Unsicherheit zu meiden und die Wahrscheinlichkeit eines Konfliktes zu reduzieren, wenn der 5,5-Manager ein Problem an den Bedürfnissen anderer mißt und es in ihrem Sinne meistert, anstatt es aus der eigenen Perspektive zu lösen. Ob die Bedürfnisse des anderen Menschen tatsächlich mit dem Problem zusammenhängen oder nicht, spielt dabei keine Rolle. Wenn man dem Menschen dabei helfen kann, die von ihm empfundenen Bedürfnisse zu erfüllen, wird er zufrieden sein und den anderen schätzen.

Wenn man im eigenen Unternehmen keine Hilfestellung mehr bekommen kann, fragt man sich: »Wie würden denn meine Kollegen im Unternehmen X an dieses Problem herangehen?« Man kann aber auch Kollegen in anderen Sparten fragen, um festzustellen, was sie unter solchen Umständen tun. Es kostet einen Anruf bei einem Freund, und man hat die Antwort. Damit ist eine akzeptable Lösungsmethode vorhanden. Wenn sie kritisiert wird, läßt sie sich leicht rechtfertigen.

Auch Meinungsumfragen oder sonstige Erhebungen lassen sich als Krücke verwenden. Auf diese Informationsquellen kann sich ein Manager bei seinen Entscheidungen stützen. Wenn eine Markterhebung oder Meinungsumfrage in eine bestimmte Richtung deutet, kann sich der Manager genau diesem Maßnahmenkurs verschreiben, ohne sich mit seinem Entschluß oder Urteil zu exponieren. Er kann sich auf diese fachlich zuverlässige Meinungsumfrage verlassen, ohne »seinen eigenen Kopf hinhalten« zu müssen. Wenn sich die Entscheidung als falsch erweist, lag es an der »schlechten« Marktforschung.

Die inoffiziellen Kanäle nutzen

Bei einer 5,5-orientierten Führungsweise dürften die informellen Kanäle in einer Organisation am besten ausgebildet sein. Dieses informelle System hat seine eigenen Normen und Regeln, Führende und Geführte, Konformisten und Abweichler. Die Kommunikationskanäle – Klatsch, Gerede, Gerüchte – dienen als gute Informationsquelle über Arbeitsmoral und Mitarbeiterzufriedenheit. Der Manager erfährt, wie die Mitarbeiter über bestimmte Schachzüge des Unternehmens denken, beispielsweise über Expansionspläne oder Entlassungen oder über Spannungen zwischen Arbeitgeber und Gewerkschaften. So bekommt man auf informellem Wege mit, was geredet wird, und weiß so um die Gefühle der Mitarbeiter.

Der 5,5-orientierte Manager nutzt diese informellen Kanäle und fühlt so der Organisation auf den Zahn. Die einflußreichen Mitglieder dieses informellen Gefüges schätzen ihn als netten Menschen, der auch dann noch etwas erfährt, wenn schon alle Zeichen auf Sturm stehen, und der andere immer einweiht. Auf diese Weise merkt er sofort, wenn sich irgendwo etwas gegen die Organisation zusammenbraut. Er merkt, wenn einzelne Menschen unter erhöhtem Druck stehen, und kann dem allem vorbeugen. So sagte einmal ein Manager: »Man braucht einen sechsten Sinn (d. h. einen guten Riecher), um zu wissen, was so läuft, d. h., man muß die Signale erkennen.«

Er begnügt sich aber nicht, dieses informelle Gefüge nur zu beobachten. Manchmal läßt er auch Versuchsballons los. Ein solcher Versuchsballon wird gestartet, wenn ein 5,5-Manager nicht abschätzen kann, was seine Kollegen erwarten, er aber bald handeln muß. Mit einer unpopulären Entscheidung setzt er sich dem Risiko des Widerstandes aus. Ehe er Stellung bezieht, sendet er deshalb möglichst anonym Signale aus, um festzustellen, wie man auf eine Versuchsaktion reagieren würde. Je nach Reaktion fällt dann die endgültige Entscheidung. Der 5,5-Manager ist so geschickt, daß er den Ballon einfach fliegen läßt, ohne ihn am Band zu führen. So investiert er nichts. Man kann ihn auch nicht für eine falsche Beurteilung verantwortlich machen, wenn dic Mehrheit einen solchen Versuchsvorschlag für unhaltbar hält.

Er gibt Informationen weiter und hofft, daß sie sich herumsprechen werden. Er wird einem anderen eine vertrauliche Mitteilung machen und ihm sagen: »Aber bitte, das bleibt streng unter uns!« Auch so kann er falsch gelaufenen Maßnahmen begegnen und Spannungen mildern.

Die Mehrheit gilt

Man geht davon aus, daß Mehrheitsentscheidungen maßgebend sind. Jede einzelne Meinung ist gleich viel wert. Damit dienen soziale Kriterien als Modell für das, was richtig oder gültig ist, anstatt sich auf die objektiven Tatsachen zu verlassen. Diese Art des Abzählens kann aber verheerende Auswirkungen haben.

Man geht häufig naiverweise davon aus, daß Ideen oder Gefühle richtig sind, weil sie von der Mehrheit geteilt werden. Dabei kann eine Mehrheitsübereinkunft als Grundlage für die Gültigkeit einer Entscheidung durchaus heißen, daß mehrere Menschen sich über falsche Voraussetzungen einig sind. Je größer das Drängen auf Konformität, desto größer ist auch das Risiko, Mehrheitsentscheidungen als den objektiven Tatsachen entsprechend zu akzeptieren. »Gruppendenken« ist typisch für eine 5,5-Orientierung. Man ist sich seiner Tatsachen nicht ganz sicher, schließt sich lieber den anderen an und unterstützt sie, als noch einmal nachzubohren, seine echte Überzeugung zu vertreten und gegen einen sich herausschälenden Plan zu opponieren. Der Plan wird zu einem riesigen Schneeball, der die noch verbleibenden Bedenken einfach überrollt. In einer solchen Situation wird niemand »im Regen stehengelassen«. Alle scheinen zusammenzugehören. Einigkeit wird erzielt. Die entsprechenden Maßmahmen werden getroffen. Das Ergebnis ist ein Fiasko. So soll übrigens das Fiasko in der Schweinebucht entstanden sein. (Gescheiterter Versuch der Landung von Invasionstruppen auf Cuba. Anm. d. Ü.)

Unverbindlichkeit

Ein 5,5-orientierter Manager versucht, unverbindlich zu bleiben, wenn er mit einem Problem konfrontiert wird, zu dem es verschiedene Meinungen gibt und er dazu Stellung nehmen soll. Warum tut er das? Er will vorsichtig bleiben und keine Position ergreifen, die sich irgendwann später einmal als falsch erweisen könnte. Er bleibt flexibel und kann sich so auf die beliebtere Seite schlagen, ohne das Gesicht zu verlieren oder von anderen für inkonsequent oder wankelmütig gehalten zu werden.

Der Preis für diese Unverbindlichkeit in den Bemühungen, funktionsfähige Lösungen zu erarbeiten, dürfte zu einem großen Widerspruch führen. Er sieht sich selbst anders, als seine Mitarbeiter ihn sehen. Der Manager selbst hält sich für realistisch. Er ändert seine Meinung, um Konflikte zu verringern. Seine Mitmenschen aber sehen ihn als charakterlosen Menschen ohne Integrität, ohne innere Stärke und ohne Mut, die eigenen Überzeugungen zu vertreten.

Manchmal ist es natürlich auch vernünftig, unverbindlich zu bleiben, besonders wenn nicht genügend Informationen vorliegen, die Lage sich rapide ändert und mehrere Lösungsmöglichkeiten vorhanden sind. Mit den vorliegenden Informationen läßt sich aber nicht entscheiden, welche Lösung die beste ist. Im Vergleich zur 5,5-Orientierung ist die Unverbindlichkeit hier aufgrund der Tatsachen angebracht. Hier dient dieser Ansatz nicht zur Tarnung von Ungewißheit, sondern ist vernünftig.

Kompromiß

Aus der 5,5-Perspektive ist es selten klug, sich einem Konflikt direkt zu stellen, nicht einmal dann, wenn man alle Beweise auf seiner Seite hat. Einer wird gewinnen, und einer wird verlieren. Viele handeln, als ob sie das nicht wüßten, aber der Verlierer kann zum Feind werden, sobald sich der nächste Streit am Horizont zeigt. In vielen Konflikten geht es außerdem hoch her. Man reagiert gefühlsmäßig aus dem Augenblick heraus. Man sollte sich zurückhalten, die Gemüter abkühlen lassen. Erst sollen alle einmal Atem schöpfen. Dann läßt sich auch ein Mittelweg finden. Oft ist es auch möglich, einen Teilgedanken des einen und einen Teilgedanken des anderen aufzugreifen und zusammenzufügen. Die Lösung ist vielleicht nicht perfekt, aber sie kommt an, und jeder fühlt sich respektiert. Die Lösung wird angenommen, da sie Gedankenteile beider Streitparteien enthält. Um die beiden Kriegsgegner zusammenzubringen, muß man nachgeben, sich drehen und wenden können. Es ist doch nicht schlecht, wenn man Streit schlichtet und Frieden schafft. Man macht Fortschritte. Man gibt etwas auf, man bekommt etwas. Das Endergebnis wird zwar keiner der beiden ursprünglichen Alternativen in allen ihren Forderungen gerecht, aber es stellt einen Mittelweg dar, den die unterschiedlichen Parteien akzeptieren werden, um den Kampf nicht fortsetzen zu müssen. So hat man vielleicht nicht den ganzen Kuchen gewonnen, aber es muß auch niemand verhungern.

Es gibt Fälle, in denen der Mittelweg die beste Lösung ist. Bei einer 5,5-Orientierung wird dieser Mittelweg aber nicht angestrebt, weil er die beste Lösung wäre, sondern weil man sich auf halbem Wege entgegenkommen will, um eine akzeptable Lösung zu erzielen. Die ursprünglichen Bedenken und Zweifel, die zu dem Streit geführt haben, dürften aber wahrscheinlich bestehenbleiben.

Der wirklich tüchtige Manager will das bestmögliche Ergebnis erzielen, und zwar im Sinne von Produktion durch Menschen. Das Beste wird aber wohl kaum ein Mittelweg oder eine Zwischenlösung sein. Es wird bei voneinander abweichenden Meinungen wohl kaum ein Entgegenkommen auf halbem Wege widerspiegeln. Das Problem ist zwar vom Tisch, die tieferliegenden Probleme aber bleiben ungelöst.

Manchmal zieht man auch einen Unterschied zwischen Kompromissen bei Prinzipienangelegenheiten und Kompromissen in Situationen der angewandten Entscheidungsbildung. Schlichten und Kompromisse schließen sei vernünftig, wenn es um rein operationale Angelegenheiten gehe. Eine solche Ansicht mag vielleicht nützlich sein. Es ist aber doch klar, daß Prinzipien die Praxis untermauern und daß die Führungspraxis ihre Gültigkeit aus Prinzipien bezieht. So ist es also »leicht«, Kompromisse zu schließen, wenn es um operationale Angelegenheiten geht. Man denkt einfach nicht daran, daß die Grundprinzipien durch das operationale Nachgeben verwässert werden könnten.

»Maßgeschneiderte« Information

Manchmal findet sich ein 5,5-orientierter Manager in einer Konfliktsituation wieder, in der ihm klar wird, daß seine Einstellung falsch war. Er glaubt aber, daß er an Beliebtheit verlieren würde, wenn er es zugäbe.

So beugt er also die Wahrheit, erzählt Halbwahrheiten oder Notlügen. Damit kann er wahrscheinlich sein Gesicht wahren. Über einen längeren Zeitraum hinweg werden sich solche Verzerrungen jedoch zu einem Netz von Widersprüchlichkeiten, Meinungsumschwüngen und Wankelmütigkeiten verdichten. Und doch meint der 5,5-orientierte Manager, daß dieser Führungsansatz praktisch und richtig sei: die Arbeit erledigt bekommen, ohne zu viel Schwierigkeiten zu verursachen. Dies ist keine bewußte Manipulation wie bei einer Führungsfassade oder vorsätzlicher Lügnerei. Ein 5,5-orientierter Manager wird wohl nicht einmal merken, wie sehr er Schönfärberei betreibt. Wenn man ihn angreift, wird er wahrscheinlich andeuten, daß er doch nur das tut, was von ihm den Umständen gemäß erwartet wird.

Zweckmäßigkeit
Die Frage richtet sich bei Konflikten häufig nicht nach der besten Lösung, sondern danach, was politisch sicher ist, was ankommt und was funktionieren wird. Deshalb wird die zweckmäßigste Maßnahme ergriffen, häufig auf Kosten einer vernünftigeren Lösung, bei der Differenzen auftauchen könnten, die zusätzlich gelöst werden müßten.

Dieses Konzept der Zweckmäßigkeit hat wichtige Auswirkungen auf die Arbeitsmoral gehabt. Ein 5,5-Manager wird sich moralisch nicht verpflichtet fühlen, »mehr zu tun als die anderen«. So geht die Arbeitsmoral in großen, modernen und komplizierten Organisationen langsam zugrunde, weil eine 5,5-Orientierung dem inneren Beweggrund entspricht: »Ich werde dafür bezahlt, das zu tun, was man von mir erwartet, nicht aber für das, was ich persönlich für richtig oder falsch halte. So demonstriere ich meine Integrität als Mitglied der Gruppe und meine Loyalität zur Organisation.« Vielleicht lassen deshalb höhere Führungskräfte Inhabern von Schlüsselpositionen in Regierung und Großunternehmungen Gelder durch Mittelsmänner zukommen, um sich für bevorzugte Behandlung beim Zuschlag von Aufträgen erkenntlich zu erweisen. Dieser Aspekt hat auch in der Watergateaffäre eine große Rolle gespielt. Das Fundament sozialer Gleichheit und Gerechtigkeit wird untergraben, wenn niemand bereit ist, sich gegen eine ethisch unrichtige Einstellung zu erheben.

Die Streithähne trennen

Wenn sich zwei Mitarbeiter miteinander streiten, wird ein 5,5-orientierter Vorgesetzter einzeln mit ihnen reden. Er versucht, Punkte zu finden, auf die sie sich beide einigen können. Beiden legt er seinen Vorschlag getrennt vor. Wahrscheinlich kommt so eine einigermaßen akzeptierbare Einigung zustande, mit der jeder leben kann, auch wenn sie sich weiterhin gegenseitig nicht leiden können. Wenn keine Einigung zustande kommt, kann man sich immer noch auf andere Einigungsmechanismen verlassen. Man kann auch einfach zwei Streithähne räumlich voneinander trennen, wenn ein Konflikt anhält. Damit läßt sich zwar der Konflikt selbst eindämmen, die Grundprobleme aber bleiben ungelöst. Dies kann beispielsweise in einem großen Raum geschehen, in dem viele Menschen zusammenarbeiten müssen. Die »Trennung« beinhaltet vielleicht nicht viel mehr, als zwei streitende Mitarbeiter zu bitten, ihre Schreibtische an entgegengesetzten Seiten des Raumes aufzustellen. Damit wird die akute Spannung abgebaut, weil sie nicht nahe genug beieinander sitzen, um sich noch streiten zu können. So wurde den Mitarbeitern wenigstens oberflächlich geholfen. Das gesamte Klima scheint nun kollegialer zu sein.

Man kann auch Mitarbeiter voneinander trennen, indem man für eine Versetzung sorgt. Dabei werden vorzugsweise die Mitarbeiter versetzt, die »nicht passen«. Eine Versetzung »löst« das Problem. Das Organigramm wird geändert – auch das ist eine Trennungstaktik. Man ändert die Unterstellungsverhältnisse streitender Mitarbeiter, so daß die beiden nicht mehr demselben Vorgesetzten unterstehen. So haben sie nichts mehr miteinander zu tun, und der Konflikt hat ein Ende.

Manchmal will aber der Vorgesetzte des Vorgesetzten etwas ganz anderes, als die Mitarbeiter zwei Stufen niedriger zu akzeptieren bereit sind. Hier kann der 5,5-Manager nicht einfach für seinen Vorgesetzten oder für seine Mitarbeiter optieren. Im Protokoll der Hierarchie steht, daß man drei Ebenen nicht unter einen Hut bringen kann. Deshalb wird er zum Mittelsmann. Er läuft zwischen seinem Chef und seinen Mitarbeitern hin und her und testet jede mögliche Maßnahme zuerst von der einen, dann von der anderen Seite. So kann er durch eine Serie von Annäherungen schließlich eine Position erreichen, die für jeden mehr oder weniger annehmbar ist.

Reaktionen der Mitarbeiter

Der 5,5-Führungsstil ist so vernünftig. Deshalb reagieren die Mitarbeiter nur ganz selten mit Widerstand oder Aggressionen. Nur selten fühlen sie sich von diesem Führungsstil abgestoßen und gehen. Die Skala ihrer Reaktionen ist jedoch sehr breit.

Gleich und gleich gesellt sich gern
Unter einer 5,5-orientierten Führung besteht die Aussicht, daß die Mitarbeiter bald genauso denken und führen, wie sie selbst geführt werden. Da die Führungsmaßnahmen vernünftig sind – der Chef ist ja entgegenkommend –, kann man davon ausgehen, daß Vorgesetzter und Mitarbeiter stetig miteinander auskommen und arbeiten.

Statussymbole
Sobald ein Mensch in ein 5,5-System eingetaucht ist, wird er auch Spaß an den Statussymbolen finden und sich nur noch danach richten. Er wird sich bemühen, Teil dieses Systems zu bleiben. Sein Leben und seine Arbeit dürfte er wohl so beschreiben: »Die Firma bietet jede Chance, die sich ein Mensch nur wünschen kann. Die Firma ist alt (oder jung) und angesehen und stellt nur wirklich gute Leute ein. Man braucht nur den Namen des Unternehmens fallenzulassen, und schon ist einem Aufmerksamkeit sicher.Loyalität und Stetigkeit werden belohnt, und daran halte ich mich. In meiner Abteilung sind nur fünf Mitarbeiter, die etwa gleich alt sind wie ich. Ich habe eine mehr als durchschnittliche Chance, Abteilungsleiter zu werden oder Assistent, was ja auch nicht schlecht ist. Meine Frau und ich gehören mehreren Clubs an, und wir laden häufig Freunde aus der Firma zu uns nach Hause ein. Ich bin bei der Clique beliebt. Wir haben ein schönes Haus, und es sollte uns möglich sein, in einigen Jahren in ein größeres

umzuziehen. Wir werden unsere beiden Kinder auf die Universität schicken, und ich werde später eine gute Pension haben. Ich habe zwar hier und da Sorgen, aber ich habe es geschafft – ich bekomme keinen Herzinfarkt.«

Dieses Akzeptieren eines Status-quo-Lebens mit all seinen Konventionen und Statussymbolen, mit der stetigen Fortschreitung von Alter, Popularität und Vernunft ist eine 5,5-Reaktion auf eine 5,5-Umwelt. Dieser unkomplizierte Ansatz ist von Zweckmäßigkeit und Anpassung gekennzeichnet. Man braucht sich nicht weiter anzustrengen. Man braucht nur mit der Mittelmäßigkeit Schritt zu halten oder ihr ein ganz klein wenig voraus zu sein.

Die Mitarbeiter wissen, daß ein Angriff auf den Status quo nur Mißtöne zur Folge hätte. Deshalb sind sie nicht willens, gegen das System zu meutern. Wenn sie bleiben wollen, müssen sie sich an die Organisationsregeln halten. Die erste Regel ist, sich zu fragen: »Wird das bei meinem Chef ankommen?« Dann geht man an den Entwurf der Verpackung, damit sich die Idee sicher verkaufen läßt. Bei einer herrschenden 5,5-Orientierung geht jeder, der als Star aus der Organisation herausragt, das Risiko ein, Neid hervorzurufen und Unwohlsein zu verbreiten. Die Bemühungen dieses »Stars« werden mit »Wind machen« verwechselt. Deshalb gewöhnen sich selbst risikofreudige Mitarbeiter an, »zweimal über alles nachzudenken«. Innovation und Kreativität, die zu besseren Lösungen führen könnten, bleiben hier wohl auf der Strecke.

5,5 nach der Statistik

Es kommt vor, daß sich ein Manager in eine 5,5-orientierte Organisation einpassen möchte. Er geht bei seinen Mitarbeitern davon aus, daß »jeder anders und einmalig ist«. Er erkennt die individuellen Unterschiede an im Gegensatz zur reinen 5,5-Orientierung, nach der »sich jeder einpaßt«. Hier haben wir es statistisch gesehen auch mit einem 5,5-Manager zu tun. Er wendet aber alle möglichen Führungsstile an. Er tut das, was je nach Situation oder Person das Annehmbarste ist. Dabei spielt es keine Rolle, ob dies auch das objektiv Richtige zur Erzielung von Produktion durch Menschen ist. Wenn ein

Mitarbeiter in Ruhe gelassen werden will oder der Manager nicht weiß, wie er ihn ansprechen soll, läßt er ihn vor sich hin arbeiten wie bei einer 1,1-Orientierung. Wenn der Mitarbeiter eine Atmosphäre der Freundlichkeit, Herzlichkeit und Unterstützung will, bekommt er sie wie bei einer 1,9-Orientierung. Wenn der Mitarbeiter mit dem Kopf durch die Wand will oder es auf Streit anlegt wie bei einer 9,1-Orientierung, reagiert der Chef mit »Härte«. Wenn er den Konflikt auf 5,5-Weise durch Kompromisse umgehen will, reagiert der Chef genauso und kommt ihm auf halbem Wege entgegen. Ein Manager, den man also nach der Statistik bei 5,5 einordnen kann, bewegt sich innerhalb des gesamten Verhaltensgitters. Sein durchschnittlicher Führungsstil liegt bei 5,5. Er behandelt jeden Mitarbeiter anders. Er verhält sich inkonsequent, manchmal wird dieses Verhalten allerdings auch als »flexibel« bezeichnet. Er selbst sieht in seinem Verhalten kaum oder gar keine Widersprüche. Er wird wohl kaum als wankelmütig bezeichnet werden. Er rechtfertigt sich mit der Meinung, daß jeder Mensch anders ist und sich eine Situation niemals wiederholt. Deshalb kann man nicht erwarten, jeden Mitarbeiter und jede Situation gleich zu behandeln. Wie in der reinen 5,5-Orientierung bleibt der Status quo gewahrt, ohne daß sich jemand ändern müßte. Diese Flexibilität wird in Kapitel 9 erörtert.

Verlagerung auf eine 1,1-Orientierung

Eine weitere Reaktion kommt von den Mitarbeitern, die mehr leisten wollen, deren Leistungen aber nicht belohnt oder anerkannt werden. Sie werden im Gegenteil sogar kaltgestellt. Wenn sie sich nicht entschließen können, die Organisation zu verlassen, werden sie wahrscheinlich langsam auf eine 1,1-Orientierung hintreiben, da man ihren Bemühungen widersteht und sie abblitzen läßt. Sie arbeiten weiterhin innerhalb dieses 5,5-Systems, weil sie es sich nicht leisten können, es zu verlassen. Sie engagieren sich aber nur wenig oder gar nicht für ihre Arbeit oder den Erfolg der Organisation.

Seelische und körperliche Störungen als Folge

Die Folgen für die seelische Gesundheit deuten auf einen engen Zusammenhang mit Angst und Selbstzweifeln. Es tritt eine ganze Reihe von seelischen und körperlichen Störungen auf.

Minderwertigkeitskomplexe

Was steckt hinter der Warnung, den Kopf nicht hinhalten zu sollen? Nun, man will den Menschen zurückpfeifen. Er soll das Spiel auf 5,5-Weise spielen. Der beliebte Ausdruck »Minderwertigkeitskomplex« spiegelt die Reaktion eines 5,5-Managers wider, den man dabei erwischt hat, wie er außer Tritt geriet oder sich in der Gruppe plötzlich als einziger Vertreter einer anderen Meinung fand. Seine Minderwertigkeitsgefühle stehen in keinerlei Beziehung zu seiner Denkfähigkeit. Seine Einstellung mag durchaus triftig gewesen sein. Er fühlt sich vielmehr davon getroffen, daß man ihn erwischt hat, daß er das Spiel nicht nach den von der Gruppe festgesetzten Regeln spielen kann.

»Wer bin ich?«

Das Bedürfnis eines 5,5-orientierten Menschen, beliebt zu sein, hat zu einem neuen psychologischen Problem geführt. Bei manchen grenzt dieses Bedürfnis schon an etwas »Krankhaftes«. Man findet es häufig bei Jugendlichen, dann wieder in den mittleren Jahren und von neuem kurz nach der Pensionierung. Der junge Mensch ist auf der Suche nach echten Überzeugungen, auf der Suche nach sich selbst und findet sich nicht. Der Mensch im mittleren Lebensabschnitt muß erkennen, daß er nichts von dem vollbracht hat, was er sich vorgenommen hatte. Der Rentner sucht seine wahren Freunde und muß erkennen, daß seine »Freunde«, die er nur unter Kollegen hatte, kaum oder gar keine Zeit mehr für ihn haben. Solche Menschen haben oft keine eigene Identität. Sie stecken in dem Dilemma, sich fragen zu müssen: »Wer bin ich eigentlich?« Ihre persönlichen Überzeugungen, Glaubens- und Wertvorstellungen setzen sich aus dem zusammen, was andere denken. Sie haben keine eigene Lebensphilosophie. Ein solcher Mensch hat seine persönliche Identität aufgegeben und ist kein eigenständiges Individuum mehr.

Auf die Frage eines solchen Menschen, wer er eigentlich sei, gibt er keine annehmbare Antwort. Eine objektive Antwort müßte ihm nämlich sagen, daß er sich in seinem Wesen gewissermaßen aus vielen anderen zusammensetzt und keine eigenständige Persönlichkeit mehr darstellt. Er ist niemand, weil er den Aufbau seines Lebens von anderen übernommen hat. Die anderen gehen, wie es in der Jugend häufig geschieht. Andere machen schneller Karriere und lassen ihn zurück. Wieder andere verschwinden nach seiner Pensionierung aus seinem Leben. Er bleibt zurück, er gehört nicht mehr zu ihnen. Dieser Identitätsverlust kann sich störend auswirken, wenn er sich plötzlich in den Mittelpunkt schiebt und eine schockierende Selbsterkenntnis auslöst.

Magengeschwüre

Magengeschwüre werden manchmal als typische Managerkrankheit bezeichnet. Sie kommen aber in allen sozialen Schichten und Bereichen vor. Verhaltensgittermäßig hat man sie wiederholt auf Angst und Sorgen zurückgeführt. Solche Gefühle entsprechen einer 5,5-Orientierung. Die Mediziner streiten sich zwar über alles, was über die kritische Rolle der beiden Faktoren Angst und Sorgen hinausgeht. Eine Korrelation zwischen Gitterorientierung und Magengeschwüren läßt sich aber durchaus aus dem Wunsch eines 5,5-orientierten Menschen ableiten, beliebt zu sein. Bei der Arbeit wird mehr von ihm verlangt, als er leisten kann. Er will populär sein und mißt seine Popularität daran, wie er von seinen Kollegen angenommen wird. Es wird aber auch Leistung von ihm gefordert. So steht er immer unter Anspannung. Diese Anspannung wächst sich zu einer ständigen Angst aus, »out« zu sein. Da er nicht die notwendigen Fähigkeiten besitzt, Dinge zu tun, die seine Angst mildern könnten, kann diese ungemilderte Angst zu Magengeschwüren führen.

In der Kindheit verwurzelte Wesenszüge

Die Eltern solcher Kinder mit einer dominierenden 5,5-Orientierung lassen sich wohl selbst mehr von äußeren Erwartungen als inneren Überzeugungen leiten. Letztlich zählt die Anpassung, eine Sozialethik, bei der andere definieren, was sich gehört. Es ist wichtig, im Gleichschritt zu marschieren. Bei der Erziehung ihrer Kinder lassen sich die Eltern hauptsächlich von dieser Einstellung leiten.

Die Eltern meinen, ihrer Verantwortung nachzukommen, wenn sie ihre Kinder zu anpassungsfähigen und sozialen Wesen großziehen. Sie legen Wert auf ein Kind, das sich in die richtige Gruppe einpaßt, sich populäre Ansichten zu eigen macht, sich »in« fühlt und in dieser Zugehörigkeit Befriedigung findet.

Der 5,5-Manager dürfte sich reibungslos entwickelt haben. Durch seine Eltern identifiziert er sich erfolgreich mit Vorstellungen, Regeln und Sitten. Er nimmt sie als gegeben an, ohne sie zu prüfen oder seine eigenen Einstellungen im Lichte systematischer Konzepte oder entstehender eigener Wertvorstellungen an ihnen zu messen.

Aus der elterlichen Richtschnur gehen die Besonderheiten der Erziehung hervor, die zu dieser Art von Anpassung führen. Das Kind wird ständig daran erinnert, daß »andere dich nicht mögen werden, wenn du anders bist als sie. Wenn du aber genauso handelst wie die anderen, wirst du immer Freunde haben und immer beliebt sein.« Das Kind konzentriert sich ständig darauf, mit Kindern seiner Altersgruppe gut auszukommen. Wahrscheinlich wird übermäßig betont, daß es unerwünscht sei, ausgeschlossen zu werden. Das Kind wird in seiner Orientierung von dieser Angst beherrscht. Es mildert sie durch seine Bereitschaft, die vorherrschenden Normen zu akzeptieren und verringert damit das Risiko, nicht angenommen zu werden.

Auf seiner Fahne steht die Angst. »Unabhängigkeit und Eigenständigkeit sind zu sehr mit Risiken behaftet. Sie sind es nicht wert, dafür das Zusammengehörigkeitsgefühl zu verlieren, das sich aus Popularität ergibt.« So werden Glück und höhere Werte mit Popularität gleichgesetzt. Popularität wiederum ist gleich Konformismus.

Ein 5,5-orientiertes Kind vertraut auf Gleichaltrige, nicht auf seine

Eltern. Die Gleichaltrigen bestimmen also die Reaktionen des Kindes. Die Eltern wiederum lassen sich nur ungern auf persönliche Gespräche ein. Vom Standpunkt des Kindes haben die Eltern viel zu sehr mit sich selbst zu tun. So vertraut das Kind mehr auf das, was andere Kinder im gleichen Alter sagen. Dem 5,5-orientierten Mädchen geht es darum, welchen Eindruck seine Mutter mit ihrem Aussehen und Handeln auf ihre Freundinnen macht. Ihr geht es nicht darum, was sie über Sachen, Probleme und Menschen denkt und fühlt.

Diese Gruppen- und »Regel«-Orientierung als Erziehungsansatz führt nicht zu einer starken Bindung an die Eltern. Die Eltern sprechen sich lobend über Äußerlichkeiten aus. Sie betonen das hübsche Aussehen oder die schöne Stimme des Kindes. Sie betrachten das Kind nicht als denkendes, fühlendes und strebendes Wesen und belohnen diese Eigenschaften auch nicht.

Diese hohle Eltern-Kind-Beziehung gibt dem Kind keinen festen Halt. Es kann sich nur noch daran klammern, »in« zu sein und Ansehen in den Augen Gleichaltriger zu genießen. Man hat es nie dazu angehalten, eigene Überzeugungen zu entwickeln oder schwierige Ziele anzustreben. Es amüsiert sich in der höheren Schule, anstatt etwas zu leisten. Es geht lieber nach der Schule direkt in den Beruf, als eine akademische Bildung anzustreben. In der Organisation will dieser Mensch dazugehören und beliebt sein, anstatt nach Erfolg durch einen Eigenbeitrag zu streben.

Die Eltern orientieren sich außerdem an den jeweils neuesten Strömungen in den Erziehungswissenschaften. Sie orientieren sich an den Experten, die ihnen sagen, wann, wie schnell und in welcher Reihenfolge sich die Motorik des Kindes entwickeln muß oder wann das Kind bestimmte intellektuelle Fähigkeiten haben soll. So haben die 5,5-orientierten Eltern eine Grundlage für ihre Erwartungen. Die Eltern sind beruhigt, wenn das Kind dem Modell entspricht.

Führungsfassaden

Der Mensch mit einer 5,5-Fassade gibt sich nach außen hin den Anschein eines vernünftigen, reibungslos arbeitenden Strategen. Er ist bereit, sich an andere anzupassen oder im Interesse des Fortschritts Kompromisse zu schließen. Seine 5,5-ähnliche Biegsamkeit ist jedoch nicht echt.Mit dieser Taktik will er vielmehr die Sturheit, mit der er seine eigenen Zwecke verfolgt, vor anderen verbergen. Er will als Sieger aus dem Kampf hervorgehen. Ein oder zwei Niederlagen auf seinem Weg bleiben ohne Konsequenzen. Während seines ganzen Feldzuges tarnt er seine wahre Strategie durch die Vortäuschung von 5,5-Taktiken, wie sie unten beschrieben werden.

»Flexible« Überzeugungen

Dieser Mensch verbirgt seine wahren Absichten hinter einer 5,5-Fassade. Man hält ihn für einen aufgeschlossenen Mann, der auch durchaus bereit ist, seine Meinung zu ändern. Er legt seine Überzeugungen nicht eindeutig klar, damit man ihm nicht nachweisen kann, er hätte unrecht gehabt. Wahrscheinlich wird er als Ersatz für eigene Überzeugungen anonyme Autoritäten oder die öffentliche Meinung zitieren. Er kann sie fahren lassen, ohne von seiner wahren Meinung Abstand nehmen zu müssen. Er drückt sich zwar aus, aber er hält sich andere Alternativen offen. So kann er seinen Kurs leicht wechseln. Aufgrund dieser Taktiken hält man ihn für flexibel. Diese Flexibilität unterscheidet sich von einer echten 5,5-Orientierung, weil der Tarnkappenträger seine wahren Absichten nicht enthüllt. Er ändert scheinbar seine Meinung, um seine wahren Absichten zu verfolgen.

»Kompromiß«

Den Kompromiß nützt er gewissermaßen als Instrument für das eigene Fortkommen. Er verläßt sich aber mehr auf die *scheinbaren* positiven Eigenschaften des Kompromisses, als wahrhaft daran zu glauben, daß Kompromisse einen »vernünftigen« Führungsstil kennzeichnen. Auch wenn er Bedenken hat, zögert der Fassadenspieler nicht, auf Halblösungen einzugehen. Mit einem Kompromiß lassen sich Widerstände umgehen. Der Fassadenspieler gibt sich den Anschein, daß man ihn überzeugt habe. Der Fassadenspieler glaubt aber nicht daran, daß der Spatz in der Hand besser ist als die Taube auf dem Dach. Er betrachtet den Kompromiß als ein Manöver, als ein taktisches kurzfristiges Nachgeben, das es ihm erlaubt, weiter nach der Taube auf dem Dache zu streben. Ein guter Fassadenspieler hat einmal gesagt: »Ich lasse mich auf Kompromisse ein, um mit meinen wahren Absichten unterzutauchen. Irgendwann später tauche ich dann wieder auf, und meistens gewinne ich dann auch.«

Freundliches Interesse

Man zeigt einem Mitarbeiter sein freundschaftliches Interesse, lädt ihn vielleicht nach der Arbeit zur Fortsetzung eines Gespräches zum Drink ein oder bittet ihn am Wochenende zur Besprechung von Geschäftsangelegenheiten zu sich nach Hause. Das ist schon eine subtile Form einer 5,5-Fassade. Dahinter steckt nicht freundliches Interesse, sondern der Wunsch, daß der Mitarbeiter frei und offen spricht. Mit Alkohol und Schmeicheleien läßt sich manches Geheimnis herauslocken, das dem Fassadenspieler in Verfolgung seines persönlichen Erfolgsstrebens nützt.

Cliquenwirtschaft nutzen

Auch der 5,5-Fassadenspieler nutzt wie der Mensch mit echter 5,5-Orientierung die informellen Kommunikationskanäle einer Organisation. Er verfolgt dabei aber andere Ziele. Er weiß, wo sich welche Cliquen gebildet haben und wer zu ihnen gehört. Er weiß nicht nur, an welchen strategischen Punkten er die Gerüchteküche um Informationen anzapfen kann, sondern er weiß auch, wie er die Gerüchteküche zur Beeinflussung der Organisation zu seinem *persönlichen* Vorteil einsetzen kann. Er hört sich wichtige Cliquenmitglieder an und wertet ihre Meinung aus, ehe er eine sie angehende Entscheidung trifft. Er beeinflußt die Schlüsselmitglieder und steuert so unbemerkt die übrigen Menschen in der Organisation, die sich nach diesen Schlüsselmitgliedern richten. Oft werden die Entscheidungen dann so gefällt, daß sie bestimmte Widerstände ausschließen oder verringern. Man manipuliert die Handlungsweise der Clique und kann so Sanktionen über die Menschen verhängen, die die Absichten des Fassadenspielers zu durchkreuzen drohen.

Rat annehmen und geben

Der Fassadenspieler wird kaum Menschen um Rat fragen, die rangmäßig über oder unter ihm stehen. Eine Bitte um Rat würde ihn ja als schwach erscheinen lassen. Solche Bitten sind zu vermeiden, wenn ein Mensch seine Entscheidungen aufgrund eigenständiger Urteilskraft fällen kann.

Auch unerbetene Ratschläge sollte man nicht annehmen, weil man sich damit dem anderen verpflichtet. Diese Verpflichtung entsteht, wenn der Rat gut war. Der Ratgeber kann dann auf der Gegenseite Gleiches erwarten. Diese Verpflichtung läßt sich aber beträchtlich verringern, wenn man Ratschläge nur dann annimmt, wenn man ausdrücklich um sie bittet, weil der Empfänger dem Ratgeber *gesagt* hat, was er wissen wollte. Die erlangten Informationen dürften auch genauer sein, da der Empfänger dem Informationsgeber nicht mitteilt, wieviel er ohnehin schon weiß. Der Ratgeber muß sich dann doppelt sicher sein, daß seine Worte »Hand und Fuß« haben. All dies spielt sich im Rahmen einer 5,5-Orientierung des Gebens und Nehmens ab.

Selbst Rat erteilen ist eine zweischneidige Sache. Ein Fassadenspieler richtet sich danach, ob sein Rat den Einfluß auf andere erhöht oder verringert. Wenn ein Fassadenspieler zu Maßnahmen rät, die scheitern könnten, setzt er sich der Kritik und viellcicht auch Vorwürfen aus. Außerdem zeigt sich dann, daß man sich auf sein Urteil nicht verlassen kann. Wenn er Maßnahmen empfiehlt, die zu einem Erfolg führen, bekommt er vielleicht ein Lob. Die Belohnung für einen Ratschlag, der sich als erfolgreich erwiesen hat, wiegt aber nur selten die Bestrafung auf, die einen Ratempfänger hat außer Tritt geraten lassen. Langfristig wird sich der Fassadenspieler also vor den möglichen Risiken des Ratgebens hüten.

Wenn der Fassadenspieler aber doch einmal einen Rat gibt, bringt er den Empfänger dazu, das Gesagte als Untermauerung seines eigenen Urteils und seiner eigenen Entscheidung zu sehen. Wenn alles gutgeht, erhält der Ratgeber seine Anerkennung, indem er den Empfänger an seinen Beitrag erinnert. Wenn die Sache aber schiefläuft, distanziert er sich, ohne das Risiko einzugehen, mit einem Ratschlag in Zusammenhang gebracht zu werden, der sich als unrichtig erwiesen hat. Wenn man aber doch einmal einen Rat erteilen muß, wählt man einen pannensicheren Weg zwischen diesen beiden Extremen. Der Rat wird ruhig, bescheiden und gemäßigt gegeben.

Die »Spieler«-Fassade

Eine Art Pseudozusammenarbeit wird besonders in hochtechnisierten Unternehmungen und Organisationen mit konzentriertem Know-how immer beliebter. Die Arbeit in solchen Organisationen ist komplex. Es ist selbstverständlich, daß eine Hand die andere wäscht. Niemand kann sich einbilden, alleinverantwortlich zu sein. Der Austausch von Sachinformationen ist für die richtige Problemlösung und Entscheidungsbildung unabdingbar. Aus der Art der Arbeit ergibt sich also, daß großer Wert auf Zusammenarbeit gelegt wird. Hierbei geht es aber nicht um Mitsprache, Mitwirkung und Mitverantwortung, wie sie für einen 9,9-Teamansatz charakteristisch sind. Wo liegt der Unterschied?

Diese 5,5-Fassade hat ihre Gründe in einer 9,1-Orientierung, verbunden mit dem Streben nach unumschränkter Herrschaft, und gleichzeitig in einer 5,5-Orientierung in Richtung auf eine »Beteiligung« im Sinne von »eine Hand wäscht die andere«. Gruppenkonferenzen sind dazu da, Daten zu sammeln und ein Problem von vielen Seiten zu beleuchten, sich das Für und Wider anzuhören und festzustellen, worauf sich Mehrheit und Minderheit einigen könnten. Der Stratege versucht, jeden Kontakt auszunützen und »jedem alles zu sein«. Seine Grundmotivation aber ist der Wille zur Macht.

Die Fassade zeigt sich darin, daß der Chef seine Karten verdeckt hält und sich bis zur allerletzten Minute alle Möglichkeiten offenläßt. Er läßt selbst dann noch offene und freimütige Diskussionen führen, wenn sie längst nicht mehr nötig sind. Er will weder, daß eine Entscheidung auf der Hand liegt, noch daß eine Polarisierung eintritt. Ein solcher Manager hat einmal gesagt: »Um einen Teil des Teams daran zu hindern, einen solchen Einfluß zu gewinnen, daß sie meinen Fortschritt behindern können, sorge ich dafür, daß die Diskussionen lange über den Zeitpunkt hinaus weitergeführt werden, an dem eine Entscheidung hätte fallen müssen. Das läßt sich sehr leicht bewerkstelligen, indem man vorgibt, keine übereilte oder funktionsunfähige Entscheidung zu treffen, ehe nicht alle möglichen Alternativen überprüft worden oder zusätzliche Daten eingegangen sind. Damit wird die stärkere Fraktion geschwächt und der schwächeren tut man nicht weh. Wenn ich dann schließlich die Entscheidung fälle, ist jeder erleichtert und dazu bereit, meinen Weg zu verfolgen. Sie sind froh, endlich etwas tun zu können.« So behält er sich die größtmögliche Freiheit zum Fällen der endgültigen Entscheidungen. Oft sind es risikoreiche Entscheidungen, die ausgesprochenen Ratschlägen zuwiderlaufen, damals aber nicht erörtert oder zurückgewiesen wurden. So unternimmt er einen dramatischen Alleingang. Er herrscht und lenkt und steht schließlich als »Sieger« da. Diese Koppelung von Mitteilung ohne wirkliches Mitspracherecht und Entscheidungen im Alleingang macht die 5,5-orientierte »Spieler«-Fassade aus.

Auswirkungen des 5,5-Führungsstiles auf die Organisationen

Warum die Herausbildung eines 5,5-Führungsstiles in einer Organisation so beliebt ist, läßt sich am besten aus der Geschichte erklären. Auflehnung gegen eine 9,1-orientierte Führungsweise hat kurzfristig zu einer Überreaktion in die 1,9-Richtung geführt, also zu einer übermäßigen Orientierung an persönlichen Gefühlen und Einstellungen allein. Nach einer gewissen Zeit der »1,9-orientierten Schwelgerei in Human Relations« haben sich jedoch Gegenkräfte entwickelt, die die Menschen wieder in die umgekehrte Richtung führen wollten. Das Pendel durfte nicht mehr zwischen 9,1 und 1,9 schwingen, sondern es wurde in der Mitte der Diagonale zwischen 9,1 und 1,9 abgestoppt. Man hat nach einem Ausgleich gesucht und die goldene Mitte gewählt.

Weiterhin läßt sich der rapide Anstieg der Zahl 5,5-orientierter

Manager und Organisationen aus Arbeitsteilung und Spezialisierung bei Angestellten und Arbeitern erklären. Die Arbeit verlangt immer mehr Spezialisierung. Der einzelne wird nur noch mit Bruchstücken eines Ganzen betraut. Der Zusammenhang geht verloren, die Arbeit verliert ihren Sinn und wird zur Routine. Verstand und Problemlösungsfähigkeiten sind nicht mehr gefordert. Bei solchen Routinetätigkeiten läßt sich kein Engagement, keine Leistungsbereitschaft mehr hervorrufen.

Die 5,5-Orientierung wird außerdem durch die Übertragung von in der Politik üblichen Entscheidungsbildungsgrundsätzen auf die Industrie gefördert. Die Mehrheit bekommt ihren Willen. Die führenden Politiker sind demokratisch zu ihrer Rolle berufen worden. Alle Menschen sind gleich. Alle Menschen sind zu achten. In einer Demokratie hat jeder eine Stimme. All dies sind Wertvorstellungen, die sich auf eine 5,5- oder 9,9-Führungsphilosophie übertragen lassen. Die Betonung von Recht und Ordnung, die in der Vergangenheit und dem Althergebrachten wurzelt, wobei *Regeln* und nicht Experimente ausschlaggebend sind, führt zur vorzugsweisen Wahl eines 5,5-orientierten Führungsstiles.

Whyte hat diese 5,5-Orientierung seinerzeit in seinem Buch »The Organization Man« ziemlich genau als in Amerika allgemein üblichen Führungsansatz charakterisiert. Aus einer Fülle neuerer Bücher geht hervor, daß dieser Ansatz immer mehr an Beliebtheit gewinnt. Da kein wirklich vernünftiger Führungsansatz existiert, wendet man sich der 5,5-Orientierung zu. Sie sei besser als das 9,1-System, das im Extremfall zu großangelegten Auseinandersetzungen führen könne, so daß man nicht einmal mehr bescheidene Organisations- oder persönliche Ziele erreichen könne. 5,5 sei auch besser als die »süße und leichte« 1,9-Orientierung, die zwar dazu führe, daß die Menschen zufrieden und glücklich seien, aber eine flache, wabbelige und ineffektive Organisation zum Ergebnis habe.

Viele große Organisationen, ob in Industrie, Verwaltung, Militär oder im Bildungsbereich, haben es nicht geschafft, ihre Mitarbeiter auf mehr Leistung oder Engagement einzuschwören, als nach einer 5,5-Orientierung üblich ist. Dieser Führungsstil wird sich wohl noch lange Zeit halten. Er wird den Stil großer Organisationen wohl noch lange bestimmen.

Viele Aspekte des Organisationslebens lassen besonders in großen, älteren Organisationen und Verwaltungen nur das Streben nach Mittelmäßigkeit zu. Neue Mitarbeiter bekommen zu hören: »Immer langsam voran, es hat keinen Zweck, zu hoch hinaus zu wollen. Wenn du scheiterst, wirst du im Vergleich zu dem, der sich erreichbare Ziele gesteckt hat, dumm dastehen.« Der Mitarbeiter oder die Gruppe, die sich um höhere Leistungen bemüht, wird von anderen unter Druck gesetzt, sich anzupassen. Man empfiehlt dem Mitarbeiter, keinen Blitzstart zu machen (der ja doch nur mit einem Bauchklatscher enden kann), sondern sich stetig zu bemühen und sich auf lange, lange Arbeitsjahre einzustellen. Er soll mit den Wölfen heulen und seine Kräfte nicht vergeuden.

Organisationen, in denen eine 5,5-Orientierung vorherrscht, dürften von bürokratischer Natur sein. Regeln, Vorschriften und Papierkrieg werden zum Selbstzweck, zu heiligen Kühen. Die Führungskräfte können Probleme nicht mehr nach eigener Sicht der Lage lösen. Sie werden zu Verwaltern, die Verfahrensrichtlinien und Regeln zu interpretieren haben. Sie »führen« papierene Regeln und Vorschriften, nicht aber Menschen, indem sie versuchen würden, das Problem der Produktion zu lösen.

Ein Zurückgreifen auf Normen und Tradition kann für viele sich ständig wiederholende Führungsprobleme ein wirksames mechanisches Hilfsmittel sein, das sich für viele Situationen eignet, insbesondere dann, wenn mittelmäßige Leistung allgemein als akzeptabel angesehen wird. Es kommen aber viele Führungssituationen vor, in denen man sich nicht auf das Herkömmliche verlassen kann, will man seine Aufgabe erfüllen. Die 5,5-Orientierung bietet so eine schlechte Grundlage für Innovation, Kreativität, Entdeckung und Neuerung. All dies wird man wahrscheinlich durch Traditionsverhaftung und Mehrheitsentscheidungen opfern. Langfristig wird die 5,5-Orientierung oder der *Status quo* dazu führen, daß die Organisation irgendwo auf der Strecke bleibt, weil fortschrittlichere Organisationen die neuen Chancen durch bessere Führungspraktiken nützen. Die moderne Führung wird dazu herausgefordert, ihre Ziele höher zu setzen als 5,5 und damit den Grundstein für ihren Erfolg in der Zukunft zu legen.

Zusammenfassung

Der 5,5-Manager wird von dem Wunsch motiviert, beliebt und angesehen zu sein. Er will sich nicht in der Minderheit finden, will keine Vorwürfe einstecken und ja nicht außer Tritt geraten. Alle Energie und Initiative wird auf das Popularitätsspiel verwendet. Dieser Mensch weiß, wie er andere einschätzen muß. Er begreift ihre Worte und mißt seinen Erfolg an ihren Stimmen. Das Spiel an sich hat keinen wirklichen Sinn, weil es keinerlei wichtige menschliche Bedürfnisse befriedigt. Wenn aber die Arbeit selbst nicht mehr sinnreich ist, kann man sie durch dieses Spiel ersetzen und damit viel Begeisterung hervorrufen.

Das realistische Ziel eines solchen Managers ist das Erreichen funktionsfähiger Lösungen, die der Mehrheit entgegenkommen und die Minderheit hoffentlich beschwichtigen. Er verhält sich den Erwartungen entsprechend und gewinnt das Gefühl der Zugehörigkeit als Belohnung. Dieses Sicherheitsgefühl läßt aber nicht auf volle geistige Gesundheit schließen. Seine Sicherheit bemißt sich nach Zahlen, nicht aber nach gesunden Überzeugungen und der Fähigkeit, die Folgen von überzeugungsgemäßen Handlungen vorauszusehen. Diese Sicherheit vermittelt auch nicht die notwendige Zuversicht, um Risiken einzugehen, etwas leisten oder andere anregen zu können.

Wenn Initiative gefordert ist, verläßt sich der 5,5-Manager lieber auf die Traditionen, das Althergebrachte oder das Urteil anderer. Er deckt selten seine Karten auf, bevor andere eine neue Richtung eingeschlagen oder die sicherste Möglichkeit angedeutet haben. Wenn er keine Mehrheitsmeinung bekommt und die traditionellen Reaktionen sich nicht für die Meisterung eines Problems eignen oder wenn andere Problemlösungsansätze zum Konflikt führen könnten, sucht der 5,5-orientierte Manager nach Kompromissen, bei denen man sich auf halbem Wege entgegenkommt. Aus angenommenen Kompromissen ergibt sich gesellschaftliches Ansehen.

Bei den seelischen und körperlichen Störungen tritt ein neues Problem auf. Der Manager fragt sich: »Wer bin ich?« Er befindet sich in einer Identitätskrise. Dazu kommt eine ständige, nagende Angst, daß man tatsächlich minderwertig ist und das Spiel nicht den Erwartungen gemäß spielen kann. Auf der Seite der körperlichen Störungen scheinen Magengeschwüre eng mit den Extremen dieses Gitterstiles zusammenzuhängen.

Eltern, die ihre Kinder zur Konformität mit den Erwartungen anderer erziehen und die dem Kind immer wieder klarmachen, wie wichtig es sei, dazuzugehören, schaffen die Grundbedingungen für die Ausprägung eines dominierenden 5,5-Führungsstiles. In Kapitel 1 enthält der C-Abschnitt die Selbstbeschreibung des 5,5-Managers.

Kapitel 7

9,9

Ausgangspunkt der 9,9-Führungstheorie ist, daß eine natürliche *Verbindung* besteht zwischen dem Bedürfnis der Organisation nach Produktion und den Bedürfnissen des Menschen nach sinnvoller und lohnender Arbeit. Aktive Mitwirkung, die zu Engagement und Einsatzbereitschaft für Höchstleistungen führt, liegt der 9,9-Motivation zugrunde. Man kann die Mitarbeiter mit den Produktionsaufgaben integrieren, indem man sie und ihre Ideen unmittelbar zur Problemlösung durch Teamarbeit heranzieht. Die gemeinsam erzielten Ergebnisse sind mehr als die Summe der Einzelbemühungen. Der Teamansatz ermöglicht synergistische Ergebnisse. Der 9,9-orientierte Manager will seinen Beitrag zum Erfolg des Unternehmens leisten und sich gleichzeitig für eine aktive Beteiligung der Mitarbeiter einsetzen, mit denen und durch die er arbeitet. Diese Wertvorstellungen fördern freiwilliges Tun, Spontaneität und Offenheit. Alle fühlen sich verantwortlich für das Erreichen klarer und herausfordernder Ziele. Dieses Miteinander von Leistung und Fürsorge umfaßt Kopf und Herz.

Die Leistungsmotivation unter 9,9 rührt aus dem Willen, die eigenen Fähigkeiten so auszubilden, daß sie den Anforderungen für das Erbringen von positiver Leistung entsprechen. So werden die eigenen kurz- und langfristigen Ziele und die des Unternehmens gleichzeitig verfolgt. Gute Leistungen bringen Befriedigung, Begeisterung und Erfolgserlebnisse mit sich. Je näher man an den Erfolg herankommt, desto mehr fühlt man sich belohnt.

Wenn der 9,9-Manager einen Rückschlag erleidet, der nicht als Augenblickssache anzusehen ist, fühlt er sich unterlegen, enttäuscht, niedergeschlagen. Die Sache beunruhigt ihn. Er ist mißmutig und voller Zweifel an seiner Fähigkeit, zukünftige Probleme erfolgreich meistern zu können. Rückschläge kommen vor, aber sein allgemeiner Ausblick läßt ihn weitermachen. Ein kurzfristiges Scheitern ist noch lange nicht das Ende. Er handelt nach dem Motto: »Mit Fürsorge, Engagement und Vielseitigkeit können wir die wirklich schweren Probleme lösen. Das ist der Sinn der Führung.«

Das Verhalten des Vorgesetzten

Der 9,9-Manager denkt: »Es ist meine Aufgabe, Entscheidungen zu treffen, aber es ist genauso wichtig, dafür zu sorgen, daß diese Entscheidungen auch vernünftig sind.« Dieser Stil ist durch die folgenden Verhaltensweisen gekennzeichnet:

Planung: »Ich hole alle die Mitarbeiter zusammen, die die problembezogenen Fakten und/oder ein berechtigtes Interesse an den Ergebnissen haben, um uns gemeinsam mit dem Problem als Ganzem zu befassen. Wir arbeiten ein vernünftiges Modell von Anfang bis Ende aus und haben so einen Organisationsrahmen für die Integration eines Gesamtprojektes. Ich höre mir die Reaktionen und Ideen meiner Mitarbeiter an. Mit ihnen zusammen setze ich Ziele und flexible Terminpläne fest.«

Organisation: »Innerhalb des Gesamtrahmens legen wir für jeden einzelnen den Verantwortungsbereich fest und einigen uns auf Verfahrensweisen und Grundregeln.«

Unterweisung: »Ich halte mich über die Fortschritte auf dem laufenden und beeinflusse meine Mitarbeiter, indem ich *gemeinsam mit ihnen* Probleme identifiziere und Ziele neu setze. Ich helfe, wenn ich gebraucht werde, und sorge dafür, daß Hindernisse beiseite geräumt werden.«

Kontrolle: »Während der Laufzeit eines Projektes übe ich konstruktive Kritik, damit die Termine eingehalten werden. Außerdem setze ich mich mit den Verantwortlichen zur Manöverkritik zusammen. Wir reden über die Vorgänge und stellen fest, was wir daraus lernen können und wie sich das Gelernte in Zukunft anwenden läßt. Ich zolle meine Anerkennung sowohl dem Team als auch der herausragenden Einzelleistung.«

Stellenbesetzung: »Bei meinen Entscheidungen, wer was tun soll, gebe ich jedem die Arbeit, die seinen persönlichen Fähigkeiten oder seinen Entwicklungsbedürfnissen entspricht.«

Aus jeder dieser Aussagen geht hervor, daß der Manager die Bedingungen so gestaltet, daß er und seine Mitarbeiter das Problem begreifen und alle ein gleichermaßen berechtigtes Interesse an den Ergebnissen hegen.

Aus vielen verhaltenswissenschaftlichen Experimenten, Feldstudien in Industrieorganisationen und sogar aus Beobachtungen in verschiedenen Kulturkreisen geht hervor, daß viele Menschen ein methodisches, sinnvolles und zielorientiertes Verhalten an den Tag legen, wenn sie sich auf ein konkretes, spezifisches Ziel konzentrieren, dessen Zweck sie begreifen und mit dem sie sich einverstanden erklärt haben. Man darf also von folgender Voraussetzung ausgehen: Wenn Einzelpersonen, die ihre Tätigkeit koordinieren müssen, Zweck und Ziel der Organisation und auch ihr eigenes berechtigtes Interesse an Leistung kennen, kann man sich darauf verlassen, daß sie sich selbst kontrollieren und auch selbst führen. Mit Hilfe einer effektiven Führung seitens des Vorgesetzten können die einzelnen Mitarbeiter ihre wechselseitigen Bemühungen miteinander verknüpfen.

Leitung und Kontrolle werden ausgeübt in der Absicht, bei den Untergebenen Verständnis und Zustimmung für die Ziele des Unternehmens zu finden und sie zur Mitwirkung an diesen Zielen zu gewinnen. Echtes Verständnis für eine gesunde wirtschaftliche Lage der Organisation, Arbeitsziele, die Notwendigkeit gemeinsamer Bemühungen und die nötige Einsatzbereitschaft erwachsen aus Diskussionen, Überlegungen und Debatten über die Hauptangelegenheiten der Organisation und aus der gemeinsamen Feststellung vernünftiger Ziele. So können in Verfolgung der Organisationsziele Selbstkontrolle und Eigeninitiative entstehen.

Dies bedeutet natürlich einen Appell zu einer völligen Umorientierung der üblichen Führungspraktiken. Man darf zum Beispiel nicht mehr ohne weiteres davon ausgehen, daß die Mitarbeiter den Gewinn als legitimes Unternehmensziel anerkennen. Gibt es ein anderes Konzept, mit dem man die Komplexität menschlichen Bemühens genausogut in die entsprechende Bahn leiten kann? Es steht jedenfalls fest, daß das Konzept der Gewinnorientierung gründlich überprüft und bis in die letzten Einzelheiten durchdacht werden muß. Wo ist der Ersatz für die Gewinnorientierung, die die Grundlage bildet für die Organisation von Arbeit, Bildung von Entscheidungen, Bewertung von Leistung und Motivation von Menschen? An unflexiblen bürokratischen Unternehmungen und staatlichen Behörden, die mit einem mehr oder weniger festen Budget arbeiten und sich nicht an Kosten oder Gewinn orientieren, läßt sich absehen, was geschehen wird, wenn der Gewinn als Organisationskonzept, Meßinstrument und Motivationsquelle abgeschafft wird.

Der Gewinn ist im Grunde genommen ein abstraktes Instrument. Wir brauchen auf allen Führungsebenen, in allen Sparten, Bereichen, Abteilungen, Einheiten, in denen wir arbeiten, bessere Kenntnisse der jeweiligen Gewinn- und Verlustsituation. Dazu gehört aber die Bereitstellung detaillierter Fakten und Zahlen. Man muß sie diskutieren und verstehen können. Dazu sind die Unternehmensführungen aber häufig nicht bereit. Dieser Informationsverschluß muß zu Desinteresse und Widerstand gegen Neuerungen führen, da Führungskräften und Mitarbeitern wenig daran liegt, der Organisation zu größeren Gewinn zu verhelfen.

Es spielen natürlich noch weitere Aspekte eine Rolle, aber die genannten charakterisieren die Bedeutung der Worte »Verständnis, Anerkennung und Unterstützung des Unternehmenszieles«.

Die Manager sind langsam darauf hingeführt worden, mehr auf die Gedanken und Gefühle ihrer Mitarbeiter und ihre Reaktionen auf die Gewinnmotivation zu achten, was man früher – von einigen Feldexperimenten abgesehen – für unmöglich oder unnötig hielt. Mit normalen schulmeisterlichen Methoden läßt sich das gewünschte Verständnis wohl nicht erzielen. Dazu ist das genannte Konzept zu schwer zu begreifen und zu sehr mit Emotionen geladen. Dem 9,9-Ansatz entspricht das Lernen im Team. Die entsprechenden Methoden sind vorhanden und auch erfolgreich eingesetzt worden. Überall dort, wo man die Grid-Organisationsentwicklung oder den Scanlon-Plan (ein Projekt zur Beteiligung der Arbeitnehmer an betrieblichen Entscheidungen in den USA. Anm. d. Ü.) eingeführt hat, ist den Mitarbeitern Sinn und Ziel der Organisation bewußt geworden. Das Unternehmensziel ist auch zu ihrem eigenen Anliegen geworden. In einer solchen Situation ist sich jeder Mitarbeiter bewußt, daß Produktivität ein gemeinsames Anliegen ist. Die Mitarbeiter kennen das Unternehmensziel, weil sie in direkter Interaktion miteinander stehen und so einen Einfluß auf Entscheidungen und die einzuschlagende Unternehmensrichtung haben. Das Wissen um die eigenen und die gemeinsamen Interessen ermöglicht Selbstkontrolle und Eigeninitiative.

In einer solchen von Einsatzbereitschaft und Gewinnbewußtsein geprägten Atmosphäre betonen 9,9-Manager die Arbeit im Team. Wenn alle notwendigen Daten zu einem Problem vorhanden sind und man das Problem von allen Seiten beleuchten kann und das auch tut, lassen sich auch vernünftige Entscheidungen treffen. Eine Situation läßt sich mit all ihren komplizierten Aspekten leichter begreifen, wenn alle für spezifische Ergebnisse verantwortlichen Mitarbeiter ihre Informationen und ihr Urteil in die Waagschale werfen. Gemeinsam werden die Auswirkungen von Alternativlösungen von allen Seiten beleuchtet. So ist die Chance am größten, daß hochwertige Entscheidungen getroffen werden.

Die Arbeit im Team hat noch einen weiteren Grund. Man braucht das Engagement und die Einsatzbereitschaft derer, die die Verantwortung für die Ausführung einer Entscheidung übernehmen werden. Es geht darum, daß die Entscheidung akzeptiert wird. Die Mitarbeiter haben aktiv mitgedacht. Das Team weiß, warum man sich für eine bestimmte Lösung entschieden hat. Sie wissen also um die Gründe, und genau darauf kommt es bei der Ausführung an. Widerstände sind schon im Laufe der Diskussionen ausgeräumt worden. Sie können eine erfolgreiche Durchführung nicht mehr behindern. Eine schleppende Durchführung oder andere negative Folgen unzulänglicher Führungsstile braucht man bei diesem Teamansatz nicht mehr zu befürchten. In Kapitel 10 werden wir uns mit der Teamarbeit nach 9,9 näher befassen.

Management by Objectives (Führen durch Zielvereinbarung)

Die Entscheidung für ein Management by Objectives, also die Entscheidung für eine bessere Führungsweise, resultiert aus der weitverbreiteten Erkenntnis, daß sich Menschen, die sich für Ziele engagieren, selbst motivieren und selbst führen. Sie sehen in ihrer Tätigkeit einen Sinn. Sie erbringen Leistung, weil sie ein Ziel vor Augen haben, und fühlen sich gleichzeitig innerlich befriedigt. Die gleiche Motivation und die gleiche Selbstführung sollten eigentlich auch bei Mitarbeitern von Unternehmungen möglich sein. Mit dieser Absicht wurde das Konzept »Führen durch Zielvereinbarung« eingeführt.

Man darf aber nicht davon ausgehen, daß sich dieses Programm wie eine simple Betriebsanleitung durchführen läßt. Führungskräfte müssen erst einmal begreifen, warum Ziele motivierend wirken. In den Verhaltenswissenschaften ist man den Eigenschaften solcher Ziele auf den Grund gegangen und hat sie recht gut erfassen können. Wir wollen uns mit einigen dieser Aspekte befassen und aufzeigen, wie sich dieser zielorientierte Führungsansatz auf vielerlei positive Weise nutzen läßt, um die einzelnen Mitarbeiter und ihre Leistungen miteinander zu einem Ganzen zu verknüpfen.

Selbstverständlich lassen sich solche Ziele in der Industrie nur dann setzen, wenn die dafür Verantwortlichen selbst für ein gutes Betriebsklima sorgen. Dazu gehören Offenheit in der Kommunikation, gegenseitiges Vertrauen, vernünftige Methoden zur Beilegung von Konflikten, Problemlösung als Ansatz zur Entscheidungsbildung und gemeinsamer Leistungswille als Beitrag zum Unternehmenserfolg. Ohne vorherige Stärkung der Arbeit im Team setzt man sich bei der Einführung von »Management by Objectives« einem hohen Mißerfolgsrisiko aus.

Der Begriff des »psychologischen Eigentums« ist für ein wirksames Management by Objectives von größter Bedeutung. Ein Manager fühlt sich motiviert, ein Ziel anzustreben, wenn es ihm gehört, wenn er es als sein ureigenstes Eigentum empfindet. Er will erfolgreich sein und bemüht sich so mit allen Kräften um dieses Ziel. Ein vernünftiges Ziel zeichnet sich durch *Klarheit* aus. Auch wenn dem Vorgesetzten das Ziel klar ist und er seine Mitarbeiter entsprechend unterweisen kann, heißt das noch lange nicht, daß sich seine Mitarbeiter dem nicht widersetzen. Sie können nämlich den Sinn nicht erkennen. Die Mitarbeiter können ihre Bemühungen auf das Ziel hin nicht sinnvoll miteinander verknüpfen, wenn ihnen das Ziel selbst nicht klar ist. Wenn sie aber das Ziel klar begreifen, weil sie es durchdacht und mit seiner Herausforderung akzeptiert haben, werden sie sich auch mehr dafür einsetzen, ihre Arbeit gemeinsam in diese Richtung zu lenken.

Wichtig ist, daß die Tätigkeit in ihrer Gesamtheit gesehen wird, wobei sich alle Einzelteile zu einem Ganzen zusammenfügen. Es geht nicht, die Arbeit so aufzusplittern, daß sie für den jeweiligen Mitarbeiter keinen Sinn mehr ergibt. Dieser Faktor spielt für den Erfolg des Konzeptes »Führen durch Zielvereinbarung« eine äußerst wichtige Rolle. Die Vermittlung von Bruchstücken wird weniger motivierend wirken als die Vermittlung des Gesamtzieles.

Wichtig beim Zielesetzen ist auch der *Schwierigkeitsgrad*. Ein Ziel, das sich mühelos erreichen läßt, motiviert nicht. Auch ein unerreichbares Ziel motiviert nicht. Bei einem unerreichbar scheinenden Ziel braucht man ein klares und vollständiges Bild der eingrenzenden Faktoren. Vielleicht lassen sich diese Einschränkungen dann realistisch meistern. Wenn man Probleme feststellt, die mit mangelnder Entschlußkraft zusammenhängen, besteht die Motivation, dem abzuhelfen. Wenn mangelnde Sachkenntnis das Hindernis darstellt, läßt sich auch dies korrigieren oder ausgleichen. Wenn man aber Probleme entdeckt, die wirklich außerhalb der eigenen Steuerungsmöglichkeiten liegen, so weiß man wenigstens darum, und sie wirken weniger demotivierend. Außerdem werden solche Probleme in weiteren Strategieüberlegungen immer wieder aufgegriffen und später vielleicht doch einer Lösung zugeführt.

Es ist also mit anderen Worten unnötig, die Ziele nach unten anzupassen oder geringere Leistungsnormen anzusetzen. Wichtig ist nur, daß man den Unterschied zwischen der tatsächlichen Leistung und der höchstmöglichen Leistung klar begreift.

Ziele setzen heißt in gewisser Weise Änderungen durch Voraussicht erzielen. Man setzt fest, was zur Erreichung eines Zieles zu tun ist. Wenn man sich darüber nicht im klaren ist, bleiben die Aussichten, ein Ziel zu erreichen, gering – und sei das Ziel auch noch so erstrebenswert. Wenn man sich ein Ziel vorstellen kann, muß man auch die notwendigen Einzelschritte der Reihe nach festsetzen, um dieses Ziel plangemäß erreichen zu können. Die Wahrscheinlichkeit wächst, wenn die Schritte im vorhinein festgesetzt und abgestimmt, aber so flexibel gehalten werden, daß man sie noch ändern kann. Wenn alle Schritte vorher bis ins letzte genau festgelegt werden, verliert das Ziel einen wichtigen Motivationsfaktor, da für Eigeninitiative kein Raum mehr bleibt. Umgekehrt gehen die Motivationseigenschaften aber auch verloren, wenn gar nichts über die einzelnen Schritte feststellbar ist. Das Ziel dürfte so jeden Sinn verlieren. Ideal ist es, den Weg zum Ziel in seiner großen Linie genau festzuhalten und die Formulierung der spezifischen Einzelschritte auf diesem Weg dem zu überlassen, der auch für die Ausführung verantwortlich ist.

Ein weiterer wichtiger Aspekt beim Führen durch Zielvereinbarung ist die Festlegung des *Terminrahmens*. Manche Menschen lassen sich zuviel, manche zuwenig Zeit zwischen Zielsetzung und Zielerreichung. Ein Ziel, das irgendwann in der fernen Zukunft erreicht sein soll, dürfte kaum noch motivierend wirken, weil kaum eine Beziehung zwischen dem gegenwärtigen Tun und dem weit entfernten Ziel besteht. Auch ein zu kurzfristig gesetztes Ziel kann kaum noch motivieren. Entweder ist man sich hundertprozentig sicher, daß man es erreicht, oder die Frist ist so kurz, daß kaum oder gar keine Hoffnung besteht.

Man braucht Normen, um feststellen zu können, »wie gut es wirklich ist«. Die Norm im MbO-System heißt *Höchstleistung*. Höchstleistung heißt beispielsweise: »Wenn wir das erreichen könnten, wäre das Problem gelöst.« Oder: »Das ist die einzig wahre Lösung.« Oder:

»Das ist das Höchste, was wir angesichts unserer Konkurrenz erreichen können.« Man kann Höchstleistung umgekehrt auch durch das erklären, was sie nicht ist: »Hier sollten wir lieber den Rotstift ansetzen. Man weiß ja nie, was kommt.« Höchstleistung ist mit anderen Worten das Beste, was man sich mit Verstandes- und Analysefähigkeiten vorstellen kann. Oft ist es nicht einmal mehr schwer, nach Höchstleistungsnormen festgesetzte Ziele zu erreichen, so daß es sich immer lohnt, nach solchen Zielen zu streben. Auf die Qualität kommt es an, die damit zu einem eigenen Motivationsfaktor wird. Diese Motivation braucht man, um sich den zusätzlichen Mühen zu unterziehen.

Ein weiterer wichtiger Faktor für den Erfolg dieses Führungsstiles ist das von der Zielorientierung her erfolgende *Feedback* über die eigene Leistung. Ohne häufige und begründete Rückmeldungen hat der Manager keine Möglichkeit, festzustellen, ob er mit seinen Bemühungen näher an das Ziel herankommt oder sich weiter davon entfernt. Rückmeldungen aber motivieren ihn weiter in seinem Streben.

Ein weiteres wichtiges Kennzeichen ist der *Vollendungseffekt*. Ein Mitarbeiter hat die Idee akzeptiert und will ein Ziel erreichen. Innerlich steht er unter Spannung. Er will die Aufgabe erfolgreich zu Ende führen. Plötzlich türmen sich Hindernisse vor ihm auf und blockieren ihn. Er wird nun nicht etwa resignieren und sagen: »Ich bin blokkiert«, sondern er wird seine Bemühungen verstärken, um dieses Hindernis aus dem Weg zu räumen. Auch solche Spannungen gehören in die Motivationskategorie. So erklärt sich, warum Menschen, die sich engagieren, nicht einfach aufgeben, wenn sie Schwierigkeiten begegnen.

Aggressionen und Wut, Furcht, Resignation, Angst und Sorgen sind – abgesehen vom momentanen Auftreten – für eine 9,9-Orientierung nicht charakteristisch. Der 9,9-Manager bewahrt sich den Überblick, wenn er sich für etwas wirklich engagiert und ihm anschließend Bedenken dazu kommen. Man muß sich für oder gegen diese Bedenken entscheiden, denn ein realistischer Plan für die Zukunft wird immer auch einige Unbekannte enthalten. So läßt sich das relative Nichtvorhandensein krankhafter Emotionen erklären, wenn sich der Manager schließlich aus Notwendigkeit für ein Projekt ausspricht, obwohl sich die Ergebnisse nicht mit Sicherheit vorhersagen lassen. Deshalb tauchen auch in der medizinischen Literatur keine Gesundheitsstörungen auf, die sich mit einer 9,9-Haltung verbinden ließen.

Ein Mißachten der Zieleigenschaften muß zum Scheitern dieses Führungsansatzes führen, weil Ziele ohne diese Eigenschaften ihren Motivationswert verlieren und daher das Verhalten nicht beeinflussen.

Management by Objectives im Sinne von 9,9-Führung heißt auch, Kontrolle und Entscheidungen über die Rentabilität denen zu überlassen, die für die einzelnen Teile des Ganzen verantwortlich sind. Deshalb ist die allgemeine Tendenz zu kleinen und kleinsten »profit centers« so wichtig. Innerhalb einer großen Organisation bilden »profit centers« ein System von Zielen. Selbst die kleinste Einheit einer Organisation läßt sich zu einem »profit center« umwandeln. Das ist ein Beispiel für die Umsetzung des Unternehmenszieles in ein gewinnorientiertes Ziel im eigenen Bereich.

Alle Mitarbeiter wissen, wo ihre Abteilung nach diesem »Profitcenter-Konzept« steht. Sie haben gelernt, welche Faktoren und Faktorkombinationen in die Gewinn-und-Verlust-Rechnung eingehen. Sie können feststellen, wie sich spezifische Aktionen, die ihrer Kontrolle oder der anderer unterliegen, positiv oder negativ auf die Gewinn- und Verlustsituation auswirken. Das Unternehmensziel wurde mit anderen Worten in ein sinnvolles Ziel im eigenen Bereich umgesetzt.

In einem 9,9-Betriebsklima kann diese Orientierung an der Gewinn-und-Verlust-Rechnung im eigenen Bereich

1. zu einem wichtigen Thema für Aus- und Weiterbildung werden,
2. sich zu einem Ziel ausbilden, auf das alle Maßnahmen abgestimmt werden, und
3. zu einem Leistungsmaßstab werden, der zu Neuerungen motiviert.

Und doch ist Management by Objectives als Führungsmethode erfolglos geblieben. Warum eigentlich? Ist das Konzept an sich schon falsch? Wenn es aber nicht falsch ist, woraus erklären sich dann die nur allzu üblichen Mißerfolge? Aus der Perspektive einer 9,9-Orientierung ergeben sich mehrere ganz eindeutige Hinweise, warum dieser Ansatz nicht so funktioniert hat, wie er hätte funktionieren können. Dabei spielen zwei Aspekte eine wichtige Rolle.

Die Unternehmens»kultur« oder *Die im Unternehmen übliche Wertungs- und Ausdrucksweise*. Menschen reagieren auf greif- und fühlbare Belohnung oder Bestrafung und nicht auf »angekündigte« Belohnungen. Es geht darum, welches Verhalten in einer Organisation allgemein geschätzt und belohnt wird. Hier ist es das Antreiben zur Produktion nach 9,1, dort die Bereinigung von Differenzen nach 1,9, hier ein rein mechanisches Durchführen des Nötigsten nach 1,1, dort das Schließen von Kompromissen nach 5,5. Wenn solches Verhalten belohnt wird, wird man sich auch zum Management by Objectives ähnlich verhalten. So lange sich nicht die Organisation als Ganzes zur 9,9-Orientierung bekennt, d. h., daß sie Wert legt auf Mitwirkung, Einsatzbereitschaft und Leistungswillen aller, so lange wird auch dem Managementansatz »Führen durch Zielvereinbarung« kein Erfolg beschieden sein.

Konfliktlösung. Tatsachen, Daten, Logik und die Beilegung von Differenzen durch Konfrontation dürften ein angespanntes Verhältnis zwischen Vorgesetztem und Mitarbeitern auflösen, ein Spannungsverhältnis, das unter Umständen ein realistisches Management by Objectives blockieren könnte. Die 9,9-Führungstheorie vereinigt die Bemühungen des einzelnen mit dem Unternehmenszweck durch das Setzen von Zielen. Wenn diese Führungsweise zur Gewohnheit wird, arbeitet der einzelne nicht nur für die Unternehmung, sondern auch für sich selbst. Die persönlichen Ziele und die Ziele der Organisation sind zu einer Einheit verschmolzen. So wird Management by Objectives auf 9,9-Weise ausgeführt.

Innerhalb des Management by Objectives ist die Leistungsbewertung wichtig. Das Setzen von Zielen macht Bedürfnisse, Möglichkeiten und Chancen bewußt. Die Überprüfung selbst bietet dem Vorgesetzten und dem Mitarbeiter die Chance, den Stand des Mitarbeiters mit Bezug zum Ziel gemeinsam zu erörtern und die weitere Entwicklung aufzuzeigen, indem alle Hindernisse beiseite geräumt werden, die der Erfüllung der Ziele, auf die man sich vorher geeinigt hat, im Wege stehen. Da man die Mitarbeiter nicht nur nach ihren Qualifikationen beurteilt, die sie für ihren Eintritt in die Organisation mitbringen, sondern auch nach ihrem entwicklungsfähigen Potential, läßt sich die individuelle Entwicklung in Bahnen lenken, die auch der Organisation etwas einbringen.

Konflikt

Konflikt kann die Erreichung von Unternehmens- oder persönlichen Zielen hemmen oder verhindern. Von diesem Standpunkt aus ist ein Konflikt leistungshemmend. Und dennoch kann ein Konflikt die Innovation, Kreativität und Entwicklung neuer Ideen, die das Organisationswachstum ermöglichen, fördern. Insofern kann ein Konflikt nützlich sein. Es geht also nicht darum, ob Konflikte überhaupt auftauchen. Innerhalb einer 9,9-Orientierung geht es vielmehr darum, daß Konflikte zwar unvermeidbar, sie aber durchaus lösbar sind. Der Schlüssel liegt darin, wie man den Konflikt meistert. Am besten ist es, den Konflikt vorauszusehen und die entsprechenden Schritte zu Verständigung und Einigung beider Parteien untereinander zu unternehmen, ehe sie sich auf eine Position festlegen und dort einfrieren.

Innerhalb einer 9,9-Orientierung sind mehrere Ansätze zur Konfliktverhütung möglich.

Offene Kommunikation

Bei der Kommunikation geht man davon aus, daß gegenseitiges Verständnis den Schlüssel zur Einigung bildet. Wenn jemand wirklich wissen will, was los ist, muß er offen und aufrichtig sagen, wie er die Situation sieht. Eine freie Zweiwegkommunikation fördert Offenheit, Vertrauen und Spontaneität.

Ein Vorkämpfer für diesen Führungsstil hat die 9,9-Einstellung zur

Kommunikation so definiert: »Letzten Endes haben Worte keine Bedeutung, nur Menschen haben Bedeutung.« Er will damit sagen, daß die Kommunikationsprobleme in Wirklichkeit da liegen, wo Menschen Worte miteinander wechseln. Die Worte sind die Instrumente, mit denen man ein effektives Zusammenspiel erreicht, durch die Einstellungen, Gefühle und Meinungen vermittelt werden. Es gibt eigentlich kein Kommunikationsproblem an sich. Es gibt immer nur Probleme der Menschen, die miteinander arbeiten und trachten, sich durch Kommunikation zu verständigen.

Den Schlüssel zu den Kommunikationsproblemen bildet die Amtsautorität des Chefs und wie er sie seinen Mitarbeitern gegenüber anwendet. Ein nach 9,9 führender Chef sagt zu seinem Mitarbeiter: »Können wir uns einmal zusammensetzen? Ihre Ideen interessieren mich!« So kann der Mitarbeiter seine Einwände und Zweifel äußern, ehe sie sich festsetzen und zur Quelle chronischen Widerstandes werden. Der Mitarbeiter kann seine Vorschläge machen, man hört ihm zu. Man kümmert sich um seine Ideen, anstatt sie im Keime zu ersticken. Bei einem solchen Führungsansatz fühlen sich die Mitarbeiter auch ermuntert, selbst Kontakt aufzunehmen, wenn sie meinen, etwas beitragen zu können.

Es ist äußerst wichtig, den Zweiwegcharakter der Kommunikation zu erkennen. Genau wie andere soziale Systeme steuert die Kommunikation auf ein Gleichgewicht zwischen Geben und Nehmen hin. Wenn ein Mensch viele Informationen haben will, selbst aber nur wenig mitteilsam ist, ist das System nicht mehr stabil. Es wird wohl nicht dabei bleiben, daß ein Gesprächspartner viel wissen will, aber nur wenig selbst mitteilt, und der andere Gesprächspartner viele Informationen gibt, aber selbst nur wenig bekommt. Das System wird sich wohl auf geringe Informationsweitergabe und auf geringen Informationsempfang einpendeln. Wenn man der Information aber Straßen mit Gegenverkehr öffnet, dann spornt solche Öffnung zur Offenheit an. Vertrauen ruft Vertrauen auf den Plan. Verschlossenheit aber fordert Verschlossenheit heraus, und Feindseligkeit erzeugt noch feindseligere Gegenwehr. Wenn ein Mensch also wirklich wissen will, was vorgeht, muß er freimütig und offen sagen, was er weiß. Er muß gleichermaßen Informationen geben. Gegenseitiges Verständnis als Einigungsgrundlage ist der Lohn für eine offene Kommunikation in beide Richtungen.

Aufgrund von Werdegang und Erfahrung haben die meisten Menschen jedoch Filter, die nur das durchlassen, was sie gerne hören wollen. Kleinigkeiten oder Unwichtiges lassen sie außer acht. Was dem einen eine Kleinigkeit ist, muß es aber noch lange nicht auch für einen anderen sein.

Außerdem hört der Mensch negative Informationen gewissermaßen in Verteidigungsstellung. Das, was er sich eigentlich am dringendsten anhören müßte, um verstehen und begreifen und so seine Effektivität erhöhen zu können, wischt er mit ein paar Erklärungen oder einer Rechtfertigung vom Tisch. Rationalisierung, Projektion, Kompensation und andere wohlbekannte Abwehrmechanismen kommen beim Umgang zwischen Chef und Mitarbeitern täglich ins Spiel. Sobald aber ein Klima der vollkommenen Offenheit herrscht, können Mißverständnisse kaum noch entstehen. Für Zurückhaltung negativer Informationen gibt es keinen Grund mehr. Die vielen leistungshemmenden Stolperdrähte der Kommunikation können erst gar nicht mehr gezogen werden. Ziel dieser Zweiwegkommunikation ist es, offen und freimütig auch negative Informationen vermitteln zu können.

Handlungen begründen

Der 9,9-Manager begründet, warum er ein bestimmtes Handeln fordert. Er gibt außerdem die notwendigen Erklärungen zur Maßnahme selbst. Ohne die Gründe zu kennen, kann ein Mitarbeiter zwar Anweisungen ausführen, sein Handeln ist aber nicht viel mehr als ein Blindflug. Wenn er die Hintergründe kennt, kann er auch Entscheidungen treffen, wenn unvorhergesehene Probleme auftauchen.

Wenn man die Menschen zum Denken, Analysieren, Bewerten anregt, wenn sie die Verbindung zwischen Ursache und Wirkung sehen, können und werden sie sich für Aufgaben einsetzen, an deren Formulierung sie selbst beteiligt waren. Das verringert die Notwendigkeit ständiger Überwachungs- und Korrekturmaßnahmen. Am Schluß gibt dann *ein jeder sein Bestes*, statt – wie sonst – *das Beste für sich selbst zu suchen*.

Daten, Fakten, Logik

Der 9,9-Manager kümmert sich im Konfliktfall um Daten und Fakten und geht mit Verstand an die Lösung heran. Antworten auf komplizierte Fragen ergeben sich aus gründlichen Sondierungen. Er arbeitet auf die bestmögliche Lösung hin. Er braucht seine eigene Position nicht zu leugnen, zu verzerren oder zu verteidigen. Deshalb ist er auch anderen Ansichten gegenüber aufgeschlossen.

Der 9,9-Manager ist immer bereit, neuartige Wege zur Lösung von Konfliktstandpunkten zu beschreiten. Er geht als Experimentator und Neuerer voran. Er experimentiert, wenn zwei oder mehrere Maßnahmenkurse gleichermaßen attraktiv erscheinen, wenn sich der Ausgang aufgrund der verfügbaren Tatsachen nur schwer abschätzen läßt oder wenn das Team die Situation verschieden beurteilt und die verschiedenen Ansichten miteinander scheinbar unvereinbar sind. Man schätzt die verschiedenen Experimentiermöglichkeiten ab und begibt sich damit auf neues Gelände. Möglicherweise kommt man so zu einer Lösung, die man sich vorher nicht einmal hätte vorstellen können. Ein Pilotprojekt wird angesetzt. Ein Probelauf wird vereinbart, oder man einigt sich auf eine Probezeit. So lassen sich die neuartigen Möglichkeiten testen. Anschließend hat man eine tatsachenuntermauerte Grundlage, von der aus sich das Dilemma, welchen Lösungsweg man beschreiten sollte, lösen läßt.

Konstruktive Kritik

Selbst die konstruktive Kritik ist und bleibt ein heikles Instrument bei der Meisterung und Lösung von Konflikten. Hierzu gehören nämlich mindestens zwei Menschen, die ein bestimmtes Vorgehen analysieren und offen und konstruktiv darüber sprechen. Bei dieser konstruktiven Kritik werden Schwächen, Zweifel und Vorbehalte offengelegt, die sonst wohl verborgen geblieben wären. Man kann sie erörtern und im Hinblick auf eine Lösung auch meistern. Man vergleicht die Ansichten der Teammitglieder untereinander und wägt die Alternativen gegeneinander ab. So lassen sich Sperren, Bedenken und Zweifel besser meistern. Echte und mögliche Konfliktpunkte kommen an die Oberfläche und werden ausgeräumt. Der Vorgesetzte nach 9,9 hat für gute Ideen immer ein offenes Ohr, gleich von wem sie kommen. Dabei geht er immer davon aus, wie sich die Ideen für die Problemlösung einsetzen lassen. Er wird wohl mehr Ideen aufgreifen und nützen, als Führungskräfte, die von einer anderen Grundeinstellung ausgehen.

Konfrontation

Manchmal prallen sehr verschiedene Meinungen aufeinander. Eine Einigung erscheint unmöglich. Durch direkte Konfrontation werden die gegensätzlichen Meinungen herausgestellt, Meinungsverschiedenheiten, bei denen es um Sieg oder Niederlage geht. Die Streitenden müssen sich Auge in Auge gegenüberstehen und ihre Karten offen auf den Tisch legen. So können sich die streitenden Parteien direkt um eine Lösung bemühen. Der Chef setzt sich mit den Mitarbeitern zusammen. Die Differenzen werden offen auf den Tisch gelegt. Der Chef fordert die streitenden Parteien auf, die Gründe für die Meinungsverschiedenheit darzulegen. Aus den Reaktionen geht hervor, ob die beiden Parteien von den gleichen Situationsvoraussetzungen ausgehen. Sind verschiedene Ausgangspunkte im Spiel, stellt der Chef immer wieder Fragen, um die verschiedenen Meinungen miteinander zu konfrontieren. Er legt die Tatsachen dar, führt die Gegenargumente auf und hilft ihnen mit seiner Logik, festzustellen, ob sie objektiv geblieben sind. Solbald sie ihre Wertvorstellungen begreifen und wissen, von welchen Voraussetzungen sie ausgegangen sind, kann der Vorgesetzte ihre Aufmerksamkeit auf verschiedene Maßnahmemöglichkeiten lenken, nach den Gründen, Motiven und Ursachen suchen und ihnen damit eine klare und vielleicht andere Perspektive vermitteln.

Auch Emotionen, die einen Konflikt normalerweise begleiten, wie Wut, Angriffslust, Angst, Zweifel und Enttäuschung, lassen sich direkt meistern. Der Idee der offenen Konfrontation wird häufig Widerstand entgegengesetzt. Oft sind Führungskräfte der Meinung, daß offen anerkannte Konflikte außer Kontrolle geraten müssen. Auch wird häufig befürchtet, daß jemand verletzt werden könnte. Manche Menschen werden von der Einstellung geprägt, daß es ein Zeichen von Schwäche sei, negative Gefühle anzuerkennen, und ein Zeichen von Unreife und Weichheit, sich mit Emotionen zu befassen. Solche Folgen können aber nur selten entstehen. Sobald nämlich die Spannungen offen daliegen, fühlen sich jene Menschen, die darunter gelitten haben, von diesem Druck und Streß befreit.

Reaktionen der Mitarbeiter

Die 9,9-mäßige Integration von Menschen und Produkten entspricht einer Führungstheorie nach vernünftigen verhaltenswissenschaftlichen Grundsätzen. Deshalb dürfen wir davon ausgehen, daß diese Führung und dieses Verhalten von den Organisationsmitgliedern mit Begeisterung begrüßt werden. Einige tun das auch, aber leider ist es nicht immer der Fall. Viele Manager haben keine Erfahrungen mit der 9,9-Führungsweise sammeln können. So fehlt ihnen jede Vergleichsmöglichkeit. Aufgrund ihrer Erfahrungen und aufgrund der herrschenden Organisations»kultur« halten sie die 9,9-Führungsweise für unrealistisch. Um wirklich den Wert der Arbeit im Team nach 9,9 schätzen zu können, müssen die Manager die für diese Führungsweise grundlegenden Fähigkeiten einüben.

Vertrauen in das eigene Können

Auf den 9,9-Teamansatz reagieren die Mitarbeiter am häufigsten mit einer positiven Bereitschaft, sich einzusetzen und zu engagieren. Sie wollen die Höchstleistungen erzielen, die sich nur im Team verwirklichen lassen. Die Mitarbeiter reagieren so, weil viele nach einem größeren Mitspracherecht streben, als es unter anderen Führungsweisen möglich ist. Einsatzbereitschaft und Engagement deuten auf eine gesunde Einstellung hin. So schafft man Zusammenhalt. Manager fühlen sich gefordert, wenn sie Ziele erreichen sollen, an denen sie auch ein persönliches Interesse haben. Es ist ihnen ein gemeinsames Anliegen, daß die Organisation Erfolg hat.

Das ist zuviel verlangt

Es gibt aber auch andere Reaktionen. Man hält die Arbeit im Team nach 9,9 zwar für eine realistische Möglichkeit, behauptet aber, daß sie viel zuviel verlangt. Die notwendige Beteiligung, der gemeinschaftliche Einsatz und das Engagement gehen weit über das hinaus, was der einzelne zu akzeptieren bereit wäre. Wieder andere wären vielleicht zu Anfang ihres Berufsweges bereit gewesen, solche Verpflichtungen einzugehen. Beruflich haben sie inzwischen zurückgesteckt und ihr ganzes Engagement auf andere Gebiete verlagert – auf die Arbeit in der Kommunalpolitik, auf den Sport oder auf die Freizeit. Verständlich ist diese Haltung. Es kostet ja so viel Mühe, wenn man es mit dem 9,9-Ansatz wirklich versuchen will. Der Status quo würde gefährdet. Da man aber nicht weiß, was die Alternative bringt, ist es vielleicht besser, beim sicheren Status quo zu bleiben.

»Das ist nicht durchführbar«

Wieder andere Reaktionen lauten: »Das ist doch nicht durchführbar! Dazu braucht man viel zuviel Zeit. Das funktioniert nicht. Mein Chef soll auf diese Weise führen? Nie!«

Viele sind durch ihre Erfahrungen mit der Führung so konditioniert worden, daß sie die Idee der 9,9-Teamarbeit von vornherein als Hypothese und als undurchführbar beiseite schieben. »Es wäre einfach zu schön, um wahr zu sein.« Sie haben zuviel Erfahrungen mit anderen Gridstilen, um noch glauben zu können, daß die dem 9,9-Ansatz zugehörigen Wertvorstellungen jemals von einer Organisation in ihrer Gesamtheit akzeptiert werden könnten. Deshalb halten sie die 9,9-Ideen für unrealistisch.

Sich die 9,9-Wertvorstellungen zu eigen zu machen heißt noch lange nicht, daß man sie auch im Führungsalltag in die Wirklichkeit umsetzt. Man braucht unbedingt eine Lernphase, um die Grundlage für eine echte Einführung der 9,9-Teamarbeit zu bilden. Dabei geht es um mehr, als ein Buch zu lesen, sich einen Film anzusehen oder solche Fragen wie in Kapitel 1 zu beantworten. Die Einführungsstrategien werden in Kapitel 13 näher behandelt. Im folgenden versuchen wir, die allgemeinen Bedingungen zu beschreiben, die Voraussetzung für einen solchen Wandel sind.

Das Erlernen einer 9,9-orientierten Zusammenarbeit im Team

Um die eigene Führungsweise auf eine 9,9-Grundlage umzustellen, muß man fünf grundlegende Elemente beherrschen.

Die Theorie
Man muß sich mit den verschiedenen Theorien des Führungsgitters vertraut machen. Sie bilden den Rahmen für das Erkennen alternativer Führungsweisen. Da das Verhaltensgitter die Grundlage für einen systematischen Vergleich der einzelnen Theorien bietet, hilft es dem Manager, die Unterschiede und Ähnlichkeiten zwischen der 9,9-Orientierung und anderen Gitterstilen zu erkennen. Er kann überprüfen, wo die Stärken und Grenzen jeder Führungsweise liegen. So kann er selbst erkennen, welcher Führungsansatz der beste ist, und selbst zu dieser Überzeugung gelangen, anstatt sich auf Grundlage von Empfehlungen oder Versprechungen einer anderen Führungsweise zuzuwenden.

Wertvorstellungen
Wenn man Manager, ohne Bezug auf das Verhaltensgitter zu nehmen, fragt, was nach ihrem Dafürhalten zu einer guten Führungsweise gehört, und sie dann die verschiedenen Möglichkeiten bewerten läßt mit einer Skala, die von »am idealsten« bis zu »am wenigsten ideal« reicht, läßt sich feststellen, welche Praktiken am meisten geschätzt werden. Man kann die Bewertungen dann auf das Verhaltensgitter übertragen und den einzelnen Gitterstilen zuordnen. Führungskräfte stimmen fast überall darin überein, daß ein Handeln nach 9,9 den vernünftigsten Weg darstellt, um Ergebnisse durch Menschen zu erreichen. Die Führungsweise 1,9 wird als zweitschlechteste, 1,1 als schlechteste bezeichnet. Allerdings herrscht weitgehende Unstimmigkeit zum zweitbesten Führungsstil, ob es sich dabei um 5,5 oder 9,1 handelt.

Selbsttäuschung verringern

Als drittes muß der Manager versuchen, sich sowenig wie möglich selbst zu täuschen. Oft glaubt er nämlich, auf 9,9-Weise zu führen, aber objektiv stimmt das nicht. Führungskräfte, die sich noch nie mit dem Verhaltensgitter befaßt haben, wählen zu 75 % den 9,9-Absatz in Kapitel 1 als typisch für ihr Verhalten aus. Wenn sich dieselben Führungskräfte nach einem einwöchigen Grid-Intensivseminar noch einmal bewerten, geht die Identifizierung mit der 9,9-Führungsweise auf einen Anteil von 25 % zurück.

Diese Anzeichen deuten zusammen mit anderen darauf hin, daß der Selbstbetrug eine wichtige Sperre auf dem Wege zur Erlernung von 9,9-Fähigkeiten darstellt. Wenn sich ein Mensch nämlich für einen 9,9-Manager hält, ohne es wirklich zu sein, sieht er auch keine Veranlassung, sich zu ändern. Er glaubt ja, daß er schon das tut, was nach der 9,9-Wertskala von ihm verlangt wird.

Soll-Ist-Abweichung

Ein Mensch erkennt, daß die 9,9-Führungsweise am meisten geschätzt wird. Er weiß auch, daß er bis heute wohl nicht auf 9,9-Weise geführt hat. Er kann also den Unterschied zwischen der eigenen Führungsweise und der gewünschten erkennen. Er weiß, was er gerne vollbringen würde, um ein wirklich ausgezeichneter Manager zu werden. Spannungen entstehen, weil der Manager weiß, welche Lücke zwischen seiner gegenwärtigen Führungsweise und der gewünschten klafft. Diese Spannung loswerden zu wollen kann zu einer starken Motivation werden und zu einer besseren Führungsweise führen.

Unterstützung durch andere

Das fünfte wichtige Element ist die aktive und positive Unterstützung der Kollegen. Sie helfen einem Menschen, sich aus alten Führungsgewohnheiten zu lösen und einem 9,9-Stil zuzuwenden. So bildet das Team selbst das soziale Untermauerungssystem, so daß die alte Führung des Teams auf eine Richtung verlagert wird, die sich mehr dem 9,9-Stil nähert. Wenn sich Chef und Mitarbeiter gleichermaßen mit den verschiedenen Gitterstilen befassen und die Unterschiede zwischen einer 9,9-Führungsweise und den Alternativen erkennen, sind die Grundvoraussetzungen für eine Änderung vorhanden. Die durch den Wandel Betroffenen arbeiten aktiv mit. Gleichzeitig sind sie am Wandel selbst beteiligt, da sie selbst Ziele setzen, sich dem Konflikt stellen und ihn lösen und eine offenere Kommunikation miteinander pflegen. Das heißt, daß sich alle gleichzeitig für die Durchführung des Wandels einsetzen. Wie sich dies auf geordnete Weise am besten bewerkstelligen läßt, wird in Kapitel 13 unter dem Abschnitt Grid-Teamaufbau beschrieben.

Seelische und körperliche Störungen als Folge

Aus unseren Studien der medizinischen Literatur geht hervor, daß es keinerlei Bezüge zwischen einem 9,9-Gridstil und körperlichen oder seelischen Gesundheitsstörungen als Folge gibt. Um die Frage nach Gesundheitsfolgen zu beantworten, müssen wir das Thema aus verschiedenen Richtungen angehen.

Wir haben das Leben außergewöhnlich leistungsintensiver und schöpferischer Menschen wie Einstein, Eleanor Roosevelt oder Pablo Casals untersucht. Diesen Menschen sagt man nach, daß sie ein lohnendes und erfülltes Leben gelebt haben. Wir haben ihr Verhalten gegenüber ihren Mitmenschen untersucht und dieses Verhalten den Verhaltensgitterpositionen zugeordnet.

Als Schlußfolgerung geben wir wieder, was von Maslow so treffend charakterisiert wurde:

> »Die erste und offensichtlichste Akzeptanzebene ist die sogenannte animalische Ebene. Diese sich selbst verwirklichenden Menschen sind meistens gute animalische Wesen. Sie haben einen guten Appetit und genießen ohne Bedauern, Scham oder Entschuldigungen. Es scheint, daß sie alle gerne essen, gut schlafen, ihr Geschlechtsleben ohne unnötige Hemmungen genießen. Dasselbe gilt für alle relativen physiologischen Impulse. Sie nehmen sich selbst nicht nur auf diesen niedrigen Ebenen an, sondern auch auf

allen anderen Bedürfnisebenen, in ihrem Bedürfnis nach Liebe, Sicherheit, Zugehörigkeit, Ehre, Selbstachtung. All dies wird ohne Frage als lohnenswert akzeptiert, ganz einfach, weil diese Menschen die Natur so annehmen, wie sie ist, und nicht fragen, warum die Natur das denn nicht anders eingerichtet habe. Sie zeigen das daran, daß sie praktisch kaum den Ekel oder die Aversionen von Durchschnittsmenschen oder auch Neurotikern empfinden, wie z. B. Aversionen gegenüber dem Essen, Ärger, Ekel vor Körperausscheidungen, Körpergerüchen oder Körperfunktionen.

Mit diesem Annehmen des eigenen Selbst und der anderen hängt eng zusammen: 1. jegliches Fehlen von Abwehrhaltungen, Imponiergehabe und die Verwendung von Tarnfarbe und 2. ihre Abneigung gegen solch künstliches Gehabe bei anderen. Heuchelei, Arglist, Scheinheiligkeit, Fassade, Anschein, Spiele spielen oder der Versuch, Eindruck zu schinden, dies alles fehlt bei ihnen zu einem hohen Grad. Sie fühlen sich selbst mit ihren Mängeln wohl. Deshalb nehmen sie diese Mängel, besonders im späteren Leben, gar nicht als Mängel wahr, sondern sehen sie als neutrale Persönlichkeitsmerkmale.

. . . Die Personen, mit denen wir uns hier befassen, konzentrieren sich gewöhnlich sehr stark auf Probleme, die außerhalb ihrer selbst liegen. Gemäß der heute üblichen Redeweise sprechen wir von problemkonzentrierten Menschen und nicht von ichzentrierten Menschen. Im allgemeinen sehen sie kein Problem in sich selbst und kümmern sich auch nicht viel um sich selbst. Im Gegensatz dazu steht die Introvertiertheit vieler in sich unsicherer Menschen. Unsere Menschen sehen gewöhnlich einen Lebensauftrag, sie haben eine Aufgabe zu erfüllen, ein Problem zu lösen, das außerhalb ihrer selbst liegt und einen Großteil ihrer Energien verlangt.

. . . Sich selbst verwirklichende Menschen unterhalten tiefergehende und echtere zwischenmenschliche Beziehungen als andere Erwachsene (allerdings gehen diese Beziehungen nicht unbedingt auch tiefer als die von Kindern). Sie sind zu größerer Vereinigung, größerer Liebe, perfekterer Identifizierung und zu einer gründlicheren Tilgung der Ich-Grenzen fähig, als sie normale Menschen überhaupt für möglich halten würden. Diese Beziehungen besitzen bestimmte Merkmale. Meiner Beobachtung nach ist der Partner in diesen Beziehungen wahrscheinlich gesünder und der Selbstverwirklichung näher als der Durchschnittsmensch, oft viel näher . . .

. . . Diese Menschen besitzen alle die offensichtlichen oder künstlichen demokratischen Merkmale. Sie können freundlich sein und sind es auch zu jedem mit passendem Charakter, wobei die Gesellschaftsklasse, Bildung, politische Überzeugung, Rasse oder Farbe keine Rolle spielen. Es scheint, daß sie sich dieser Unterschiede, die für den Durchschnittsmenschen so wichtig sind, meistens nicht einmal bewußt werden.

Sie haben nicht nur diese offensichtliche Qualität, sondern auch ihr Gefühl für Demokratie geht tiefer. Sie können zum Beispiel von jedem etwas lernen, der ihnen etwas beizubringen hat – dabei spielen alle anderen Merkmale keine Rolle. In einer solchen Schüler-Lehrer-Beziehung versuchen sie nicht, ihre äußerliche Würde, ihren Status oder ihr Alter hervorzukehren. Man könnte sogar sagen, daß meine Subjekte eine Qualität miteinander teilen, die man als Humanität eines bestimmten Typs bezeichnen könnte. Sie alle wissen recht gut, wie gering ihr Wissen ist im Verhältnis zu dem, was man wissen könnte, und zu dem, was andere wissen. Deshalb können sie ohne Pose Menschen achten und sogar Demut zeigen, die ihnen etwas beibringen können, das sie nicht wissen, oder die eine Gabe haben, die sie nicht besitzen. Diese ehrliche Achtung bringen sie einem guten Zimmermann entgegen oder jedem, der ein Meister seines Faches ist.

Autonomie kann man als Selbstentscheidung, Selbststeuerung definieren. Ein autonomer Mensch ist aktiv, selbstdiszipliniert und entscheidet selbst. Er ist kein Bauer auf dem Schachbrett. Er wird nicht von anderen bestimmt. Er ist stark, nicht schwach. Meine Subjekte entscheiden sich aus eigener Entschlußkraft, sie fangen selbst an, sie sind für sich und ihr Schicksal selbst verantwortlich.«[11]

Daraus geht also hervor, daß sehr produktive und schöpferische Menschen ihre Beziehungen zu anderen aus einer 9,9-Orientierung heraus aufgebaut haben. Obwohl sich die oben zitierte Forschungsarbeit nicht darauf bezog, lassen die Ergebnisse erkennen, daß diese 9,9-orientierten Menschen durch gute biologische Funktionen gekennzeichnet wurden.

Levinson beschreibt etwas Ähnliches wie Maslow. 14 langjährige klinische Mitarbeiter der Menninger Foundation wurden gebeten, eine Beschreibung eines seelisch gesunden Menschen abzugeben. 41 verschiedene Merkmale wurden genannt. Viele verschiedene Quellen der Erfüllung und Flexibilität unter Streß wurden genannt. Zu den Charaktereigenschaften gehörte die Fähigkeit, Alternativlösungen zu erkennen, persönliche Fähigkeiten und Grenzen zu erkennen und zu akzeptieren und andere als individuelle Wesen zu behandeln. Diese Menschen waren außerdem aktiv und leistungsbetont. Sie setzten ihre Energien dazu ein, etwas zu tun, anstatt jemand zu sein.

Wir haben uns außerdem die Schlußfolgerungen von Biomedizinern angeschaut, die sich mit körperlich gesunden Menschen befaßt haben und dann die Merkmale der zwischenmenschlichen Beziehungen dieser Untersuchungspersonen beschrieben haben.

Aus einer der wichtigsten Untersuchungen geht hervor, daß Streß von gewisser Art und Größe Grundbedingung für ein erfülltes Leben sei. Geht er aber über dieses Maß hinaus, wird er destruktiv. Selye sieht die zwischenmenschlichen Bedingungen, die sich aus einem biologisch gesunden Streß ergeben, als Paarung zweier Grundwerte. Der eine ist Leistung, gleichbedeutend mit Produktionsorientierung. Der andere ist Altruismus und stimmt mit der Orientierung an den Bedürfnissen der Menschen überein.

> ». . . Es existiert aber auch ein nichtspezifischer Widerstand, den man sich einhandeln kann, wenn man ständige, aber bescheidene Ansprüche an die eigenen Organe stellt, beispielsweise an die Muskeln und das Gehirn. Hier ist der langfristige Nutzen, sie fit zu halten. Der langfristige Schaden wird durch Überanstrengung erzielt. Er führt zu einem irreparablen Gewebszerfall.

Im zwischenmenschlichen Streß ist der Gewinn, andere zu Freundschaft, Dankbarkeit, guten Willen und Liebe zu uns allen anzuspornen. Einen Verlust erzielt man, wenn man anderen zu Haß, Frustrationen und einem Rachedrang verhilft. Das trifft auf unsere Mitmenschen genauso zu wie auf uns selbst, denn unsere eigenen positiven oder negativen Gefühle gegenüber anderen nützen oder schaden uns direkt, genauso wie man uns hilft oder uns verletzt, wenn solche Gefühle in anderen angespornt werden.«[12]

Leistungen, die unter Bedingungen des Altruismus erzeugt werden, oder die Anwendung von Altruismus bei nichtvorhandenem Erfolg sind gesund. Das folgende Zitat ist die Quintessenz:

»In diesem Sinne besteht das Lebensziel meiner Meinung nach darin, die eigene Identität zu bewahren und die natürlichen Fähigkeiten und Triebe mit der niedrigstmöglichen Frustration auszudrücken. Um gesund zu bleiben, muß man ein Ziel haben, einen Lebenszweck, den man achten kann und für den man mit Stolz arbeitet. Jeder Mensch muß sich für sich selbst den Weg suchen, seine aufgestauten Energien anzuwenden, ohne dadurch Konflikte mit seinen Mitmenschen zu schaffen, sondern wenn möglich, ihren guten Willen und ihre Achtung zu gewinnen.«[13]

Bei einem 9,9-Ansatz zur Konfliktlösung werden sich seelische und körperliche Störungen weniger leicht anhäufen. Wenn Frustrationen schon in ihrem Entstehen gehemmt werden, wird die negative Auswirkung von aufgestautem Ärger und aufgestauter Angriffslust bedeutend reduziert. Ein Mensch, der offen handelt, leidet nicht an inneren Konflikten oder Zwängen. Er besitzt die Fähigkeit, mit dem Streß fertig zu werden. Er braucht sich nicht zurückzuziehen, den Ärger herunterzuschlucken oder das Mitleid anderer zu suchen. Er besitzt die Fähigkeit, menschliche Beziehungen aufzubauen, die auf Vertrauen und gegenseitiger Achtung in der Arbeitswelt und Intimität in der Familie beruhen. Es spielt keine Rolle, ob wir bei der Beantwortung unserer Frage nach herausragenden und produktiven

Menschen gesucht haben und dann ihre Persönlichkeitsmerkmale beschrieben haben oder ob wir, beginnend mit dem Konzept biologischer Gesundheit, das zwischenmenschliche Verhalten dieser Menschen untersuchen: Die Antwort scheint immer gleich zu bleiben. Körperliche und seelische Gesundheit scheint mit einer 9,9-Orientierung Hand in Hand zu gehen.

In der Kindheit verwurzelte Wesenszüge

Erziehungssystematik

Eltern, die ihre Kinder so erziehen, daß sie schließlich zu 9,9-orientierten Erwachsenen werden, haben eine Erziehungssystematik. Sie sehen ein Bild des Menschen vor sich, auf das sie ihr Kind in seiner Entwicklung hinführen möchten. Dieses Modell besteht aus zwei Teilen. Zum einen soll das Kind zu einem autonomen Menschen werden, das heißt, sie wollen das Kind in seiner Spontaneität fördern und ihm die Freiheit mitgeben, nach eigener Wahl zu handeln. So will man das Kind während seiner Entwicklungsjahre zu unabhängiger Selbstführung auf der Basis seines eigenen Gefühls für soziale Verantwortung befähigen. Als zweites kommt die Fähigkeit zur Kooperation und gegenseitiges Vertrauen ins Spiel, wodurch vernünftige Interaktionen mit anderen Menschen möglich werden.

Autonomie

Die Wurzeln der Autonomie liegen in den Reaktionen der Eltern auf spontane Handlungen des Kindes. Das Kind lebt in einer Welt, die ihm Handlungsanreize bietet. So lernt es die natürlichen Konsequenzen seines Tuns ohne direkte Unterweisung oder urteilende Bewertung kennen. Die Eltern formen die Umwelt des Kindes so, halten aber eine bestimmte Verhaltensstruktur aufrecht. Es geht ihnen mehr um das Aufstellen der Entwicklungsbedingungen, nicht aber um das Leiten in eine bestimmte Richtung. Sie setzen zwar Leistungsnormen, widerstehen aber der Versuchung, dem Kind zu sagen, was es tun soll, sie sagen dem Kind nicht, was es fühlen sollte oder nicht fühlen sollte. Die Autonomie des Kindes wird gestärkt. Es lernt, selbst Dinge zu tun mit nur minimaler Lenkung oder Hilfe von anderen. Die Fähigkeit zur Autonomie macht es einem Menschen möglich, selbst zwischen verfügbaren Alternativen zu unterscheiden. Er braucht sich nicht auf den Rat anderer zu verlassen. Eine solche Erziehung ermöglicht es einem Kind auch, selbst Alternativen zu *schaffen*. Innerhalb der Entwicklung seiner Fähigkeiten kann es sich unvorhergesehene Möglichkeiten vorstellen. Spontaneität wird innerhalb der Sicherheitsgrenzen respektiert und gefördert. Man braucht das Kind in seinem Tatendrang nicht einzuschränken, wenn man die Dinge und Umstände ausschließt, die dem Kind bei einer impulsiven Reaktion schaden könnten. Man schafft dem Kind also eine Umwelt ohne zerbrochene oder gefährliche Objekte. So kann das Kind sich selbst und auch andere nicht verletzen. Man braucht es dann auch nicht ständig zu warnen. Das 9,9-orientierte Kind lernt auch, daß es sich nicht durch Dinge bestätigen kann, die anderen schaden. Wer die Grenzen setzt, sind zuerst einmal die Eltern.

Solche Grenzen werden aber wahrscheinlich übertreten, auch wenn man sie noch so sorgfältig setzt. Nun kommt es darauf an, wie die Eltern auf diese Übertretungen reagieren. Eine vernünftige Strafe, vernünftig in dem Sinne, daß sie vorausgesagt wurde, verstärkt diese Grenzen, die den Eltern so wichtig erscheinen, daß sie nicht verletzt werden sollten. Die Strafe selbst hemmt eine gesunde Entwicklung nicht, vorausgesetzt, daß die Strafe fair ist und von Eltern vollzogen wird, die dem Kind normalerweise mit Liebe begegnen.

Selbstachtung geht mit Autonomie Hand in Hand. Die Selbstachtung hängt von der Leistungsfähigkeit ab. Bei einem 9,9-Erziehungsansatz sorgt man dafür, daß man von dem Kind keine Leistung erwartet, die es seinen Fähigkeiten nach nicht erbringen kann. Die Eltern formen die Situationen so, daß das Kind Erfolg haben kann, sich kompetent fühlt und auf seine Leistungsfähigkeit vertraut. Die Selbstachtung des Kindes wird dadurch verstärkt, daß es von den Eltern akzeptiert und unterstützt wird. Dadurch gewinnt es mehr inneres Selbstvertrauen und kann anderen auf altruistische Weise begegnen. Diese beiden Aspekte sind der Kern einer Motivation, die sich im Erwachsenenalter auf einen Beitrag zur Effektivität anderer orientiert.

Nun stellt sich natürlich die Frage, wie alt ein Mensch sein sollte, wenn er sein Leben in die eigenen Hände nimmt, oder wann er zu einem autonomen Leben frei ist. Manchmal hört man als Antwort, »wenn er von zu Hause weggeht« oder »wenn er mit dem Studium anfängt«. Diese Frage läßt sich aber auch noch anders beantworten, dann nämlich, wenn man sich die beiden entgegengesetzten Enden eines Kontinuums anschaut. An dem einen Ende, in der Kindheit, lebt das Kind in völliger Abhängigkeit von anderen. Irgendwann am Ende der Teenagerzeit oder Anfang zwanzig wird der Mensch zu einem im Grunde genommen unabhängigen Erwachsenen. Auf diesem kontinuierlichen Weg entsehen viele Erfahrungspunkte, an denen der Mensch anfängt, für sich selbst verantwortlich zu sein. Die einen fangen früher an, die anderen später, wieder andere, wenn sie sich zum Eintritt ins Berufsleben und zur Heirat entscheiden. So läßt sich also die Frage, wann ein Mensch in der Lage ist, sein Leben selbst in die Hand zu nehmen, nicht eindeutig beantworten. Der Zeitpunkt hängt von dem jeweiligen Reife- und Entwicklungsstadium ab und den Fähigkeiten, die jeweiligen Erfordernisse dieses Entwicklungsstadiums zu meistern. Unter normalen Umständen handelt es sich dabei um einen kumulativen Prozeß und nicht um ein Vorgehen, das heute funktioniert und morgen wieder nicht funktioniert.

Kooperation

Die Eltern können den Kooperationsgedanken fördern. Beide Seiten, Eltern und Kind, geben und nehmen. Beide haben die Chance, die Ergebnisse zu beeinflussen. So fängt man an, sich für andere zu interessieren, man fühlt sich gefordert und hat Freude daran. Eltern und Kind betonen Kooperation als Quelle der Freude. In der Kindererziehung werden Liebe und Führung gepaart, wenn sich die Eltern mit dem Kind beschäftigen, mit ihm spielen, sich gemeinsam freuen und lachen. Hier geht es um mehr als reagierendes und unterstützendes Spielen. Hier kommt der menschliche Aspekt in eine Umwelt von Objekten und Dingen hinein.

An Liebe und Zuneigung sind keine Bedingungen geknüpft. So wird Vertrauen und Zutrauen gefördert. Bedingungslose Liebe heißt Liebe, die nicht je nach Fügsamkeit abgemessen wird, heißt Liebe, die nicht entzogen wird, wenn sich die Eltern ärgern. Die Liebe hängt nicht vom Verhalten des Kindes ab. Zuneigung wird also nicht durch Geben oder Entzug als Steuerungsinstrument eingesetzt. Das Kind lernt, daß man sich um andere kümmert. Die Mitmenschen sind also wichtig. Allmählich weitet das Kind seine Gefühle für die Eltern – die mit ihm fühlen und ihm helfen – auch auf andere aus. Es lernt, andere Menschen in ihrer Menschenwürde zu achten. Erwachsene, die einem Kind bedingungslose echte Liebe und Zuneigung entgegenbringen, lenken es von vornherein in eine 9,9-orientierte Richtung.

Das Kind wächst heran. Effektives Verhalten wird nun auch verbal und rational definiert und abgegrenzt. Geschwister lernen, einander zu respektieren, miteinander zu arbeiten und zu spielen. Wenn die Kinder Schwierigkeiten haben, helfen die Eltern ihnen, eine Lösung zu finden, legen ihnen aber keine Forderungen auf.

Diese Art der Kindererziehung schließt aber Konflikte aus der Umgebung des Kindes keineswegs aus. Das Kind bleibt auch nicht von Wut, Furcht und Angst verschont. Solche Gefühle lassen sich nicht vermeiden. Die Konflikte, die sonst zwischen Eltern und Kindern und den Kindern untereinander entstehen, werden aber weitgehend reduziert. Hier wird die Grundlage geschaffen für gegenseitige Achtung, selbst wenn zwei verschiedene Willen aufeinanderprallen. So kann sich gerechtfertigter Zorn als Reaktion auf Ungerechtigkeit herausbilden. Blinde Wut und blinder Haß aber bleiben ausgeschaltet oder sind zumindest auf ein Minimum reduziert.

Die Entwicklung von Autonomie und Kooperation beruht auf vier Grundeinstellungen zum Lehren und Lernen. Als erstes ist hier die Einstellung der Eltern zum *Lernen* zu nennen, ein Aspekt, der als solcher schon seinen Wert hat. Zweitens geht es um *konstruktive Kritik*. Man will dem Kind das Begreifen des Zusammenhangs zwischen seinen Erfahrungen und ihren Folgen erleichtern. Der dritte Aspekt heißt *Vorbild sein*. Die Eltern helfen dem Kind zu lernen, indem sie durch ihr eigenes Verhalten und eigenes Benehmen vorleben, wie man an Probleme herangeht und Dinge tut. Viele Eltern pflanzen ihren Kindern ein, daß man anderen dienen solle, sich verantwortlich zeigen solle, indem man denen hilft, die Hilfe brauchen. So wird der Wunsch, anderen zu helfen, zu einer positiven Motivation und dient als Teil des Fundamentes, auf dem sich zwischenmenschliche Verhaltensweisen auf der Grundlage gegenseitigen Vertrauens ausbilden. Beim vierten Aspekt geht es darum, das Kind dazu anzuhalten, je nach den Umständen *selbständig oder kooperativ* zu handeln. Mit diesen Methoden erhält das Kind den Beweis, daß es geachtet wird.

Kompensationswille als Grund für eine 9,9-Orientierung

Ein 9,9-orientierter Führungsstil kann auch entstehen, weil ein Mensch seine Kindheitserfahrungen kompensieren will.

Dieser Kompensationswille kann sich entwickeln, wenn ein junger Mensch Ungerechtigkeiten erfährt und sich deshalb nun sehr für Gerechtigkeit einsetzt. Ein rundum beschütztes Kind will als Erwachsener Risiken eingehen. Ein anderer hält sich für schwach und möchte gerne stark sein. So ist also untermauert, daß sich Gegensätze anziehen. Die Erfahrungen mit einem Extrem lassen den Wunsch erwachen, genau das Gegenteil zu erstreben.

Es läßt sich allerdings leicht erkennen, daß der Kompensationswille weit eher zu einem 9,1-Gitterstil führt als zu einer 9,9-Orientierung. Der eine ist arm und will reich sein, der Schwache will Macht, der Zurückgesetzte will dominieren, der Geschlagene will siegen – all dies wird wohl eher zu einer 9,1-Orientierung als zu einem 9,9-Stil führen. Es hängt natürlich davon ab, ob man kompensieren will, »um ganz oben rauszukommen, anstatt unten zu bleiben«, oder »um sich um die zu kümmern und zu sorgen, die in schlimmerer Lage sind«.

Führungsfassaden

Der Fassadenbauer verläßt sich auf mehrere Techniken, um von sich ein 9,9-Bild zu vermitteln. Einige Taktiken sind zwar untereinander widersprüchlich. Er gibt einem Mitarbeiter beispielsweise die volle

Aufgabenverantwortung, überträgt ihm aber keinerlei Führungsverantwortung. So handelt es sich also um keine echte Delegation. Der Tarnkappenträger tut diese scheinbar widersprüchlichen Dinge, um seine eigenen persönlichen Ziele zu fördern. Natürlich tarnt er seine Praktiken. An einem Ort oder bei einer bestimmten Person tut er dies, an einem anderen Ort und bei einem anderen Mitarbeiter tut er jenes.

Sich einen guten Ruf aufbauen

Der Tarnkappenträger zeigt nach außen hin eine 9,9-Orientierung. Er baut seinen Ruf auf, daß er sich einsetzt, sich um andere kümmert und Leistung bringt. Für andere ist es schwer, ganz durchzuschauen. Nach außen hin macht er jedenfalls den Eindruck einer integren Persönlichkeit.

Seit Machiavelli haben viele Autoren *Anregungen gegeben, wie man sich eines solchen Rufes bedienen solle, um das 9,1-orientierte Streben nach Macht und Herrschaft zu tarnen*. Dieser Ruf entsteht aus Tugendhaftigkeit, guten Taten und aus der Unterstützung von Wohltätigkeitsanliegen. Er arbeitet für die gute Sache und Institutionen, die sich um die Würde des Menschen kümmern und das Leiden der Menschheit lindern sollen. All das kann eine Fassade sein. Seinen Ruf kann man auch aufbauen, wenn man sich mit hochfliegenden Überzeugungen für die soziale Gerechtigkeit einsetzt. Der Ruf der Sache oder der Bewegung trägt so zum Ruf unseres Tarnkappenträgers bei. Er schmückt sich mit Namen und Taten geachteter Menschen und plustert so seine eigene Bedeutung auf. Auf dieses Ziel hin arbeitet ein Mensch beispielsweise auch, wenn er alle auszeichnet, die sich hervortun. So identifiziert er sich selbst mit Höchstleistung.

Sorge um andere

Der Manager interessiert sich für andere. Auch das kann eine Fassade sein. Er ist ein guter Zuhörer, sagt seinem Gegenüber aber nicht, wann er unrecht hat, auch nicht, wenn das in seinem Interesse wäre. Streitgespräche meidet er. All das tut er unter Umständen, um zu manipulieren. Er erkundigt sich nach dem Namen seines Gesprächspartners und redet ihn immer wieder mit diesem Namen an. Auch damit kann man manipulieren. Ein Manager sagte: »Ich habe mir zum Prinzip gemacht, festzustellen, wo die größten Interessen von Menschen liegen, die für mich wichtig sind. So kann ich entsprechende Fragen stellen und ihn zum Reden bringen. Damit wird er nicht nur positiv eingestimmt, sondern er fühlt sich auch wichtig. Da er mir freundlich gesinnt ist, wird er mir auch viel eher das geben, was ich von ihm will.« Dahinter steht die Absicht, die persönliche Meinung eines Menschen zu erfahren, um daraus seinen eigenen Vorteil ziehen zu können.

»Vertrauen«

Der Fassadenstratege vermittelt den Eindruck, daß er seinen Mitarbeitern völlig traut und vertraut. Er bewertet die Vertrauenswürdigkeit seiner Mitarbeiter jedoch nach ihrer Loyalität ihm gegenüber und nicht nach ihrem Leistungsbeitrag. Vertrauenswürdige Mitarbeiter dürfen frei und offen zu ihm sprechen und ihm auch einen Rat erteilen. Das ist für den Chef wichtig, damit er seine geheimen Ziele verbergen kann. Die Mitarbeiter sollten wissen, daß Ehrlichkeit erwartet und auch belohnt wird. Wie aber läßt sich die Loyalität der Mitarbeiter prüfen? Man stattet sie mit vielen Befugnissen aus und beobachtet, was sie damit machen. Wenn sie diese Befugnisse im Interesse ihres Chefs einsetzen, werden sie als vertrauenswürdig eingestuft. Wenn sie sie aber für eigene selbstsüchtige Ziele einsetzen, sind sie unzuverlässig.

Unvollständige Delegation

Dieser Tarnkappenträger möchte den Ruf genießen, daß er seine Mitarbeiter achtet, ihnen vertraut und sich auf sie verläßt. Das zeigt sich an der Delegation von Weisungsbefugnissen. Um sich aber selber zu schützen, werden die Stellenbeschreibungen nicht genau abgegrenzt. So weiß niemand, wer mit welchen Befugnissen arbeiten kann. Mit einer anderen Taktik schafft man überlappende Verantwortungsbereiche. Die Mitarbeiter stehen sich gegenseitig im Weg. Keiner hat genügend große Befugnisse, um über eine Maßnahme zu entscheiden.

Als dritte Taktik werden nicht alle fachlichen Informationen weitergegeben, so daß trotz Delegation keine Entscheidungen getroffen werden können. Man gibt gerade so viel Informationen weiter, daß sich die Mitarbeiter informiert fühlen, obwohl sie meistens erkennen, daß die Gesamtsituation sich komplizierter darstellt. Ein anderer Manager behält sich die volle Kontrolle vor, indem er nur einzeln mit seinen Mitarbeitern oder Kollegen spricht, obgleich die Probleme eigentlich von einer ganzen Gruppe behandelt werden müßten. Er vermeidet die Interaktion überall da, wo ein freier Austausch von Ideen und Meinungen alle auf dem laufenden halten würde. Und doch fühlen sich die Mitarbeiter und Kollegen »eingeweiht«, weil sie ja in einer Beratung mit dem Chef waren, auch wenn er nicht die Gesamtsituation erklärt hat. Die von den Mitarbeitern benötigten Informationen zur Koordinierung ihrer Arbeit bekommen sie nur von ihm. Er kann die Ergebnisse nach seinen eigenen Absichten manipulieren. Er sorgt dafür, daß die Mitarbeiter voneinander isoliert bleiben. So läßt sich die Handlungsweise des Chefs schwer verfolgen. Seine wahren Motive bleiben verdeckt. Ein geschickter Einsatz dieser Strategie läßt die Schwierigkeiten der Menschen, zu einer Entscheidung zu gelangen, auf das System zurückführen, nicht aber auf die Führung dieses Systems. Verwischte Kompetenzgrenzen, überlappende Verantwortungsbereiche und Teilinformationen, all diese Aspekte führen bezüglich der endgültigen Entscheidung in die gleiche Richtung: nach oben. Schließlich müssen die Mitarbeiter um Hilfe bitten. So behält sich der Manager die Kontrolle vor, fällt die Entscheidung selbst und macht den Eindruck eines Staatsmannes, nicht aber eines willkürlichen Herrschers.

Pseudoteamarbeit

Der 9,9-Fassadenbauer gibt sich den Anschein, anderen mitbestimmenden Einfluß zu überlassen und Entscheidungen gemeinsam zu fällen. Es sieht zu seinem Vorteil so aus, als ob er 9,9-Management im Team betreibt, obwohl er die Schlüsselentscheidungen alleine trifft. Das ist seine Manipulationsstrategie. Wahre Teamarbeit, d. h. echte gemeinsame Problemlösung, wechselseitiges Handeln, Konfrontation und das Aufarbeiten von Problemen, wird als riskant angesehen. Diesem Ansatz mißtraut er. Der Tarnkappenträger arbeitet also nur im Team, wenn er diese Teamarbeit zu seinem eigenen Vorteil nützen kann. Das Wissen um die Gruppendynamik ist für ihn ein unabdingbares Ausbeutungswerkzeug. Mit der Interaktion im Team lassen sich die Ressourcen der Mitarbeiter leichter anzapfen. In Brainstormingsitzungen werden Ideen geboren, die sich der Tarnkappenträger später relativ leicht an den eigenen Hut stecken kann, ohne daß es die anderen merken. Er macht sich auf geschickte Weise die Arbeit oder Ideen anderer zu eigen und kann sie dann oben als seine eigenen präsentieren. Außerdem benutzt er das Team, um die Verantwortung für risikoreiche Innovationen von sich selbst abzuwälzen. »Er hat ihnen vollkommen vertraut, und sie haben einen Flop daraus gemacht.«

Eine tatsächliche Interaktion läßt sich auch vermeiden, wenn man schon vor der Konferenz die Meinungen erkundet und sich schon vorher des Engagements der Betroffenen versichert. So kann er das Ergebnis beeinflussen und Einstimmigkeit ohne offene Debatte und Überlegungen erzielen. Außerdem bemüht er sich, Problemlösungsteams so zu besetzen, daß die Teammitglieder Verbündete sind. Mitarbeiter mit verschiedenen Meinungen kommen nicht zusammen in ein Team.

Zur Vorsicht raten

Durch angstmachende Bemerkungen rät der Chef zur Vorsicht. So macht man einen Menschen oder ein Team auf höchst subtile und effektive Art bewegungsunfähig. Die Leute sollen Angst haben, sich auf einen bestimmten Weg festzulegen. Der Chef will bestimmte Maßnahmen auf diese Weise verhindern. Er sagt beispielsweise: »Das funktioniert nicht.« Solche Bemerkungen werden charakteristischerweise nicht mit Gründen oder Beweisen untermauert, aber es entsteht der Eindruck, daß mit einer bestimmten Maßnahme beträchtliche Risiken verbunden sind, die zu einem Scheitern führen werden.

Solche angsteinflößenden Bemerkungen lösen persönliche Angst bei den Mitarbeitern in bezug auf eine vorgesehene Maßnahme aus.

Aus der Perspektive des Menschen, der diese Warnung hört, erscheint sie realistisch. Es handelt sich hier nicht um objektive Angst, die auf gesunder Vorsicht begründet ist. Sie mag zwar bei oberflächlicher Betrachtung real erscheinen, beruht aber in Wirklichkeit auf einer falschen Einschätzung der Folgen einer vorgeschlagenen Maßnahme.

Folgen eines allgemeinen 9,9-Verhaltens für die Organisationen

Viele Umstände und Bedingungen fördern eine allgemeine Bewegung in diese Richtung. Führungskräfte wollen die negativen Konsequenzen anderer Führungstheorien nach Möglichkeit vermeiden. Einige dieser Folgen, wie beispielsweise der größere Trend zur Gewerkschaftsorganisierung, sind schon früher beschrieben worden.

Die beste Voraussetzung dafür, ein Unternehmen nach 9,9 zu führen, ist der Druck der Konkurrenz. Dann kann nur noch die gemeinsame Bemühung engagierter Mitarbeiter einen Vorteil über die Wettbewerber erhoffen lassen, speziell in bestimmten Industrien, in denen Kapitalausstattung, Maschinen und Verfahrensweisen, Fachwissen und Fachfähigkeiten relativ gleich sind. *Nur durch bessere Führung läßt sich noch ein Wettbewerbsvorsprung* erreichen. Diese Führung, die sogar Konfliktstoffe als Anlaß zu fortschrittlichen Problemlösungen versteht, birgt auch das Versprechen, bessere Beziehungen zwischen Arbeitgebern und Gewerkschaften zu erreichen.

Auch das vermehrte Wissen, das uns die Experimente der Verhaltenswissenschaften gebracht haben, und die wachsende Anerkennung dieser Erfahrungen wirken sich fördernd auf die 9,9-Richtung aus. Einstellung und Vorstellungen zur Integration der Menschen in die Produktion werden von Führungskräften und Verhaltenswissenschaftlern kritisch und systematisch mit vereinten Bemühungen untersucht. Führungskräfte suchen immer mehr nach einer theoretischen Grundlage und wollen sich nicht mehr auf Intuition und allgemeinen Menschenverstand verlassen.

Auch der allmähliche Trend zu allgemein höherer Bildung wirkt sich fördernd auf die 9,9-Richtung aus. Die Grundwerte eines Kulturkreises ändern sich langsam mit dem Wachsen dieses Trends. Individuelle Fähigkeiten und Fachkenntnisse werden größer und gehen mehr in Breite und Tiefe. Heutzutage fangen hochqualifizierte Menschen ihren Berufsweg auf einer relativ niedrigen Führungsebene als Fachkräfte an. Von Menschen mit solchen Fähigkeiten und mit ausgereifter und gesunder Urteilskraft kann man nicht erwarten, daß sie in einer sie nicht fordernden Arbeitsumwelt arbeiten. Genausowenig werden sie sich strikter Autorität unterordnen und sich gehorsam fügen oder in einer langsamen und gemächlichen Umwelt arbeiten, die sie weder fordert noch ihnen irgendwelche Chancen bietet.

Wir haben es heute meistenteils mit komplizierten hochtechnischen Produkten zu tun. Hier wird eine 9,9-Orientierung äußerst wichtig. Um richtige Entscheidungen treffen zu können, braucht man Einsicht in viele komplexe Zusammenhänge. Man braucht die Spezialkenntnisse und das Fachwissen vieler anderer Menschen. Man braucht also die vereinten Bemühungen vieler, man braucht die Arbeit im Team, um synergistische Ergebnisse zu erzielen. In solchen hochtechnisierten Unternehmungen wird auf Teamarbeit und synergistische Ergebnisse viel mehr Wert gelegt als in Firmen, in denen ein einziger oder einige wenige das gesamte notwendige Wissen beherrschen.

In Zeiten des Umbruchs braucht man eine Führungsweise, die darauf angelegt ist, die Organisationsmitglieder in der Entfaltung ihrer schöpferischen Kräfte soweit wie möglich zu fördern. Wenn man neue, unbekannte Gebiete erschließen will – Gebiete, wie sie beispielsweise das Atomzeitalter mit sich bringt –, wird viel mehr kreatives und innovatives Denken nötig als in einer Organisation, die sich nur um die Herstellung und Vermarktung eines etablierten Produktes in einem stabilen Markt kümmert.

Die Haupttreibkraft lag in den vergangenen Jahren bei einer verbesserten Aus- und Weiterbildung. Lehrkonzepte und Bildungsstrategien werden ständig weiterverbessert. So wird die Aus- und Weiterbildung in den nächsten Jahren wahrscheinlich auch eine ständig größer werdende Rolle spielen. Die langfristigen Folgen einer allgemeinen 9,9-Orientierung bleiben abzuwarten. Dieses Führungssystem ist schließlich erst zwanzig Jahre alt. Überall dort, wo man es sich zum Ziel gesetzt hat, in die Richtung einer allgemeinen 9,9-Orientierung in einer Organisation zu gehen, läßt sich mit einiger Sicherheit behaupten, daß sich langfristig ein stetiges Wachstum für die Organisationen ebenso wie für ihre Mitarbeiter ergeben wird.

Sicherlich ist es schwierig, die Bemühungen einer Organisation objektiv zu beurteilen. Nach dem, was wir heute wissen, können wir von einer Umstellung auf ein 9,9-Programm auf folgende Gewinne schließen:

1. Beitrag zur Rentabilität der Organisation.
2. Verbesserte Beziehungen verschiedener Gruppierungen, z. B. zwischen der Zentrale und Tochterunternehmen, zwischen Zentrale und Werken oder Verkaufsdirektionen, und verbesserte Beziehungen zwischen den Tarifpartnern.
3. Verstärkte und vermehrte Teamarbeit.
4. Weniger persönliche Reibungen und weniger persönliche Mißverständnisse bei Menschen, die ihre Arbeit eng koordinieren müssen.
5. Vermehrte persönliche Anstrengungen, höhere Kreativität und verstärktes persönliches Engagement.

Im Laufe des nächsten Jahrzehntes dürften wir über eine genauere Grundlage zur Abschätzung möglicher Ergebnisse dieses 9,9-orientierten Führungsstiles verfügen, da sich immer mehr Organisationen zum Schritt in diese Richtung entschließen.

Zusammenfassung

Leistung durch Bindung an die Arbeit und Engagement für die Arbeit und gleichzeitige Orientierung an den Bedürfnissen der Menschen, das sind die positiven Motivationen eines 9,9-Managers. Was er auf der Negativseite am meisten vermeiden will, ist Enttäuschung und Entmutigung. Bindung an die Arbeit, mitbestimmender Einfluß und Einsatz- und Leistungsbereitschaft bestimmen das Handeln derjenigen, die auf Entscheidungsbildung und Problemlösung ausgerichtet sind. Hier liegt die Grundlage für die Zusammenarbeit im Team.

Der Mensch mit dieser Neigung legt großen Wert auf vernünftige und kreative Entscheidungen. Er will nicht Entscheidungen treffen, die nur auf seinen eigenen Überzeugungen gründen. Er spürt nach neuen Ideen, Meinungen und Einstellungen, die sich von seinen eigenen unterscheiden. Nach 9,9 konzentriert man sich auf die Güte der Denkarbeit und auf ihre grundsätzliche Gültigkeit. Dabei spielt es keine Rolle, ob die Gedanken von einem selbst, einem anderen kommen oder sich aus einer Diskussion ergeben haben. Der 9,9-Manager ist an der optimalen Lösung interessiert. Er wirkt als Starter, indem er Maßnahmen initiiert und sie dann auch zu Ende bringt. Mit seiner Zuversicht und seiner Begeisterung reißt er andere mit.

Der 9,9-Manager dürfte selbst eindeutige Überzeugungen hegen, was aber nicht heißt, daß er nicht auf vernünftige Überlegungen anderer reagiert. Er ändert seine Meinung. In Konfliktfällen versucht er, die Ursachen zu ergründen, die tieferliegenden Gründe aufzudekken, und arbeitet sie zusammen mit seinen Mitarbeitern auf. Selten verliert er seine Gelassenheit, auch dann nicht, wenn ihn etwas beunruhigt. Sein Humor entspricht der jeweiligen Situation. Gefühle und persönliche Einstellungen werden nicht als Hemmnis, sondern als Werkzeuge betrachtet. Sie sind wichtige Arbeitselemente und lassen sich meistern.

Er ist ein »gesunder und zuverlässiger Charakter«. Auf ihn kann man sich in unsicheren, angespannten, krisenhaften Zeiten verlassen. Ein 9,9-orientierter Manager weiß, wie er vernünftig effektive Ergebnisse erzielt, Stetigkeit erhält und gleichzeitig innovative Lösungen für einmalige Probleme und ungewöhnliche Umstände findet.

Spannkraft und Vielseitigkeit innerhalb des Gridstiles ermöglichen es dem 9,9-Manager auch unter Streß, eine problemlösungsorientierte 9,9-Führungsweise aufrechtzuerhalten. Man bezeichnet einen solchen Manager als Mensch mit gesunden Grundsätzen, als einen integren Menschen.

Gesundheit an Leib und Seele scheint mit einer 9,9-Orientierung eng einherzugehen. Forschungsarbeiten, die diese These untermauern, stecken allerdings erst in den Anfängen. Außergewöhnlich produktive und kreative Menschen scheinen sich allerdings auf 9,9-orientierte Weise verhalten zu haben. Von der Biomedizin her gesehen, scheint der körperlich gesunde Mensch positiv auf Streß zu reagieren, indem er sich um Leistung durch altruistische Methoden bemüht.

Die in der Kindheit verwurzelten Wesenszüge eines 9,9-Menschen sind auf Eltern zurückzuführen, die von einem systematischen Erziehungsansatz ausgegangen sind und dem Kind Bedingungen geschaffen haben, innerhalb derer es seine Selbständigkeit entwickeln und lernen konnte, sich auf sein eigenes Urteil zu verlassen. Die Eltern haben eine kooperative Beziehung zu ihrem Kind, sie nehmen und geben, so daß sich Interdependenz und gegenseitige Achtung entwickeln können.

Kapitel 8

Mischungen verschiedener Gittertheorien

Zusätzlich zu den fünf schon beschriebenen Hauptorientierungen lassen sich weitere Führungsweisen erkennen. Dabei handelt es sich um Mischungen oder Kombinationen der »reinen« Grundtheorien. In ihnen sind mindestens zwei der schon erörterten grundlegenden Verhaltensweisen – 9,9, 5,5, 9,1, 1,9 oder 1,1 – gleichzeitig oder nacheinander vertreten.

Patriarchalischer Führungsansatz

Eine patriarchalische Beziehung zwischen einem Vorgesetzten und seinem Mitarbeiter besteht, wenn der Chef nach 9,1 führt und gleichzeitig in einer 1,9-orientierten Weise Anerkennung vermittelt. Er verhält sich unter bestimmten Umständen wie ein Vater zu seinen Kindern. Der patriarchalische Vorgesetzte behält sich eine strenge Führung in allen Arbeitsangelegenheiten vor. Tun die Mitarbeiter, was ihnen gesagt wird, ist er freundlich und großzügig. Die väterliche Fürsorge zeigt sich beispielsweise, wenn der Chef einen Mitarbeiter zwanzig Minuten vor Schichtende zu sich ruft und sagt: »Müller, Sie haben heute wirklich ein gutes Stück Arbeit geleistet. Alle Aufträge sind erledigt. Kommen Sie, wir wollen eine Zigarette zusammen rauchen!«

Der patriarchalische Vorgesetzte behandelt seine Mitarbeiter wie eine große Familie. Er sagt, wer was, wo, wann und wie zu erledigen hat. Er ermuntert sie zwar, selbst Verantwortung zu übernehmen, aber die Mitarbeiter werden sich vor Eigeninitiativen scheuen, weil der Vorgesetzte nicht wirklich delegiert und außerdem immer nachfragt, wenn für einen Mitarbeiter ein Problem auftaucht, das vorher nicht besprochen wurde. Die Mitarbeiter lernen schnell, daß der Chef nur zufriedenzustellen ist, wenn sie ein Problem genauso meistern, wie er es ihnen aufgetragen hätte, wenn sie von vornherein gefragt hätten. Der Chef wiederum schildert seine Mitarbeiter gerne so: »Mein Assistent will einfach keine Verantwortung übernehmen. Er ist tüchtig und intelligent. Sein Wissen ist enorm. Aber er fragt bei allem und jedem bei mir zurück. Den Ball auffangen und loslaufen – das tut er einfach nicht. Ich kann mir nicht vorstellen, daß er Erfolg haben wird.« Dem Vorgesetzten ist hier wohl entgangen, daß er selbst dauernd nachfragt und sich immer wieder vergewissert. Deshalb fühlen sich seine Mitarbeiter verunsichert. Der Chef selbst hintertreibt die Bereitschaft seiner Mitarbeiter, selbständig zu handeln.

Gehorsam wird mit wirtschaftlicher und sozialer Sicherheit belohnt. Deshalb lassen sich die Mitarbeiter lieber »führen«, als eigenständig zu handeln. Buckelnden Mitarbeitern wird viel Gutes getan: Sie werden gut bezahlt. Die Sozialleistungen des Betriebes sind vorbildlich. Ihnen stehen Anlagen für Sport und Freizeit zur Verfügung. Betriebliche Altersversorgung ist selbstverständlich, und sogar Firmenwohnungen werden ihnen gegen eine geringe Miete zur Verfügung gestellt, ganz zu schweigen von der persönlichen Anerkennung, die sie erhalten. Obwohl diese Fürsorge für das persönliche Wohlergehen nicht direkt mit ihrer Leistung oder der Produktivität zu tun hat, scheinen sich die Mitarbeiter doch allgemein sehr wohl zu fühlen. »I owe my soul to the company store« (etwa: »Ich habe sogar meine Seele dem firmenbetriebenen Geschäft verpfändet«, Anm. d. Ü.) – so beginnt der Refrain eines berühmten Liedes über das Patriarchentum. Wenn man einen Menschen einmal mit Leib und Seele gefangen hat, gibt es für ihn kein Entrinnen mehr.

Das folgende Beispiel väterlicher Fürsorge zeigt einige der damit einhergehenden schädlichen Nebenwirkungen. Während der Depression wurde in einer großen Raffinerie beschlossen, alle unterirdischen Rohre und Leitungen bloßzulegen, sie mit Isoliermaterial zu umkleiden und sie dann noch tiefer unter die Erde zu legen. Die

Maßnahme war zwar technisch begründet, aber doch nicht unbedingt notwendig. Hauptsächlich wollte man damit Entlassungen vermeiden.

Allerdings beschloß man, den Lohn für diese Arbeit um die Hälfte zu kürzen. Die Unternehmensleitung rechtfertigte diese Maßnahme damit, daß die Arbeit weder sicherheitstechnisch nötig sei noch zu vermehrter Produktivität führen würde, aber man wolle auch niemanden entlassen. So meinte die Unternehmensleitung, daß es nur recht und billig sei, den Lohn zu kürzen, weil man damit doppelt soviel Arbeiter für dieses Projekt abstellen könne. So ließen sich die in der Produktion überflüssigen Arbeiter weiterbeschäftigen.

Was war das Ergebnis? Damals wurde die Arbeit ohne Kritik oder Klagen und sogar mit einer gewissen Dankbarkeit angenommen. Als die Zeiten jedoch wieder besser wurden, haben sich die Mitarbeiter nur noch an die Frustrationen erinnert, die die Arbeit damals mit sich brachte. Sie merkten, daß man ihre angespannte wirtschaftliche Lage ausgenützt hatte. »Sie (die Unternehmensleitung) haben nicht nur von uns verlangt, unnötige Arbeit zu tun, sondern sie haben uns auch noch in einer Zeit darum gebeten, als uns nichts anderes übrigblieb. Wir konnten einfach nicht ablehnen. So hatten sie uns in der Zwickmühle. Und was kam dann? Sie haben unseren Lohn einfach auf die Hälfte gekürzt.« Die guten Absichten der Unternehmensleitung wurden in diesem Fall gar nicht mehr beachtet. Ihre Bemühungen verkehrten sich ins Gegenteil, sie kamen wie ein Bumerang auf sie zurück. Mit dieser Maßnahme ist es der Unternehmensleitung nicht gelungen, die Achtung der Mitarbeiter dafür zu gewinnen, daß sie sich um eine Weiterbeschäftigung gekümmert hat. Die Unternehmensleitung war der Meinung, eine gute Tat vollbracht zu haben. Die gewerblichen Arbeitnehmer aber empfanden sich als Opfer gemeiner Ausbeutung.

Mit einem konsequenten patriarchalischen Führungsansatz läßt sich eine äußerst stabile Organisation erreichen. Die Mitarbeiterfluktuation ist minimal, weil sich die Mitarbeiter im Laufe der Zeit daran gewöhnen, die an sie gestellten Forderungen fügsam zu befolgen. Die schlimmsten Erhebungen und Ausbrüche ereigneten sich jedoch gerade in den Organisationen, in denen dieser patriarchalische Führungsstil ausgiebig praktiziert wurde. In den scheinbar so beständigen und alteingesessenen Organisationen erhoben sich Wogen des Grolls und der Vergeltung gerade gegen die Leitung, die ihre Mitarbeiter lange Zeit so gut behandelt hatte. Dieser Wechsel der allgemeinen Haltung von gehorsamer Fügsamkeit zu Vergeltungsmaßnahmen scheint gegen alle Logik zu sein. Deswegen wird eine Erklärung notwendig.

Dieser Widerspruch läßt sich folgendermaßen erklären: Die 9,1-Führung achtet nicht auf die Gedanken und Fähigkeiten der Mitarbeiter und ruft so Enttäuschung, Widerstand und ein Gefühl der Entfremdung hervor. Solche Gefühle lassen sich aber nur sehr schwer direkt artikulieren gegenüber einem Arbeitgeber, der den Mitarbeitern, die seinen einseitigen Forderungen nachkommen, wirtschaftliche, soziale und persönliche Sicherheit bietet. Die Folge davon ist, daß die gefühlsmäßigen Reaktionen auf die vielen Demütigungen heruntergeschluckt und unterdrückt werden, aber sie sind vorhanden. Groll und Unruhe schwelen weiter, während man sich nach außen hin gelehrig und ergeben zeigt. Unter solchen Umständen kann selbst der geringste Anlaß zu einem plötzlichen Haßausbruch führen. Die einfache Formel lautet: *Frustrationen aufgrund von Abhängigkeitsverhältnissen schüren den Haß*. Man möchte sich gerne widersetzen, man möchte gerne angreifen, kann es aber nicht, weil man fürchtet, Anerkennung und Sicherheit zu verlieren. Mit dem patriarchalischen Führungsansatz ist es nicht gelungen, das Grundproblem zu lösen, nämlich Produktion durch Menschen zu erreichen. Und doch ist diese Haltung als Führungsansatz immer noch weit verbreitet. Es gibt eine ganze Reihe von Variationen zu dieser patriarchalischen Führungsweise, der Unterschied liegt aber eigentlich immer nur in den Benennungen. Man kann anstelle von Patriarch auch wohlwollender Autokrat oder Missionar sagen.

Der Kolonialismus ist die politische Version des industriellen Patriarchentums. Die »Boston Tea Party« ist vielleicht das klassische Beispiel für die entsprechenden Reaktionen.

Der weite Pendelschlag

Unter »weiter Pendelschlag« versteht man die Praktizierung von 9,1 und 1,9, allerdings nicht gleichzeitig, sondern nacheinander.

Das Pendel schlägt weit aus. Der Manager übt nach 9,1 Druck auf die Mitarbeiter aus, um mehr Leistung zu erzielen. So weckt er Unmut und Widerstand unter seinen Mitarbeitern. Er erkennt diese negative Haltung und greift übermäßig korrigierend ein. Er nimmt jeden Druck zurück und geht nun hauptsächlich auf die Gedanken, Gefühle und die Haltung der Mitarbeiter ein. Die Produktion geht zurück, aber die persönlichen Beziehungen gestalten sich wieder reibungslos. Der Manager kehrt wieder zu seiner alten Sorglosigkeit zurück und führt wieder nach 9,1. Wieder streben die Spannungen einem Höhepunkt zu, und er steckt erneut zurück.

Am besten läßt sich eine solche Pendelführung vor und nach Betriebsratswahlen beobachten, wenn ein Unternehmen beispielsweise gewerkschaftsunabhängige Vertreter durchbringen will. Die Vorgesetzten sagen dann: »Die Würfel sind gefallen. Die Unternehmensleitung möchte sichergehen, daß die Unabhängigen die Wahl gewinnen. Laßt in den nächsten Monaten die Zügel locker. Nehmt es mit der Waschzeit, den Arbeitsanzügen und den Arbeitshandschuhen nicht so genau. Kümmert euch um die Mitarbeiter. Findet heraus, wo sie der Schuh drückt. Nehmt jede Gelegenheit wahr, den Mitarbeitern zu zeigen, daß die Unternehmensleitung etwas für sie übrig hat.«

Wenn die Wahl vorüber ist und so ausgegangen ist, wie es die Leitung wollte, heißt es zu denselben Vorgesetzten: »Seht zu, daß wieder mehr geleistet wird. Die weiche Welle ist vorbei.« Eine solche Pendelführung kann auch durch die Konjunktur mit ihren Hochs und Tiefs begünstigt werden. In Rezessionszeiten werden fieberhafte Aktivitäten entwickelt, um mehr Ausstoß bei gleichzeitiger Kostenreduzierung zu erreichen. Kosten werden eingeschränkt, der Verbrauch von Materialien überwacht, Gehälter werden gekürzt. Gesundschrumpfen heißt die Devise, dann wieder lockerlassen, um die Gunst der Mitarbeiter zurückzugewinnen, dann wieder auf erhöhte Leistung drängen. So schwingt das Pendel von hart nach weich, von weich nach hart. Die Betroffenen empfinden die Maßnahmen als hart und unmenschlich, weil sie immer wieder zu erhöhtem Druck führen. Manchmal tritt tatsächlich aufgrund solcher Entscheidungen zur Produktionsverbesserung eine günstigere Gewinn- und Verlustlage ein. Die zwischenmenschlichen Beziehungen sind jedoch so gestört, daß man förmlich sieht, wie sich der Sturm zusammenbraut. Sobald sich die Konjunktur wieder erholt hat und sich auch die Lage des Unternehmens wieder gebessert hat, achtet man nicht mehr so genau auf die Einhaltung der veranlaßten Rationalisierungsmaßnahmen. Die Führungskräfte fühlen sich veranlaßt, nicht mehr so streng zu sein und sich wieder um die Gedanken, Gefühle und Einstellungen ihrer Mitarbeiter zu kümmern. Sie verlagern sich wieder auf einen 1,9-Stil. Die Mitarbeiter sollen sich schließlich darauf verlassen können, daß die Führung menschenorientiert denkt. Die strenge Kontrolle läßt nach und verschwindet schließlich ganz. Unrentable Praktiken schleichen sich wieder ein. Ohne die Peitsche der wirtschaftlichen Bedrohung im Nacken werden solche »weichen« Ansätze gerne übersehen oder für selbstverständlich gehalten. Sobald ein gewisses Vertrauensverhältnis und der Arbeitsfrieden wiederhergestellt ist, führen harte Zeiten wiederum zu härterem Durchgreifen. Man will die während der Hochkonjunktur erlittenen Produktions- und Effizienzverluste wieder wettmachen.

Die Mitarbeiter werden allmählich merken, woher der Wind weht. Die Pendelausschläge der Führung legen den Grundstein zur Selbstzerstörung. Die Mitarbeiter glauben der Führung immer weniger. Die Gewerkschaften gewinnen als Bollwerk gegen dieses ständige Auf und Ab immer mehr an Attraktivität. Eine solche Pendelführung entsteht meistens dann, wenn Führungskräfte die Bedürfnisse der Menschen und der Produktion als zwei Enden einer Wippe sehen. Ein Ende steht »oben«, das andere »unten«. Wenn sie die beiden Enden statt dessen als zwei Seiten ein- und derselben Münze sehen würden, könnten sie diese Probleme mit einem 9,9-Ansatz lösen.

Das Schaffen von Gegengewichten

Auch bei diesem Führungsansatz geht es um 9,1 und 1,9. Die Linienorganisation geht von einer 9,1-Orientierung aus und erzielt damit die üblichen negativen Reaktionen: Minderwertigkeitsgefühle und Angriffslust. Solche Gefühle sollen sich aber nicht festfressen oder sich plötzlich mit katastrophalen Folgen Luft machen. Also wird eine Stabsabteilung beauftragt, das Betriebsklima ständig zu beobachten und verstimmten Mitarbeitern die Gelegenheit zu geben, ihren Gefühlen Luft zu machen, Dampf abzulassen. So dient die Stabsabteilung als Sicherheitsventil, damit das System nicht plötzlich unter großem Druck explodiert. Die Mitarbeiter in solchen Stabsabteilungen arbeiten unter der Bezeichnung Kontaktbüro, Personalvertreter oder auch Verbindungsmann. Sie sollen ständigen Kontakt zu den Mitarbeitern haben und den Unzufriedenen eine Aussprache ermöglichen. In manchen Unternehmen sind solche Stabsabteilungen noch mehr verfeinert worden. Man hat Psychiater, Psychologen, Theologen und andere Fachleute, die sich auf die Kunst des Zuhörens verstehen, eingestellt, damit die Mitarbeiter ihren Gefühlen Luft machen können. Schon im Zweiten Weltkrieg wurde in den US-Streitkräften dieser ausgleichende Führungsansatz praktiziert: dem meckernden Soldaten wurde gesagt: »Geh zum Kaplan und laß dir helfen.« Diese »Lösung« ist seitdem durch eine noch intensivere Ausbildung von Militärpfarrern zu Beratern weiter verstärkt und verfeinert worden.

Ein ausgezeichnetes Beispiel für die praktische Durchführung des Schaffens von Gegengewichten kommt von Western Electric und seinen Hawthorne-Werken. Dort entstand die nondirektive Beratung am Arbeitsplatz. Die Mitarbeiter wurden innerhalb einer Studie nach dem Zusammenhang zwischen Arbeitsleistung und Arbeitsplatzbeleuchtung gefragt. Während das Experiment lief, wurde den Untersuchern klar, welche Wirkung von diesen Interviews auf die an dem Experiment beteiligten Menschen ausging. Die Mitarbeiter konnten ihren Gefühlen Luft machen und waren danach in der Lage, ihre Leistung zu steigern. Die Unternehmensleitung erkannte dies und ging noch einen Schritt weiter. Um die Arbeitsmoral aufrechtzuerhalten, machte sie die Interviews zum *Bestandteil* ihrer Führungsweise. Dahinter stand die Idee, Berater anzustellen, die von der Werksleitung bezahlt wurden. Jeder Mitarbeiter sollte sich an sie wenden können, ohne befürchten zu müssen, daß den Vorgesetzten über seine Aussagen berichtet würde. Die Berater sollten die Unternehmensleitung nur von den allgemeinen Tendenzen in Kenntnis setzen, z. B. wenn sich eine feindselige Haltung gegenüber der Unternehmensleitung aufzubauen schien. So konnten die Arbeiter freimütig über ihre Probleme sprechen, weil sie ja keine Angst zu haben brauchten, daß ihre Worte weiterberichtet werden würden.

Hier wurde der »harte« 9,1-Ansatz der Linie mit einem »weichen« 1,9-Ansatz der Personalabteilung ausgeglichen. Es gibt aber auch noch andere Möglichkeiten, ein Gegengewicht zu schaffen. In manchen Organisationen hat sich die Linie auf eine 1,9-Position eingestellt. Die Vorgesetzten sind nicht bereit, über ihre Mitarbeiter Leistungsbeurteilungen abzugeben. Hier muß die »harte« 9,1-Personalabteilung die Bewertung übernehmen und die Verantwortung dafür tragen, wer befördert wird und wer nicht. Die Personalabteilung führt die Leistungsbeurteilung durch. Beförderungen liegen in ihrer Zuständigkeit. Hier zeigt sich also ein umgekehrtes Bild. Die Stabsabteilung muß die schwache Führung in der Linie wettmachen.

Wir müssen bei diesem Führungsansatz kritisch vermerken, daß die Verantwortung für die Produktion und für die Menschen nicht als ein einheitlicher Führungsaspekt gesehen wird. Das eine läßt sich vom anderen nicht trennen. Das müssen diejenigen, die führen, einsehen. Hier aber geht man von zwei getrennten Verantwortungsaspekten aus, von der Verantwortung für die Produktion auf der einen und der Verantwortung für die Menschen auf der anderen Seite.

Ob in der Industrie, in den Streitkräften oder anderswo, überall hat diese Art des »Dampfablassens« einen großen Nachteil: es werden nur die Symptome behandelt, nicht aber die Ursachen. Die Spannungen lassen zwar im Augenblick nach, aber die Führung, die für die Erzeugung dieser Spannungen verantwortlich ist, bleibt unverändert bei der 9,1-Linie.

Der zweigleisige Führungsansatz

Unter diesem Ansatz versteht man eine Trennung von Produktions- und Menschenorientierung, wobei der Manager aber gleichermaßen für beides verantwortlich bleibt. Ein Manager orientiert sich in seiner täglichen Arbeit am 9,1-Ansatz. Alle sechs oder zwölf Monate legt er seine Produktionsorientierung ab und wendet sich der Menschenorientierung zu, um sich mit seinen Mitarbeitern zu beraten. Allerdings geht es ihm dabei hauptsächlich um die allgemeine Gefühlshaltung und nur ganz selten auch um arbeitsbezogene Dinge. Er führt sie nur durch, weil sie so vorgesehen ist, und konzentriert sich nur darauf, solange er Menschenorientierung zeigen muß. Führungskräfte in der Linie sehen diese Art der Beratung meistens als etwas, das getan werden muß. Sie führen sie nicht durch, weil sich damit die Arbeitsleistung verbessern läßt, sondern weil es ihnen von der Personalabteilung innerhalb der Firmenrichtlinien so vorgeschrieben wird.

In Organisationen mit diesem Führungsansatz ist es möglich, daß die Betriebsspitze an einem Tag der Woche, z. B. montags, zusammenkommt, um über Gewinn- und Verlustfragen oder über zweckmäßige Arbeitsabläufe zu beraten. An einem anderen Wochentag, z. B. mittwochs, trifft sich dieselbe Gruppe wieder, dieses Mal, um über menschliche Probleme zu diskutieren. Die Montagsbeschlüsse lösen Produktionsprobleme, allerdings nur von den technischen Aspekten her. Auch wenn sie eng mit menschlichen Problemen verbunden sein dürften, denkt man nicht an die Folgen für die Mitarbeiter. Das Entsprechende gilt für die Mittwochskonferenz. Die menschlichen Probleme, die an diesem Tag behandelt werden, können sich sehr wohl auf die Produktion auswirken. Man denkt aber nur an die Bedürfnisse der Menschen allein. Die menschlichen Probleme werden montags auf den Mittwoch verschoben. Die Produktionsprobleme werden mittwochs auf den nächsten Montag verschoben.

Beide Problemkreise werden getrennt voneinander, aber mit der gleichen Gewichtung behandelt. Auch hier geht man davon aus, daß es sich um zweierlei verschiedene Problemkreise handelt. Der innere Zusammenhang wird nicht richtig erkannt.

»Statistischer« 5,5-Führungsansatz

Gelegentlich wird ein Manager so beschrieben: »Es ist wirklich schwer, etwas über seinen Führungsstil zu sagen. Man könnte ihn je nach Zeitpunkt allen Gridpositionen zuordnen.« So wird er statistisch gesehen zum 5,5-Manager. Er meistert das Problem von Produktion und Menschen mit jeder beliebigen Kombination von Gridstilen oder setzt auch alle fünf Stile ein. Er führt so, wie es *seiner Meinung nach* je nach Zeitpunkt *am effektivsten* ist. Dabei wird Effektivität als Verhalten definiert, das den jeweiligen Anforderungen der Situation entspricht. Prinzipien der Verhaltenswissenschaften werden bei dieser Führungsweise ignoriert.

Wenn ein Mitarbeiter nichts taugt, wird ihm vom Vorgesetzten keine Aufgabe zugewiesen. Wenn sich ein Mitarbeiter schnell aufregt, drosselt der Vorgesetzte den Leistungsdruck und lobt ihn. Wenn ein Mitarbeiter mit seinen Leistungen zurückfällt und nicht merkt, daß er damit seine Stelle aufs Spiel setzt, weist ihn der Manager mit der statistischen 5,5-Position darauf hin, daß er seinen Arbeitsanteil nicht erfüllt und einen harten Verweis einstecken müsse, wenn er nicht spure. Wenn sich ein Mitarbeiter hohe Ziele setzt und viel leistet, wird ihn dieser Manager mit dem 5,5-Durchschnitt zu noch mehr Leistung anspornen, auch wenn der Mitarbeiter dadurch Konflikte mit anderen provoziert. Wenn sich ein Mitarbeiter seinen Anordnungen willkürlich widersetzt, verlangt der Vorgesetzte Gehorsam. Der Manager mit dem »statistischen« 5,5-Führungsansatz hüpft also mit anderen Worten überall im Verhaltensgitter herum. Sein Verhalten ist inkonsequent, weil er jeden Mitarbeiter anders behandelt. Nur er selbst sieht darin wenig oder gar keinen Widerspruch. Er geht davon aus, daß jeder Mensch anders ist. Deswegen geht es einfach nicht an, ein Klima zu schaffen, in dem jeder die Würde des anderen achtet. Diesem 5,5-Statistiker fehlt jedes Konzept für Neuerung oder Weiterentwicklung. Er führt Manöver aus. Innerhalb der Grenzen des Status quo versucht er, sich anzupassen und jeweils das zu tun, was von ihm erwartet wird.

Ein durchgängiger Führungsstil für alle existiert in den meisten Organisationen nicht. Jede Abteilung, Sparte, Region oder Gesellschaft bleibt sich selbst überlassen. Ein systematisches Programm zur Verbesserung der Führungspraktiken gibt es nicht. So entwickeln die einzelnen Unternehmensbereiche ihren eigenen Stil mehr oder weniger selbst. Innerhalb dieses Rahmens entwickelt wiederum jeder Manager seinen individuellen Stil. Eine Sparte wird streng nach Vorschrift geführt, um den 9,1-orientierten Spartenleiter zufriedenzustellen. Eine andere Sparte kommt mehr schlecht als recht den Forderungen der Zentrale nach, während eine dritte Sparte sich um Höchstleistungen bemüht. Letzten Endes dürfte dieser statistische Durchschnitt 5,5 auf eine »Hände-weg«-Haltung der Organisationsspitze zurückzuführen sein, die eine Politik der extremen Dezentralisierung verfolgt.

Zusammenfassung

Bei jeder dieser Gitterstilkombinationen wird irgendwo das Dilemma von Produktion und Menschen erkannt. Jede versucht auf ihre Weise, damit fertig zu werden. Diese Kombinationen verzerren aber den Aspekt, auf den es grundlegend ankommt: die Integration der Bedürfnisse des Menschen mit denen der Produktion. Die Beschränkung liegt darin, daß nie versucht wird, den Status quo zu ändern, und daß man sich nur mit den Symptomen, nicht aber mit den Ursachen befaßt. Die wirkliche Lösung ist vielmehr darin zu suchen, zu lernen, wie sich die Prinzipien der menschlichen Verhaltensweise anwenden lassen, um die Menschen zu beteiligen und ihre individuellen Ziele mit den Zielen der Organisation in Einklang zu bringen, und zwar mit Hilfe einer 9,9-Orientierung, der wir uns jetzt zur tieferen Erörterung zuwenden wollen.

9,9-Vielseitigkeit

In den vorhergehenden Kapiteln haben wir ausgeführt, wie die verschiedenen Gridstile in ihren extremen Formen – allerdings mit einer Ausnahme – mit einer ganzen Reihe von seelischen und körperlichen Störungen zusammenhängen. Unsere Nachforschungen zum beruflichen Erfolg, die wir am Ende dieses Kapitels erwähnen, und auch unsere Nachforschungen zu Leistungsfähigkeit und Rentabilität der Unternehmungen (Kapitel 13) weisen ebenso darauf hin, daß eine 9,9-Orientierung eher mit Erfolg, Leistung und Rentabilität einhergeht als alle anderen Orientierungen.

Trotz all dieser Anhaltspunkte dafür, daß eine 9,9-Orientierung die optimale Führungsweise darstellt, bleibt doch weitgehend die Überzeugung bestehen, daß die Führungsweise von der Situation abhänge, davon, was man erreichen will und welchen Schwierigkeiten man gegenübersteht. Die Flexibilität ist mit anderen Worten der Schlüssel. Man muß einen Gridstil durch einen anderen ersetzen können, man muß vom Haupt- zum Ersatzstil wechseln können oder, vom Durchschnitt her gesehen, nach 5,5 führen, und man wird optimale Ergebnisse erzielen. So rät man den Führungskräften, die Führungsweise zu wechseln und sich anzupassen, sich hin- und her zu bewegen, zu befehlen oder nachzugeben und jeweils den Führungsstil zu wählen, der der eigenen Ansicht nach am besten zum Ziel führt. Dabei ist das aber nichts anderes als eine persönliche Einschätzung oder »Hosenbodenmanagement«: Man merkt schon, wenn der Wagen wegrutscht.

Dieser Ansatz ist bekannt als »situative Führung« oder »Kontingenztheorie«. Die Wurzeln liegen im Pragmatismus: Wenn's funktioniert, dann tu's! Schädliche Nebenwirkungen (langfristige Negativfolgen für Berufsweg und Gesundheit, Betriebsprobleme in Zusammenhang mit der tatsächlichen Produktivität, Förderung oder Hemmung der Mitarbeiterentwicklung) werden mehr oder weniger außer acht gelassen. Man glaubt, Flexibilität sei der konsequenten Anwendung eines Führungsstiles vorzuziehen. Wir müssen den Widerspruch zwischen dem, was man glaubt, und den empirischen Tatsachen begreifen. Dann erst können wir uns gründlicher mit der 9,9-Orientierung befassen.

Grundsätze als Handlungsbasis

Wenn man das Vorhandensein eines »optimalen Verhaltens« zur Meisterung von zwischenmenschlichen Beziehungen leugnet, muß man auch leugnen, daß effektives Verhalten auf wissenschaftlichen Prinzipien oder Gesetzen beruht. Und doch gilt, daß bestimmte Ereignisse auf Verhaltensprinzipien beruhen, in den Verhaltenswissenschaften genauso wie in allen anderen Wissenschaftsgebieten auch. Wir wissen, daß viele Naturphänomene auf physikalischen Gesetzen beruhen und durch sie erklärt werden können. Biologische Prinzipien liegen den Phänomenen des Lebens zugrunde, wodurch sie vorhersagbar werden. Analog müssen also auch Prinzipien der Verhaltenstheorie dem menschlichen Verhalten zugrunde liegen, Richtlinien für vernünftiges Verhalten bieten und dieses Verhalten genauso vorhersagbar machen.

Wenn solche Prinzipien in der Physik, in der Biologie oder in den Verhaltenswissenschaften außer acht gelassen werden, darf man davon ausgehen, daß sich schädliche Nebenwirkungen und längerfristige operationale Folgen ergeben werden. Ein Flugzeug, das unter Mißachtung von aerodynamischen Prinzipien konstruiert wird, dürfte eher abstürzen als ein Flugzeug, das nach den entsprechenden Prinzipien konstruiert und geflogen wird. Die einzelnen Konstruktionen sind natürlich unterschiedlich nach Größe, Turbinenleistung usw., aber alle Flugzeuge werden nach einigen Grundprinzipien konstruiert. Die Schwerkraft ist ein konstantes physikalisches Prinzip, sie wirkt sich für die Konstruktion von Raumschiffen aber anders aus als für die Konstruktion von Unterseebooten. Die biologischen Prinzipien der Ernährung bleiben konstant, allerdings ist die Ernährung eines sechs Monate alten Säuglings anders als die eines vierzigjährigen Erwachsenen. Die biologischen Prinzipien der Sauerstoffaufnahme in das Blut können durch Raucher verletzt werden, allerdings nicht ohne damit gleichzeitig die eigene Lebenserwartung zu verkürzen. Vielseitige Anwendungsmöglichkeiten zeigen das Wirken eines Prinzips, aber unter verschiedenen Bedingungen.

Die Entwicklung und Ausbildung von Vorgesetzten-, Kollegen- und Mitarbeitereffektivität kann gehemmt werden oder verkümmern, wenn die verhaltenswissenschaftlichen Prinzipien der 9,9-Orientierung, nämlich mitwirkender Einfluß, Konfliktlösung, Ziele setzen usw., verletzt werden. Auf lange Sicht wird der Schaden noch größer. Engagement und Arbeitsmoral gehen verloren. Die Bereitschaft, immer wieder nach guten Problemlösungen zu suchen, wird geringer. Deswegen geht dann auch die Leistung und Rentabilität zurück.

Mit anderen Worten muß es also »einen optimalen Weg« geben, ein Flugzeug zu konstruieren, die Lebenserwartung zu verlängern oder ein gutes Verhältnis zwischen Vorgesetzten und Mitarbeitern herzustellen. Dieser »optimale Weg« gilt für Entscheidungsbildner und Konstrukteure gleichermaßen. Er beruht auf wissenschaftlichen Prinzipien, die in der Grundlagenforschung verifiziert wurden und mit Vielseitigkeit auf spezifische Situationen angewandt werden.

An diesem Punkt widersprechen sich die Situations- und die Prinzipienanhänger. Die Situationsanhänger empfehlen, das Verhalten nur nach empirischen Ergebnissen zu steuern. Wenn man z. B. Widerspruch unterdrücken muß, um Übereinstimmung, sei sie auch nur widerwillig, mit eigenen Wünschen zu erzielen, so tut man's und spart damit Zeit. Die Prinzipienanhänger behaupten, daß dieses Unterdrücken den Gesetzen der körperlichen und seelischen Gesundheit zuwiderläuft und auf jeden Fall zu Ärger und Aggressionen führen muß. Um all das zu meistern, brauche man später mehr Zeit, als man ursprünglich eingespart hat.

Man kann diesen Widerspruch zwischen Überzeugung und Tatsachen aber auch anders sehen und kommt so zu einer überraschenden Lösung der angeblich unlösbaren Unterschiede zwischen diesen beiden Ansätzen.

Das Konzept der Vielseitigkeit

Das Konzept der Vielseitigkeit gibt uns die Grundlage. So kann die 9,9-Führungsorientierung konsequent von vernünftigen Verhaltensprinzipien ausgehen und gleichzeitig kreativ und konstruktiv eingesetzt werden. Die Einsatzweise ist dabei auf die jeweilige Situation ausgerichtet. Sie darf keine negativen Nebenwirkungen zeigen. Sie ist optimal für die Lösung von Problemen und die Produktivität und spornt die Betroffenen in der jeweiligen Situation dazu an, sich selbst zu entwickeln und zum reifen Menschen zu werden. Man geht von den Prinzipien der Verhaltenswissenschaften aus und wendet sie vielseitig an. Dem entspricht der Zusammenhang zwischen physikalischen Prinzipien und ihrer Anwendung auf die Konstruktion. Die Prinzipien werden nicht verletzt oder mißachtet. Nur die Anwendungsweise ändert sich. Die Art der Anwendung hängt von der jeweiligen Situation ab.

Beispiele für Flexibilität und Vielseitigkeit

Wir wollen Führungsstile vergleichen, mit denen eine gegebene Situation gemeistert wird. Ein neues Werk ist entstanden. Werksleiter und Mitarbeiter sind neu bei der Unternehmung. Sie kennen sich nicht und haben noch nie zusammengearbeitet. Ihre Aufgabe ist, die Produktion in Gang zu bringen. Ein Manager, der sich nach dem Situationsansatz richtet, dürfte sich in dieser neuartigen Situation auf eine strenge 9,1-Orientierung verlegen, wenn er davon ausgeht, daß selbst erfahrene Mitarbeiter nicht wissen, was zu tun ist. Wenn sie sich seinen Anweisungen fügen, wird er ihnen auch Anerkennung zollen.

Wenn sie anfangen, sich aufzulehnen, geht er zur weicheren 1,9-Orientierung über, spornt sie an und unterstützt sie, oder er wendet sich einer 1,9-Orientierung des »laissez faire« zu, um ihre Gegnerschaft zu vermindern.

Im Vergleich dazu weiß ein Manager, der sich von 9,9-orientierten Verhaltensprinzipien leiten läßt, daß sich vernünftige Ergebnisse am besten erreichen lassen, wenn er und seine Mitarbeiter als Team kooperieren. Sie lernen, die Probleme zu analysieren, und sie finden Lösungen. Die Lösungen sind natürlich noch nicht erprobt und müssen auch nicht unbedingt die einzig wahren sein. Aber sie versuchen, eine »optimale« Lösung zu erreichen. Sie suchen sie in der Konfrontation der verschiedenen Ansichten. Sie räumen Meinungsverschiedenheiten aus, indem sie sich nach zusätzlichen Fakten umsehen. Sie spielen einen Vorschlag durch, ehe sie ihn auch wirklich ausführen. Außerdem wird konstruktive Kritik geübt und zum Lernen angespornt, was die Operationen und auch was die zwischenmenschlichen Beziehungen angeht.

Die hier angesprochenen Verhaltensprinzipien gründen auf Vertrauen und gegenseitiger Achtung. Zur »Konstruktion« gehören das Setzen von Zielen, Offenheit, die Lösung von Meinungsverschiedenheiten und von Konflikten auf der Grundlage gegenseitigen Verständnisses und Vertrauens. Man lernt, sich aufgrund von konstruktiver Kritik zu ändern usw. All dies sind Verhaltens- und Leistungsaspekte, die in der Sozialpsychologie, der Erforschung seelischer Störungen und der klinischen Psychiatrie als Grundlage einer gesunden Problemlösung festgestellt worden sind.

Wenden wir uns einem zweiten Beispiel zu: Zwei talentierte Mitarbeiter reichen Empfehlungen für eine notwendige Koordination ihrer beiden Abteilungen ein. Ihre Empfehlungen schließen sich aber gegenseitig aus. Der situationsorientierte Vorgesetzte nimmt eine Empfehlung an, weil sie seiner Meinung nach am leichtesten durchzuführen ist, und lehnt die andere ab. Mit dieser 9,1-Orientierung ruft er bei den beiden Mitarbeitern eine auf Sieg oder Niederlage ausgerichtete Haltung hervor. Er bemerkt den Schaden und will diesen Konflikt zwischen den beiden Mitarbeitern abschwächen. Er orientiert sich an der Führungsweise 5,5 und schlägt einen Kompromiß vor. In beiden Empfehlungen werden Streichungen vorgenommen, der Rest wird zu einer neuen Empfehlung zusammengebastelt, obwohl das endgültige Werk schlechter ist als jede einzelne ursprüngliche Empfehlung. Er hätte auch die Empfehlungen beider Mitarbeiter annehmen können und die Entscheidung dann nach 1,1 immer wieder hinausschieben können in der Hoffnung, daß sie sich irgendwann erübrigen wird. Es spielt keine Rolle, was er tut. Es läßt sich ohne weiteres voraussagen, daß die Koordination nicht funktionieren wird. Der Verlierer widersetzt sich und grollt. Der Sieger übt sich in Arroganz. Beide sind unzufrieden und unmotiviert oder fühlen sich durch die Handlungslosigkeit des Vorgesetzten frustriert. Für welchen Führungsansatz sich der Vorgesetzte entscheidet, hängt davon ab, was er in der gegebenen Situation für das »Effektivste« hält. Er trifft also eine subjektive Entscheidung.

Der situationsorientierte Manager hält sein Verhalten für flexibel. Seine Kollegen und Mitarbeiter sehen es wohl eher als schwankend, unzuverlässig, ja sogar betrügerisch, wobei es nicht einmal eine Rolle spielt, ob er absichtlich oder unabsichtlich unehrlich handelt. Sein Verhalten ist nicht voraussagbar. Argwohn und Mißtrauen, Verschlossenheit und Versteckspiel, Groll und Gegnerschaft oder Kalkulation und Taktik sind je nach Gridorientierung der Kollegen oder Mitarbeiter die Folge.

Ein 9,9-orientierter Manager, der seinen Stil vielseitig einzusetzen weiß, wird dieses Koordinationsproblem anders lösen: Er wird sich mit den Mitarbeitern zusammensetzen und sie mit dem widersprüchlichen Charakter ihrer Empfehlungen konfrontieren. Er wird ihnen dabei helfen, eine Möglichkeit zu finden, wie sie alle zusammenarbeiten und das Problem lösen können. Es werden sich Übereinstimmungen herausstellen, die vorher nicht einmal bemerkt wurden. Es werden Ähnlichkeiten in den Koordinationsbedürfnissen herausgearbeitet und Meinungsverschiedenheiten soweit wie möglich beigelegt. Man kommt zu einer für die Koordination grundlegenden Einigung. Während all dieser Bemühungen bleibt die gegenseitige Achtung aufrechterhalten. Man ist zuversichtlich, daß die schließlich erzielte

Einigung einen höheren Wert hat und besser durchführbar ist. Es kann aber auch sein, daß dieser Ansatz nicht so funktioniert, wie es sich der Vorgesetzte vorgestellt hatte. Deswegen muß der Manager nach 9,9 vielleicht seine Taktik ändern. Die Strategie aber bleibt dieselbe: Führen nach den Managementprinzipien der Verhaltenstheorie. Als Alternativtaktik schlägt er vor, die beiden sollen gemeinsam überlegen, wie man die jeweiligen Vorschläge probeweise einführen und auf die operationalen Folgen beider Empfehlungen überprüfen könne. Vielleicht schlägt er ihnen auch vor, die ursprünglichen Empfehlungen beiseite zu legen und gemeinsam eine »ideale« Lösung zu formulieren. Diese beiden Lösungsansätze basieren immer noch auf einer 9,9-Grundhaltung. Der 9,9-Manager wendet eine ganze Skala von Möglichkeiten an. Hier zeigt sich die Vielseitigkeit, und wir erkennen, warum die Flexibilität weniger Vorzüge hat als 9,9-Alternativen.

Geschichte

Woher kommt die situationsgemäße Flexibilität? Grundlage der Situationsorientierung ist der Protest gegen die 9,1-orientierte protestantische Ethik, die vor einem Jahrhundert alles beherrschte. Diese Ethik ging von willkürlichen *Regeln* für Verhalten und Benehmen aus, die in der Religion, der Philosophie und in der Wirtschaft verwurzelt waren. Diese Regeln konnten aber nicht in Einklang gebracht werden mit den tiefergehenden Gefühlen der Menschen, daß das Leben Möglichkeiten zu größerer Erfüllung bereithalte. So haben also die Situationsanhänger die protestantische Ethik mit ihren willkürlichen Regeln beiseite gefegt, um sich nach eigenen Regeln um Effektivität in den gegebenen Situationen zu bemühen. So wurde die Situation selbst, so wie sie von der verantwortlichen Person subjektiv gesehen wurde, zum einzigen Kriterium für die Führung. Die einzige Einschränkung, die die Situationsethiker tolerieren, ist, daß ihr Handeln andere nicht verletzen darf. So entstand dieser pessimistische Ausblick, mit dem man den Status quo akzeptiert, der aber große

Flexibilität ermöglicht. Regeln wurden mit Prinzipien verwechselt. Die Möglichkeit vernünftiger Richtlinien, die zur Effektivität beitragen können, wurde abgelehnt und durch folgende Philosophie ersetzt: ». . . es kommt darauf an . . .«, oder: »Subjektivismus, ohne anderen Schaden zuzufügen.«

Die Situationsorientierung weicht langsam einem prinzipienorientierten Ansatz, der Kenntnisse der Verhaltensgesetzmäßigkeiten erfordert. Der Manager wird gefordert, das Dilemma Produktion und Menschen so zu lösen, daß die Lösung mit den erprobten Verhaltensgesetzmäßigkeiten einhergeht.

Für die Effektivität grundlegende Verhaltensprinzipien

Welche Verhaltensgesetze muß man nun einhalten, um zu einer vernünftigen Führung zu gelangen? Die folgenden Beispiele gründen auf Ergebnissen vieler verhaltenswissenschaftlicher Disziplinen. Die positiven Aspekte jeder Aussage werden von der Sozialpsychologie, der Soziologie, Anthropologie, Psychologie, Psychiatrie, den politischen Wissenschaften und der Geschichte und Feldstudien zur Unternehmenseffektivität untermauert. Die negativen Aspekte stammen aus der Kriminologie, dem Strafrecht, Untersuchungen über die Sklaverei, das Leibeigentum.

Produktivität, Kreativität und Gesundheit an Leib und Seele werden besser gefördert,

1. wenn ein Mensch voll informiert aus freien Stücken handelt, nicht aber, wenn sein Gehorsam erzwungen wird.
2. Aktive Mitsprache bei Problemlösung und Entscheidungsbildung ist die Grundlage für die eigene Entwicklung, nicht aber das passive Entgegennehmen von Anweisungen oder eine verstärkte Handlungsunfähigkeit durch soziale Isolierung.
3. Gegenseitiges Vertrauen und gegenseitige Achtung sind die Grundlage für vernünftige zwischenmenschliche Beziehungen, nicht aber Argwohn und Abwehrhaltung.

4. Offene, freimütige Kommunikation führt zu gegenseitigem Verstehen, nicht aber eine einbahnige, verdeckte oder versteckte Kommunikation von Machiavelli-Art, die die Hindernisse statt dessen vermehrt.
5. Handlungen werden innerhalb eines Rahmens lang- und kurzfristiger Ziele selbständig durchgeführt. Man führt sich selbst, anstatt sich von außen führen zu lassen.
6. Konflikte werden durch direkte Konfrontation gelöst, nicht aber auf andere Art (Unterdrückung, Beschwichtigung, Rückzug, Kompromisse oder Manipulation).
7. Jeder verantwortet sein Handeln vor sich selbst, nicht vor einem anderen.
8. Konstruktive Kritik wird angewandt, um aus Erfahrungen zu lernen, anstatt die Fehler zu wiederholen, weil man sich mit seinen Erfahrungen nicht auseinandersetzt.
9. Ein Mensch befaßt sich mit komplexen Aufgabenbereichen oder einer Reihe verschiedenartiger Tätigkeiten, anstatt sich mit einfachen oder sich ständig wiederholenden Routineaufgaben beschäftigen zu müssen.

Die Aussagen in Tabelle 9–1 zeigen, wie diese grundlegenden Verhaltensprinzipien innerhalb der verschiedenen Gridorientierungen angewandt werden.

Tabelle 9–1
Die Anwendung wissenschaftlicher Verhaltensprinzipien innerhalb der verschiedenen Gitterstile

Prinzip	1,1	1,9	5,5	9,1	9,9
Handlung aus freien Stücken nach voller Information	Mitarbeiter arbeiten vor sich hin. Sie haben nicht genügend Informationen, um aus freien Stücken handeln zu können.	Handlung ist freigestellt, mit Ausnahme von unpopulären Handlungen, die Spannungen unter den Mitarbeitern hervorrufen könnten.	Handeln aus freien Stücken wird durch Drängen nach Konformität unterdrückt; so bleiben die Leute zusammen.	Gehorsam ist erforderlich. Handeln aus freien Stücken bleibt so ausgeschaltet.	Mitarbeiter werden laufend informiert und ermuntert, sie betreffende Ergebnisse zu beeinflussen.
Aktive Mitsprache	Die Mitarbeiter wissen schon, was sie tun.	Die sozialen Aspekte zwischenmenschlicher Beziehungen werden gefördert.	Von den Mitarbeitern wird erwartet, daß sie die Ansichten der Mehrheit respektieren und sich ihr anschließen.	Gut angeschriebene Mitarbeiter genießen das Vertrauen des Vorgesetzten, so daß sie keine Schwierigkeiten machen werden.	Schlüssel zur Bindung an die Arbeit, Engagement; Voraussetzung für Kreativität, hohe Produktivität und hohe Arbeitsmoral.

Prinzip	1,1	1,9	5,5	9,1	9,9
Gegenseitiges Vertrauen	Mangelnde gegenseitige Achtung zwischen Vorgesetzten und Mitarbeitern.	Zu vertrauensvolle Führungskräfte lassen ihren Mitarbeitern freien Lauf.	Gut angeschriebene Mitarbeiter genießen das Vertrauen des Vorgesetzten, daß sie keine Schwierigkeiten machen werden.	Es herrscht Argwohn, daß sich die Mitarbeiter nicht an die Anweisungen halten.	Das Vertrauen gründet auf der erprobten Tüchtigkeit von Vorgesetzten und Mitarbeitern.
Offene Kommunikation	Mitteilungen werden wie verlangt wortgetreu nach oben und unten weitergegeben.	Kommunikation von den Mitarbeitern nach oben wird gefördert, der Informationsfluß vom Vorgesetzten nach unten wird abgeschwächt, um erwartete Negativreaktionen der Mitarbeiter auf Druckausübung abzuschwächen.	Zweiwegkommunikation ist akzeptierbar, sowohl in der informellen als auch der formellen Organisation.	Kommunikation ist einseitig, verdeckt und verschlossen.	Offenes Aussprechen von Gedanken und Gefühlen wird gefördert.

Prinzip	1,1	1,9	5,5	9,1	9,9
Kurz- und langfristige Ziele	Ziele als Quelle für Richtungsorientierung oder Motivation werden ignoriert.	Der Vorgesetzte unterstützt und ermuntert seine Mitarbeiter, Ziele zu setzen, die ihnen attraktiv erscheinen.	Produktionsziele lassen sich mit mäßigen Bemühungen erreichen.	Mit Hilfe von Soll-Normen wird Leistungsdruck ausgeübt, damit die vom Chef erlassenen Forderungen erfüllt werden.	Verständigung und Einigung auf kurz- und langfristige Ziele als Kooperationsgrundlage.
Konfliktlösung	Bei Meinungsverschiedenheiten herrscht Neutralität vor.	Einigung im Konfliktfall wird gesucht durch Unterstützung der Lösungen anderer; Unterschiede werden geglättet oder wegerklärt.	Wenn man weder auf Tradition noch Mehrheitsmeinung zurückgreifen kann, sorgen Kompromisse und Halbheiten dafür, daß niemand verliert.	Die eigene Meinung durchsetzen oder Meinungsverschiedenheiten unterdrücken: Darin zeigt sich die Herrschaft über andere.	Im Konfliktfall werden Differenzen durch offene Konfrontation gelöst.
Persönliche Verantwortung	Mitarbeiter übernehmen soviel Verantwortung, wie sie wollen.	Mitarbeiter bekommen soviel Verantwortung, wie sie wollen, werden aber kaum für ihre Handlungen verantwortlich gemacht.	Man erwartet von den Mitarbeitern, daß sie den Status quo akzeptieren und innerhalb dieses vorgegebenen Rahmens arbeiten.	Der Vorgesetzte trägt die Verantwortung für den Mitarbeiter.	Jeder ist für seine Handlungsweise selbst verantwortlich; alle teilen sich in die Verantwortung für die Bemühungen des Teams.

Prinzip	1,1	1,9	5,5	9,1	9,9
Konstruktive Kritik	Bemerkungen zu den Handlungen der Mitarbeiter sind selten.	Mit Komplimenten für arbeitsbezogene und nicht arbeitsbezogene Handlungen werden die positiven Aspekte übertrieben.	Vorläufige Vorschläge werden gemacht; sind sie nicht annehmbar, kann man sie ändern.	Mitarbeiter werden kritisiert, weil sie den Erwartungen des Chefs nicht entsprechen.	Man übt konstruktive Kritik, will aus Erfahrungen lernen, will erfahren, warum bestimmte Handlungen effektiv oder ineffektiv waren.
Aktivitäten am Arbeitsplatz	Minimale Arbeitserfordernisse werden ausgeführt nach dem Motto: »Man muß die Dinge nehmen, wie sie kommen.«	Soweit wie möglich wenden sich die Mitarbeiter den Arbeiten zu, die sie bevorzugen.	Die Arbeit wird konventionsgemäß organisiert.	Arbeitsaufgaben werden im Interesse der Betriebseffizienz vereinfacht und formalisiert.	Das Engagement für komplexe Tätigkeitsbereiche oder vielerlei verschiedene Aufgaben fördert Gesundheit an Leib und Seele eher als die Durchführung simpler oder sich wiederholender Aufgaben.

Nachdruck mit Genehmigung von Blake, R. R., und J. S. Mouton: »Behavioral Science Principles to Increase Effectiveness«, Austin, Texas, Scientific Methods, Inc. 1977.

Vielseitige Anwendungsmöglichkeiten des Prinzips »freie Wahl nach Information« innerhalb der 9,9-Orientierung

Mit einem weiteren Beispiel wollen wir zeigen, daß es tatsächlich »*einen* optimalen Weg« gibt, wobei sich die Prinzipien je nach den spezifischen Erfordernissen der Situation verschieden anwenden lassen.

Uns geht es hier um das verhaltenswissenschaftliche Prinzip, daß ein Mensch, wenn er voll informiert ist, aus freien Stücken handeln kann.

In einer guten Beziehung zwischen Vorgesetztem und Mitarbeitern wird dieses Prinzip honoriert. Ein Beispiel: In einer anderen Fabrik braucht man eine Führungskraft. Dem Chef erscheint eine Versetzung als beste Lösung. Soll er dem Betreffenden die Versetzung einfach mitteilen, oder soll er mit einer subtilen Hebeltechnik vorgehen? Nein. Er hilft dem Mitarbeiter, zwischen Kosten und Nutzen abzuwägen im Hinblick auf seine Karriere, seine Familie, Freunde usw. Welche Kosten bzw. welchen Nutzen hat er davon, je nachdem, ob er sich einverstanden erklärt oder ablehnt? Er hat schließlich alle Informationen und kann sich so aus freien Stücken entscheiden. Er weiß, welche Folgen alternative Möglichkeiten in sich tragen.

Hier kommt ein weiteres Beispiel. Dasselbe Prinzip wird angewandt, aber in einer anderen Situation. Es geht um einen neuen Mitarbeiter mit keinerlei Berufserfahrung. Er läßt sich informieren und ordnet sich aus freien Stücken unter, um zu lernen. Der Chef erkennt diese Haltung, zeigt ihm, was er wie tun soll, ermuntert ihn, es zu versuchen und keine Angst vor Fehlern zu haben. Er betreut und unterstützt den Anfänger in seinen ersten Schritten im Beruf. Die Leistung des Anfängers wird zu Anfang, während und nach Abschluß der Aufgaben konstruktiv kritisiert. Der Chef übernimmt die Verantwortung dafür, dem Mitarbeiter verschiedene Blickwinkel, Optionen und Alternativen zu öffnen. Er honoriert die Fähigkeit des Mitarbeiters, aufgrund von vollständigen Informationen aus freien Stücken zu handeln. Er schafft ein Lernklima, innerhalb dessen der Mitarbeiter üben, experimentieren, kritisieren, um Hilfe bitten und seinen eigenen Lernfortschritt selbst steuern kann.

In beiden Fällen wird das Prinzip »nach voller Information aus freien Stücken handeln« honoriert, aber in beiden Fällen auf andere Weise, entsprechend der jeweiligen Situation. Das ist Vielseitigkeit. Hier zeigt sich, wie ein Führungsstil der »einzig richtige« ist. Hier gibt es viele Variationen, die der jeweiligen Situation angepaßt sind.

Behinderung der Vielseitigkeit innerhalb der 9,9-Orientierung und die Überwindung dieser Hemmnisse

Ein Manager beschäftigt sich mit einer bestimmten Situation und sagt dann: »Hier ist eine 9,9-Strategie unmöglich!« Was steckt dahinter? Dieser Manager könnte durch jeden der obengenannten Aspekte matt gesetzt worden sein.

Vielleicht begreift er die 9,9-Konzepte nicht richtig. Damit wird die Praktizierung eines 9,9-Ansatzes von vornherein ausgeschaltet. Hier kann nur Weiterbildung helfen.

Der nächste weiß mit seiner 9,9-Orientierung nicht mehr weiter. Das bedeutet nicht, daß sie undurchführbar ist, sondern heißt, daß sich der Manager weitere Fähigkeiten aneignen muß, ehe er auf 9,9-Weise reagieren kann. Viele Möglichkeiten bleiben ausgeschlossen, weil seine Vorstellungskraft begrenzt ist. Die »wahre« Lösung liegt darin, erneut zu bestätigen, daß es richtig und wünschenswert ist, den Status quo abzulehnen und nach neuen Wegen zu suchen.

Ein vierter Grund liegt in der Organisation und dem Leistungsdruck, unter dem der Manager steht. Für Aus- und Weiterbildung bleibt keine Zeit. Es fehlt die notwendige Unterstützung, um Neuerungen durchführen zu können. Die Lösung liegt in der Organisationsentwicklung (Kapitel 13).

Ein Aktivitätsfaktor ist die Art der Arbeit selbst. Vielleicht ist die Arbeit so routinehaft und einfach, daß der Mitarbeiter nicht mehr gefordert ist, mitzudenken oder sich für Problemlösungen zu engagieren. Diese Aspekte sind aber unauflöslich mit einem 9,9-Ansatz verbunden. Die Lösung liegt in einer Anreicherung der Arbeitsinhalte und einem verstärkten Ansatz des Management by Objectives.

Die persönlichen Wertvorstellungen eines Menschen können zu 9,9-Wertvorstellungen im Widerspruch stehen. Dies zeigt sich als verdächtig, wenn ein Manager auf seinen eigenen Nutzen aus ist und dies durch die Anwendung verschiedener Führungsfassaden zeigt. Hier zeigt sich die Flexibilität von ihrer negativen Seite. Dieses Verhalten läßt sich nur schwer ändern. Besonders schwierig wird es, wenn die zwischenmenschlichen Beziehungen der miteinander arbeitenden Menschen durch Betrug und Intrigen gekennzeichnet sind. Mit einer Offenheit nach 9,9 würde man die eigene Niederlage herbeiführen. Die Lösung liegt in der Entwicklung sozialer Systeme, in der Einigung auf neue Normen, wonach Manipulation abgelehnt, nicht aber belohnt wird. So wenden sich die zusammenarbeitenden Menschen einem offenen, vertrauens- und achtungsvollen Klima zu. Das wird durch den Aufbau von Teams und durch die Organisationsentwicklung möglich.

Um diese Verlagerung von einem flexiblen zu einem vielseitigen Führungskonzept geht es oder sollte es beim Effektivitätstraining für Führungskräfte gehen.

Gitterstil und beruflicher Erfolg

Der 9,9-Ansatz hat sicher seine Anziehungskraft und stimmt auch mit den Prinzipien der Verhaltenswissenschaften überein. Wenn wir die Gesundheitsaspekte beiseite lassen, stellt sich die Frage, ob der berufliche Erfolg wirklich von einem bestimmten Führungsstil entscheidend beeinflußt wird.

Es wurden zweierlei verschiedene Untersuchungen durchgeführt. Beide gingen von denselben Grundmaßstäben aus, wurden aber in völlig unterschiedlichen Situationen unabhängig voneinander im Abstand von 15 Jahren durchgeführt. Die Schlußfolgerungen waren die gleichen. Der Führungsstil macht tatsächlich etwas aus.

Die erste Untersuchung wurde in den Jahren 1962–1964 durchgeführt. 713 Manager einer Unternehmung wurden danach untersucht, wie schnell sie die Karriereleiter emporgeklettert waren. Ihr Grundstil wurde nach Kollegenaussagen eingestuft und dazu in Beziehung gesetzt.

Nach einer Spezialformel wurde hoher, durchschnittlicher und geringer Erfolg ermittelt. Jeder Manager ließ sich mit jedem anderen in bezug auf die Karrieregeschwindigkeit vergleichen. Altersdifferenzen und gegenwärtiger Rang auf der Progressionsstufe der Organisation wurden mit eingerechnet. Manager mit großem Karriereerfolg stehen im Rang höher, als man aufgrund ihres Alters vermuten würde. Manager mit Durchschnittserfolg kommen so schnell voran, wie man es aufgrund ihres Alters erwartet. Manager mit unterdurchschnittlichem Erfolg kommen langsamer voran, als man es ihrer Altersklasse nach erwarten würde. Aus dieser Untersuchung ging hervor, daß die Manager mit einer 9,9-Orientierung am schnellsten vorankamen, dann folgten die Führungskräfte mit einer 9,1-Orientierung. Durchschnittlicher Erfolg ging mit einer dominierenden 5,5-Orientierung einher, die Manager mit unterdurchschnittlichem Erfolg setzten sich durchgehend aus 1,9- und 1,1-Orientierungen zusammen.

Die zweite Untersuchung wurde 1976 nach ähnlichen Prinzipien durchgeführt. Nur handelte es sich hier um 2000 Führungskräfte aus verschiedenen Unternehmungen. Überdurchschnittlicher, durchschnittlicher und unterdurchschnittlicher Erfolg wurde nach derselben Formel gemessen. Der Gitterstil wurde aus den Äußerungen der jeweiligen Mitarbeiter dieser Führungskräfte definiert. Wiederum stellten wir überdurchschnittlichen Erfolg unter den 9,9-orientierten Menschen fest. Durchschnittserfolg ging mehr in die 9,1-Richtung, unterdurchschnittlicher Erfolg zeigte sich bei der 1,1-Orientierung.

Diese Untersuchungen untermauern die Schlußfolgerung, daß eine 9,9-orientierte Führungsweise die größte Wahrscheinlichkeit für beruflichen Erfolg in sich birgt.

Zusammenfassung

Führungskräfte sehen sich einem bedeutenden Dilemma gegenüber, ob sie sich einem flexiblen Führungsansatz zuwenden sollen, d. h. sich je nach Situation für einen Führungsstil entscheiden sollen, oder ob sie durchgängig von einer 9,9-Orientierung ausgehen und diese vielseitig anwenden sollen.

Eine vielseitige 9,9-Orientierung ermöglicht es einem Manager, sich seinen Mitmenschen gegenüber nach Prinzipien zu verhalten, die auf einzigartige Weise gemäß den Erfordernissen der spezifischen Situation angewandt werden. Aus Forschungsarbeiten geht hervor, daß Erfolg im Beruf eng mit einem 9,9-Ansatz einhergeht. Wir haben außerdem schon festgestellt, daß ein 9,9-Gitterstil mit positiver seelischer und körperlicher Gesundheit einhergeht, während alle anderen Gitterstile Gesundheitsstörungen verursachen.

In einem der folgenden Kapitel werden wir uns mit der Auswirkung einer allgemeinen 9,9-Orientierung auf die Organisationsleistung befassen.

Kapitel 10

9,9-Arbeit im Team

Wodurch wird eigentlich das Bedürfnis nach Arbeit im Team geweckt? Organisationen bestehen aus Bereichen, Sparten, Abteilungen und aus individuellen Aufgabenstellungen. Mehrere Mitarbeiter unter einem Vorgesetzten haben mehr oder weniger genau definierte Funktionen. Die Funktionsbeschreibung kann schriftlich vorliegen oder auch mündlich definiert werden. Meistens sind die Mitarbeiter durch ihre Arbeit untereinander verbunden. Man kann aber selbst in einem Handbuch für Stellenbeschreibungen nicht alle Probleme absehen. Man kann nicht von vornherein Lösungen für alle Problemstellungen in unseren komplizierten Organisationen parat haben. Auf der Ebene des Teams tauchen häufig Probleme mit der Ergebniserzielung auf. In einem solchen System sind Kommunikation, gegenseitiges Verständnis und übergeordnete Ziele für eine gute Zusammenarbeit im Team unabdingbar.

9,9-Arbeit im Team bildet das Kernstück einer hochleistungsfähigen Organisation. Sie fördert das Bemühen der Mitarbeiter, nach den *Ursachen* von Betriebsproblemen zu suchen, sie auszugraben und mit der Lösung an der Wurzel anzusetzen. Chancen, die sonst unbemerkt vorübergehen würden, werden erkannt und ergriffen. Aus der Sicht der Teammitglieder bietet die Arbeit im Team die beste Quelle für persönliche Erfüllung, die die Industriewelt überhaupt anzubieten hat.

Eine schlechte Teamarbeit zeitigt allerdings eine ganze Reihe von nachteiligen Folgen. Ohne gegenseitiges Verständnis gibt es häufig weder individuelle Zielsetzungen noch Zielsetzungen für das Team, oder die Ziele sind so verschwommen, engstirnig oder kurzsichtig definiert, daß sie wenig oder gar keinen Sinn haben. Ohne wirksame Interaktion lassen sich die Synergiemöglichkeiten für eine erhebliche Verbesserung der Ergebnisse nicht entdecken. Oft wird Doppelarbeit geleistet. So bleiben die Bemühungen der Mitarbeiter größtenteils unproduktiv. Wenn die Kommunikation zusammenbricht, dürfte manche Arbeit liegenbleiben, weil sie genau in die Lücke fällt, für die sich niemand zuständig fühlt. Enttäuschungen über mißlungene Arbeit und persönliche Mißverständnisse können die Arbeitsmoral und den Zusammenhalt untergraben. So bleiben unter Umständen selbst geringfügigere Probleme ungelöst, weil man sich übermäßig an alles Althergebrachte hält. Die Tradition als einzige Richtschnur reicht allerdings nicht aus. Es kommt darauf an, wie der Vorgesetzte mit seiner Macht und seinen Befugnissen umgeht und wie die Mitarbeiter darauf reagieren. Je nach Amtsführung und je nach Reaktion der Mitarbeiter gehen Leistung und Kreativität zurück, ganz zu schweigen von der Blockierung der Bedürfnisse der Mitarbeiter, sich durch ihre Arbeit selbst zu verwirklichen.

Gehören Sie zu einem Team?

Zuerst sollte sich ein Manager fragen, ob er zu einem Team gehört, und wenn ja, zu welchem. Welche Personen gehören sonst noch zu diesem Team? Vielleicht ist der Manager versucht, die Frage verneinend zu beantworten. »Meinem Vorgesetzten unterstehen zwar noch andere Kollegen, aber wir sehen uns nie untereinander. Wir sind alle Einzelgänger, aber kein Team.«

Denken Sie doch noch einmal darüber nach. Wir stellen ein paar Fragen, und Sie können feststellen, ob Sie mit anderen zusammen ein Team bilden oder nicht.

Wir gehen von folgender Situation aus. Sie sprechen Ihren Vorgesetzten auf ein Problem an. Sie gehören *nicht* zu einem größeren Team, wenn Sie die entsprechende Lösung immer allein erarbeiten können und die übrigen Mitarbeiter auf derselben Ebene nichts davon zu wissen brauchen. Wenn Sie eine solche Funktion haben, sind nur zwei Menschen betroffen. Das Team besteht aus Ihnen selbst und aus Ihrem Vorgesetzten. Wenn auch das Unterstellungsverhältnis der übrigen Mitarbeiter so ist, daß Probleme jeweils zwischen dem Chef und einem Mitarbeiter, also von Mann zu Mann gelöst werden, haben wir es mit mehreren Mannschaftspaaren, nicht aber mit einem größeren Team zu tun. Diese Arbeitssituation kommt in der Regel nur selten vor. Sie tritt höchstens in bestimmten Stabsstellen auf, in denen ein Vorgesetzter mehrere Mitarbeiter mit völlig verschiedenen Aufgabenbereichen führt.

Sie gehören einem größeren Team an, wenn Sie Ihren Chef auf ein Problem ansprechen und er in etwa so antwortet:

»Das möchte ich zuerst mit Herrn Brandt abklären.«

»In Ordnung. Aber sprechen Sie darüber noch mit Frau Feldmann.«

»Ist schon erledigt. Herr Scheben kümmert sich darum.«

»In Ordnung, aber informieren Sie Herrn Brabant, damit er Bescheid weiß.«

»Schießen Sie los. Ihr Vorschlag liegt auf der allgemeinen Linie. Ihre Arbeit wird sich nicht mit der der anderen überschneiden.«

Wenn solche Bemerkungen bei einer Entscheidung fallen, gehören Sie zu einem größeren Team. Es besteht aus Ihnen, Ihrem Vorgesetzten und mehreren Kollegen. Ihre Tätigkeit hängt mit der Tätigkeit der Kollegen irgendwo zusammen. Sie sind gegenseitig voneinander abhängig.

Teammitglied sind Sie auch, wenn Ihr Vorgesetzter sagt: »Tun Sie's! Aber sagen Sie niemandem etwas davon, bis Sie fertig sind. Wenn die anderen das erfahren, werden sie zu blockieren versuchen.« In solchen Fällen haben wir es nicht mehr mit echter und vernünftiger Teamarbeit zu tun. Die einzelnen Mitarbeiter arbeiten gegen das Team und gegeneinander, anstatt sich gegenseitig in ihren Bemühungen um Ergebnisse zu unterstützen. Trotzdem gehören Sie zu einem Team. Hier wird es nötig, zu einer konstruktiveren Zusammenarbeit zu gelangen.

Es gibt noch weitere Testfragen. Ihr Chef sagt etwas ganz anderes: »Tun Sie, was Sie für richtig halten.« Heißt das, daß Sie nicht Mitglied eines Teams sind? Nein, nicht unbedingt. Es kann durchaus sein, daß Sie, Ihr Chef und Ihre Kollegen eine Mannschaft bilden. Nur ist die Teamarbeit so schlecht, daß weder er noch Sie sich einem Team zugehörig fühlen. Sie *sollten* im Team arbeiten, tun es aber nicht. Hier werden Sie gefordert. Sie sollten zu einem Team zusammenwachsen, um den Nutzen zu erlangen, der nur durch Teamarbeit möglich wird.

Sie sind Mitglied eines Teams und merken es nicht. Hier besteht noch eine Möglichkeit. Sie führen eine Maßnahme durch, und aufgrund dieser Maßnahme können andere Mitarbeiter automatisch handeln oder brauchen sich aufgrund Ihrer Handlungsweise um diesen Aspekt nicht mehr zu kümmern. Alles läuft reibungslos, und Sie merken nicht einmal, wie die Bemühungen des einen dem anderen nutzen. Dies ist ganz ausgezeichnete Teamarbeit, auch wenn Sie sie nicht als solche erkennen.

Mitspracherecht und Teamarbeit

Teamarbeit heißt nicht, daß sich die ganze Mannschaft dauernd zusammensetzt. Teamarbeit hat vielerlei Formen. Einer handelt im Alleingang, zusammen mit einem anderen, mehreren oder allen Mitgliedern des Teams. Teamarbeit kommt in Zweiersituationen vor, wenn alle voneinander getrennt sind oder wenn einer fehlt und ein anderer in seinem Namen handelt.

Teamarbeit in der Konstellation 1/Alle (die ganze Mannschaft)

Gehen wir von einem Team aus, das sich aus vier Personen zusammensetzt. Herr Blecke ist Chef, Mitarbeiter sind die Herren Scheben und Brabant und Frau Feldmann. Probleme lassen sich nur lösen, wenn alle daran arbeiten. Hier handelt es sich um die Konstellation »einer zu allen« (1/Alle). In Situationen, die des Zusammenspiels der ganzen Mannschaft bedürfen, setzen sich alle Mitarbeiter mit dem Vorgesetzten zusammen, um ein gegebenes Problem zu meistern. Alle Teammitglieder haben Mitspracherecht. 1/Alle umfaßt also die ganze Mannschaft und bedeutet Simultanarbeit im Team. Sie kommt in folgenden Fällen vor:

1. Kein Teammitglied verfügt alleine über das entsprechende Wissen und alle Informationen, Erfahrungen, Möglichkeiten oder Einsichten, um die Antwort alleine formulieren zu können.
2. Die Arbeiten müssen koordiniert werden. (Jeder hat seine eigene Aufgabe, jeder sorgt mit seinem Beitrag für einen erfolgreichen Ausgang.)
3. Alle müssen wissen, worum es insgesamt geht, so daß sich jeder auch mit seiner übrigen Arbeit darauf einstellen kann.

Solche Teamarbeit kann beispielsweise zur Aufstellung eines Budgets nötig werden.

Teamarbeit in der Konstellation 1/1/1 (Einer/zu einem/zum nächsten)

Hier sind die Beziehungen komplizierter, aber keineswegs unwichtiger. Die Arbeit spielt sich folgendermaßen ab. Jedes einzelne Teammitglied führt eine bestimmte Maßnahme durch. Der erste handelt, woraufhin der zweite einen weiteren Schritt tun kann, der nächste wiederum einen Schritt usw., bis alle der Reihe nach einen Beitrag zum Endresultat geleistet haben. Das versteht man unter der 1/1/1-Handlungsweise (Einer/zu einem/zum nächsten). Schauen wir uns ein Beispiel an. Ein Verkäufer schreibt eine Bestellung aus. Nun beginnt eine komplizierte Reihenfolge untereinander verbundener Abläufe. Der Verkäufer gibt die Bestellung zur Erledigung weiter an die Auftragsabwicklung. Danach werden Rechnungsabteilung, Verpackungs- und Versandabteilung aktiv. Wenn diese Zusammenarbeit reibungslos abläuft und der Kunde zufrieden ist, ist die Grundlage für weitere Aufträge vorhanden. Die einzelnen Beteiligten sehen sich zwar nicht von Angesicht zu Angesicht, aber sie werden durch ihre Tätigkeiten zu einem Team verknüpft. Das ist sequentielle Teamarbeit.

Teamarbeit in der Konstellation 1/Mehrere

Hier wird die Arbeit von mehr als zwei Menschen erledigt. Man braucht dazu aber nicht das gesamte Team. Das verstehen wir unter der Situation 1/Mehrere. Sie ist ein Zwischending zwischen 1/1 und 1/Alle. Unterschiedlich ist nur die Zahl der einbezogenen Teammitglieder, nicht aber die Art der gegenseitigen Abhängigkeit. Auch spielt es keine Rolle, ob es sich um sequentielle oder simultane Arbeit im Team handelt. Deswegen werden wir auch nicht näher darauf eingehen. Wir wollen nur sicherstellen, daß man sich nötigenfalls auch auf diese 1/Mehrere-Interaktionen einstellen kann.

Teamarbeit in der Konstellation 1/1 (Mann zu Mann, Paare)
Teamprobleme, die Herrn Brabant und Herrn Blecke gemeinsam angehen, laufen unter der Bezeichnung 1/1. Es bleibt ihnen überlassen, die Lösung auszuarbeiten und die entsprechenden Maßnahmen zu treffen, die das Team dem Ziel näher bringen. Durch die Aktionen dieses Paares werden Frau Feldmann und Herr Scheben, die zu diesem Problem keinen direkten Beitrag leisten können, für andere Aufgaben innerhalb des Gesamtteams freigestellt.

In 1/1-Situationen können alle möglichen Paarungen vorkommen, je nach spezifischem Verantwortungsbereich und je nach Bedarf an Hilfe, Unterstützung, Daten, Beratung, Koordination. Wenn man nicht mit dem dafür geeigneten Mann zusammenarbeitet, nimmt man großen Schaden in Kauf. Andere zusätzlich zu beteiligen bringt auch keinen Nutzen, da zusätzliche Kräfte keinen eigenen Beitrag leisten können. Auch hier kann das Paar simultan oder sequentiell arbeiten.

»Teamarbeit« in der Konstellation 1/0 (Einer allein)
Gewisse »Team«probleme gehen von der Lösung her nur Herrn Blecke alleine an – oder auch Herrn Brabant, Herrn Scheben oder Frau Feldmann alleine. Auch dahinter steckt ein Grund. Herr Blecke trägt die Gesamtverantwortung. Er hat die Fähigkeiten und die Informationen, um das Problem lösen zu können. Es liegt im Interesse des Teams, daß Herr Blecke (oder sonst jemand) das Problem im Alleingang löst und anschließend die übrigen von seiner Lösung, soweit sie ihre Verantwortungsbereiche betrifft, informiert. Solche »Team«probleme sind mit anderen Worten Soloprobleme oder 1/0-Konstellationen. Die individuelle Leistungsfähigkeit dient dem

Team und trägt zu den Teamzielen bei. Auf diese Weise läßt sich Doppelarbeit ausschließen.

Das Team hat sich auf die Möglichkeit des Alleingangs geeinigt und weiß, unter welchen Umständen er vorkommen kann. So nimmt man diese Soloentscheidungen nicht als willkürliche oder einseitige Entscheidungen hin, sondern sieht sie als Bestandteil der Gesamtverantwortung. Es entsteht weder Unmut, noch gibt es Widerstände. Diese Alleingänge können auch im Beisein von anderen durchgeführt werden. Uns kommt es darauf an, daß auch diese Soloaktionen zu guter Teamarbeit gehören, obwohl es dabei nicht um gemeinsames Handeln geht.

Es gibt auch Soloaktionen, die für ein anderes Teammitglied durchgeführt werden. Hier ist ein Beispiel für diese Hilfsbereitschaft innerhalb eines Teams:

> »Ich weiß, daß Sie wegen der Kreditverhandlungen nach Frankfurt fahren müssen. Ich habe nächste Woche einen Termin bei unserer Forschungs- und Entwicklungsabteilung in Frankfurt. Bei dieser Gelegenheit könnte ich die Kreditverhandlungen für Sie mit erledigen. So brauchen Sie nicht unbedingt auch nach Frankfurt zu fahren, es sei denn, es liegt etwas Besonderes an . . .«
>
> Oder:
>
> »Herr Scheben befindet sich auf einer längeren Auslandsreise. Ich kann Ihnen aber gerne an seiner Stelle helfen.«

Bei dieser Art von 1/0-Teamarbeit bleibt die Initiative dem Teammitglied überlassen, das die Hilfsaktion startet. Die Verantwortung für das Ergebnis aber bleibt bei dem Teammitglied, für das der Kollege eingesprungen ist. Hier ist also in gewisser Weise mehr Vertrauen vonnöten als in anderen Situationen.

9,9-orientierte Arbeit im Team kann also verschiedene Formen annehmen: 1/Alle, 1/Mehrere, 1/1/1, 1/1 oder auch 1/0. Die geeignete Form hängt von drei Grundaspekten ab: der Art der Entscheidung, der Bejahung und Bereitschaft, die geforderte Aktion durchzuführen, und von der Führungsentwicklung. Jetzt können wir prüfen, wann die 9,9-Arbeit im Team welche Formen annehmen sollte: 1/Alle oder 1/0.

Welche Aufgabenstellungen eignen sich für 1/0, 1/1 oder 1/Alle?

Die Tabelle 10–1 vermittelt einen tabellarischen Überblick darüber, wann Soloaktionen (1/0), Aktionen verschiedener Paare (1/1) oder das Zusammenspiel der Mannschaft als Ganzes (1/Alle) die geeignete Strategie bilden. Hier wird also die Frage beantwortet, welcher Ansatz sich unter welcher Bedingung am besten eignet. Die linke Spalte enthält die Situationskriterien, mit deren Hilfe der Manager abschätzen kann, wann 1/0, 1/1 oder 1/Alle die Handlungsgrundlage bilden sollte. Die Voraussetzungen für 1/Mehrere und 1/Alle sind so ähnlich, daß wir sie hier nicht in getrennten Spalten aufgeführt haben. 1/Mehrere heißt auf jeden Fall mehr als 1/1 und weniger als 1/Alle, da »Alle« die ganze Mannschaft definiert.

Ein Vorgesetzter sollte ohne vorherige Beratung mit anderen handeln, wenn die Kriterien für eine gute Entscheidungsbildung und Problemlösung in der linken Spalte den Angaben in der 1/0-Spalte entsprechen. Paarweise Aktionen werden notwendig, wenn die linke Spalte den Angaben in der Spalte 1/1 entspricht. 1/Mehrere- oder 1/Alle-Aktionen sind angeraten, wenn die linke Spalte der Spalte 1/Alle oder 1/Mehrere entspricht.

Tabelle 10–1
Richtlinien für 9,9-orientierte Arbeit im Team

Kriterien	Empfohlene Handlungsweise		
	1/0 wenn	1/1 wenn	1/Alle (oder auch 1/Mehrere) wenn
1. Zuständigkeit	Ich	Er, wir beide	Wir
2. Zeit zur Kontaktaufnahme	Nicht vorhanden	Vorhanden	Vorhanden
3. Kompetenz des Urteils	Voll vorhanden	Einigermaßen vorhanden	Nicht genügend vorhanden
4. Konzentration der Informationen	Nicht erforderlich	Vertikal oder horizontal	Nötig, horizontal und vertikal
5. Synergie	Nicht möglich	Möglich	Möglich
6. Kritik	Niemand sonst betroffen	Zwei sind vom Problem betroffen	Problem hat Auswirkung auf alle
7. Bedeutung für das Team	Gering	Gering	Groß
8. Betroffensein und Mitsprache anderer	Bedeutungslos	Hilfreich, wichtig	Notwendig, wichtig
9. Folgen für andere	Keine	Vorhanden	Vorhanden
10. Wissen um Zweck und Beweggründe bei anderen	Ist wahrscheinlich nicht notwendig	Notwendig	Notwendig

Kriterien	Empfohlene Handlungsweise		
	1/0 wenn	1/1 wenn	1/Alle (oder auch 1/Mehrere) wenn
11. Koordination der Bemühungen	Unnötig	Vertikal oder horizontal nötig	Vertikal und horizontal nötig
12. Änderung von Normen/Maßstäben für das Team	Nicht wichtig	Nicht wichtig	Wichtig
13. Darstellung des Problems in anderen Gremien	Nein	Sachdienlich	Sachdienlich
14. Delegation	Möglich	Unwahrscheinlich	Unwahrscheinlich
15. Möglichkeiten zur Führungsentwicklung	Nein	Vorhanden	Vorhanden

Bei den ersten sechs Kriterien geht es darum, die Qualität der Entscheidung durch effektive und effiziente Nutzung der menschlichen Möglichkeiten zu maximieren.

1. *Zuständigkeit.* Wenn ein Manager sich mit einem Problem befaßt und sagen kann: »Ich bin allein dafür verantwortlich«, dann sollte er im Alleingang (1/0) handeln. Wenn sich das Problem aber überlappend auf zwei Verantwortungsbereiche erstreckt, ist 1/1 die geeignete Konstellation. Wenn es sich um ein übergeordnetes Problem handelt, so daß sich jeder mit einem Teilproblem befassen muß, aber niemand das Problem in seiner Gesamtheit allein lösen kann, dann ist die 1/Alle-Interaktion die beste zur Lösung dieses Problems.
2. *Zeit zur Kontaktaufnahme.* Wenn aus irgendwelchen Gründen keine Zeit bleibt, mit anderen Kontakt aufzunehmen, handelt ein einzelner im Alleingang (1/0). Wenn es aber vorteilhafter ist, sich mit einem Kollegen zu beraten (nicht mit allen), und die entsprechende Zeit vorhanden ist, dann haben wir es mit einer 1/1-Situation zu tun. Wenn genügend Zeit vorhanden ist und es vorteilhafter ist, wenn sich mehrere an der Lösung beteiligen, stehen wir vor einer 1/Mehrere oder 1/Alle-Situation.
3. *Kompetenz des Urteils.* Der Manager hat genügend fundierte Erfahrung, um ein vernünftiges Urteil abgeben zu können. Er handelt solo, also 1/0. Wenn seine Erfahrung allein jedoch nicht genügt und er nur einen weiteren Kollegen braucht, der zu einem noch vernünftigeren Urteil beitragen kann, haben wir eine 1/1-Situation. Wenn aber, um ein vernünftiges Urteil abgeben zu können, die Intelligenz und das Wissen aller Teammitglieder nötig ist, dann sollte die Handlungsweise 1/Alle sein.
4. *Konzentration der Informationen.* Wenn alle notwendigen Informationen zur Ausführung einer Handlung bei einer Person vorhanden sind, ist eine 1/0-Handlungsweise die geeignetste. Wenn von zwei Kollegen jeder teilweise die notwendigen Informationen besitzt, ist wahrscheinlich eine Konzentration der Informationen auf einer 1/1-Basis notwendig. Dabei kann es sich

um das Paar Chef-Mitarbeiter oder auch um ein Kollegenpaar handeln. Eine 1/Alle-Konzentration der Informationen wird notwendig, wenn jedes einzelne Mitglied eigene Informationen beitragen kann, Informationsstücke, die zusammengepaßt werden müssen, um einen vollständigen Überblick zu bekommen.

5. *Synergie.* Arbeit im Team wird wünschenswert wegen der synergistischen Möglichkeiten, die entstehen, wenn sich mehrere oder alle Mitglieder des Teams mit einem bestimmten Problem befassen oder es überprüfen. Die verschiedenen Ansichten der Teammitglieder und das Aufeinanderprallen von Ideen in der Diskussion können zu einer höherwertigen Lösung führen, als sie ein einzelner, eine Zweiergruppe oder eine aus mehreren Mitgliedern bestehende Gruppe je gefunden hätte. 1/0 ist jedoch die Regel, wenn man nicht mit Synergie rechnen kann, und 1/1, wenn nur ein zusätzlicher Mitarbeiter einen Beitrag leisten kann.
6. *Kritik.* Der Wert der Entscheidung kann durch Gespräche verstärkt werden, in denen es um die Fähigkeiten des Teams bei der Lösung von Problemen geht. Wenn sich ein Problem nicht in die Teamarbeit einpassen läßt, sollte man sich auf 1/0-Weise selbstkritisch damit befassen. Die Diskussion sollte paarweise durchgeführt werden, wenn zwei Menschen etwas darauf über die Effektivität des Teams lernen können. Sie sollte von der ganzen Mannschaft durchgeführt werden (1/Alle), wenn das ganze Team davon profitieren kann. Konstruktive Kritik ist eine sehr wichtige Fähigkeit, die in Kapitel 12 noch ausführlicher erörtert werden wird.

Die nächsten sieben Kriterien haben mit der Akzeptanz zu tun, also damit, inwieweit die Mitglieder des Teams bereit sind, eine gefällte Entscheidung auch auszuführen.

7. *Bedeutung für das Team.* Wenn sich die Handlungsweise nicht auf das Team auswirkt, sondern nur auf einen Teamangehörigen, sollte 1/0 gehandelt werden, es sei denn, dieser Mann führt die Entscheidung nicht aus. Wenn sich die Entscheidung betrieblich auswirkt wie z. B. bei einer Umschichtung der Unterstellungsverhältnisse innerhalb der Organisation, dann sollte das ganze

Team begreifen, worum es dabei geht. Je mehr es bei einer bestimmten Handlungsweise um eine Änderung des Zieles, der Richtung, der Art oder der Verfahrensweisen des Teams geht, desto mehr ist die Teilnahme und Mitwirkung aller Teammitglieder erwünscht.

8. *Betroffensein und Mitsprache anderer.* Es kann nötig sein, daß das Problem und die Lösung voll begriffen werden müssen, um die Zustimmung derjenigen zu bekommen, die die Entscheidung ausführen müssen. Wenn die zu treffende Maßnahme ohne die Beteiligung anderer durchgeführt werden kann, ist die Situation 1/0. Wenn nur ein weiteres Teammitglied betroffen ist, ist ein Gespräch mit ihm notwendig (1/1). Wenn die Maßnahme aber das ganze Team betrifft, sollten alle das Für und Wider besprechen, bis alle die, deren Interessen betroffen sind, die Sache voll begreifen. So werden Zweifel und Vorbehalte ausgeräumt, und jeder ist in der Lage, zuzustimmen und sich dafür einzusetzen.
9. *Folgen für andere.* Diejenigen, die in ihrer zukünftigen Handlungsweise von einer Entscheidung betroffen sind, müssen die Sache durchdenken und die Auswirkungen erörtern, um sicherzugehen, daß das Ganze begriffen wird und daß sie sich dafür engagieren. Je größer die Anzahl der Teammitglieder, die selbst ein berechtigtes Interesse an der Handlungsweise haben, desto notwendiger ist es auch, daß sie die Entscheidung erörtern.
10. *Wissen um Zweck und Beweggründe bei anderen.* Es gibt manche Probleme, zu denen andere keinen Beitrag leisten können, aber sie können davon profitieren, wenn sie die Beweggründe für die Analyse oder die Lösung verstehen. Wenn die anderen die Beweggründe aber schon kennen oder sie für sie nicht wichtig sind, sollte im Alleingang gehandelt werden. Oft werden die Beweggründe für eine Handlungsweise aber mindestens für einen anderen wichtig sein. Darum sollte man in einem solchen Fall auf 1/1-Weise handeln. Die übrigen können vielleicht nichts zur Lösung beitragen, müssen aber die Beweggründe und den Zweck kennen. In einer solchen Situation sollten die Beweggründe auf einer 1/Alle-Basis bekanntgemacht werden. Diese Richtlinien

bieten jedem Manager eine Hilfestellung bei der Organisation eines 9,9-orientierten Teams. Sie können sich auch als nützlich erweisen für das Erkennen von Chancen zur Stärkung der Teamarbeit.

11. *Koordination der Bemühungen.* Oft kann und sollte man im Alleingang handeln, weil eine Koordinierung nicht nötig ist. Wenn jedoch Koordinierung nötig ist, sollte man die Sache auf einer 1/1-Basis regeln. Manchmal sind mehrere, wenn nicht sogar alle Teammitglieder an der Durchführung einer Entscheidung beteiligt. In diesem Fall müssen die Koordinierungsstrategien auf einer 1/Alle-Basis erarbeitet werden.
12. *Änderung von Normen/Maßstäben für das Team.* Normen/Maßstäbe, die die Leistung innerhalb eines Teams beeinflussen, müssen vielleicht festgelegt, modifiziert oder ganz geändert werden. Hier müssen alle Mitglieder beteiligt werden, da jeder das Wissen braucht und sich für die neuen Normen/Maßstäbe engagieren muß. Da sich jedes Mitglied des Teams an teamorientierte Normen/Maßstäbe hält, dürfte eine 1/0-Aktion unwahrscheinlich sein, wenn es um eine wichtige Abänderung der Normen geht. Eine solche Entscheidung steht nur dann auf einem festen Fundament, wenn sich alle ausdrücklich auf eine neue Norm oder neue Maßstäbe einigen.
13. *Darstellung des Problems in anderen Gremien.* Manchmal dient ein Teammitglied als Vertreter seiner Mannschaft in einem anderen Gremium. Hier dürften die übrigen Mitglieder nur wenig oder gar nichts zu einer Entscheidung beizutragen haben. Sie brauchen aber die Informationen und werden also hinzugezogen, um das Verstehen zu vergrößern.

    Die beiden nächsten Aspekte befassen sich mit der Nutzung der Teamarbeit für die Führungsentwicklung.
14. *Delegation.* Delegation ist das Gegenteil einer 1/0-Konstellation, in der der Chef das Problem angeht und es im Alleingang meistert. Die Konstellation 0/1 dagegen bedeutet vollständige Delegation. Ein Problem sollte von einem Mitarbeiter auf der nächstniedrigen Ebene gelöst werden, wenn dieser die notwen-

digen Kenntnisse und das nötige Urteilsvermögen besitzt, um das Problem meistern zu können. Es sollte auch einem Mitarbeiter auf der nächstniedrigen Führungsebene übertragen werden, wenn man damit die Führungseffektivität des Mitarbeiters fördert. Er kann seine Fähigkeiten an immer größeren Problemen erweitern und mehr Verantwortung übernehmen. So wird eine 1/0-Situation von einem Teammitglied auf ein anderes verlagert. Außerdem hat so der im Rang Höherstehende mehr Zeit für Dinge, die nur er lösen kann.

Hier gibt es eine Faustregel: Man sollte zur 0/1-Konstellation übergehen,

1. wenn Mitarbeiter mit dem Problem genausogut oder noch besser fertig werden können als der Chef,
2. wenn sich für den Mitarbeiter daraus eine Weiterentwicklung ergibt,
3. wenn der Chef delegieren, aber nicht etwa abdanken will, und
4. wenn die dadurch dem Chef zur Verfügung stehende Mehrzeit es ihm erlaubt, sich wichtigeren Problemen als dem delegierten zuzuwenden. Bedingung ist, daß der Mitarbeiter gute Aussichten auf Erfolg hat.

15. *Möglichkeiten zur Führungsentwicklung.* Die Teammitglieder beteiligen sich an der Analyse von Führungsproblemen, auch wenn sie von den Informationen her wenig beizutragen haben und auch wenn es ihrer Zustimmung nicht bedarf. Sie werden beteiligt, damit sie ihr Wissen vermehren und das Urteilsvermögen entwickeln können, das sie für die Meisterung solcher Probleme in der Zukunft brauchen. Wenn ein Problem keine Auswirkungen auf die Führungsentwicklung hat, sollte es unter sonst gleichen Umständen auf 1/0-Weise gehandhabt werden. Wenn die Auswirkungen auf die Führungsentwicklung nur eine Person betreffen, sollte man es auf 1/1-Weise handhaben. Wenn sich Auswirkungen auf die Führungsentwicklung für das ganze Team ergeben, ist 1/Alle angeraten.

In Tabelle 10–1 sind die Hauptaspekte zusammengestellt, die innerhalb einer 9,9-orientierten Führung bestimmen, wer jeweils beteiligt werden sollte. Noch etwas muß deutlich gemacht werden: 1/Alle-Diskussionen werden weder zu hochwertigen Entscheidungen noch zur Annahme einer Lösung führen, wenn die Grundmerkmale einer effektiven 9,9-Führungsweise und einer effektiven 9,9-orientierten Arbeit im Team nicht vorhanden sind.

Bestimmung der Teamkonstellationen nach Tabelle 10–1

Es folgen mehrere Fallstudien zu den verschiedenen Formen der Teamarbeit: zum Zusammenspiel der Mannschaft als Ganzes, zur Aktion verschiedener Paare und zur Soloaktion. Zunächst wird in den einzelnen Fallstudien das Problem beschrieben, dem der Vorgesetzte gegenübersteht. Dann sollen Sie festhalten, wie Sie den Fall lösen würden. Im zweiten Teil erfahren Sie, wie der Vorgesetzte die Sache angegangen ist. Im dritten Teil zeigen wir, wie der Fall auf der Grundlage der Tabelle 10–1 den einzelnen Kriterien gemäß hätte behandelt werden sollen. Es ist wohl am besten, wenn Sie die Fallbeschreibungen lesen und dann Ihre Lösung eintragen, *ehe* Sie in Teil III die ideale Lösung nachlesen. So können Sie sich selbst testen, inwieweit Sie die Problemstellung verstehen, ehe Sie sich der nächsten Fallstudie zuwenden.

A. Produktionsrückgang an den Fertigungsstraßen 2 und 7

I. Problemstellung für den Vorgesetzten. Frank Theissen, Werksleiter, hatte gerade den wöchentlichen Produktionsbericht für seinen Bereich erhalten. Anhand des Berichtes stellte er fest, daß sich die Produktion an zwei Fertigungsstraßen, den Straßen 2 und 7, um 5 % bzw. um 10 % verringert hatte. Auf beiden Straßen wurde dasselbe Produkt hergestellt. Alle anderen Straßen hatten, wenn auch mit anderen Produkten, mehr als geplant gefertigt. Frank überprüfte die Auftragslage bezüglich der Produkte dieser beiden Fertigungsstraßen und stellte fest, daß ein ziemlicher Auftragsüberhang bestand. Er wußte, daß sein Vorgesetzter ihn fragen würde, warum die Produktion mit der Nachfrage nicht Schritt halten konnte.

Kreuzen Sie hier an, wie Sie das Problem angehen würden, wenn Sie an Franks Stelle wären.

________ 1/0 ________ 1/1 ________ 1/Mehrere ________ 1/Alle

II. Die Handlungsweise des Vorgesetzten. Frank Theissen meinte, daß es sich um ein 1/1-Problem handle. Er hatte ja festgestellt, daß die Produktion nur an zwei Fertigungsstraßen zurückgegangen war. Er mußte seinem Vorgesetzten Bericht erstatten. Er beschloß also, mit jedem Vorarbeiter zu sprechen, um festzustellen, wo das Problem lag und was man dagegen tun könnte. Er nahm das Telefon und rief den Vorarbeiter der Fertigungsstraße 2 an. Er bat den Vorarbeiter, in einer halben Stunde in sein Büro zu kommen. Dann rief er den Vorarbeiter der Fertigungsstraße 7 an und bat ihn, eineinhalb Stunden später zu ihm zu kommen. Eine Stunde redete er mit dem Vorarbeiter der Fertigungsstraße 2 und fragte ihn nach seiner Sicht der Situation. Der Vorarbeiter (2) meinte, daß der Produktionsrückgang doch wohl relativ gering sei und man sich deswegen keine Sorgen zu machen brauche. Es seien ja nur 5 %. Damit liege man im normalen Abweichungsbereich.

Danach setzte sich der Vorgesetzte mit dem Vorarbeiter der Fertigungsstraße 7 zusammen. Dort war die Produktion um 10 % zurückgegangen. Der Vorarbeiter hatte gemerkt, daß der Ausstoß geringer geworden war, meinte aber, daß der Rückgang auf die verspätete Anlieferung von Rohstoffen in den letzten beiden Wochen zurückzuführen sei. Dies war natürlich ungewöhnlich. Er meinte, daß die Materialwirtschaft mit den Anforderungen wohl nicht habe Schritt halten können. Die Lage würde sich schon von selbst wieder normalisieren.

Frank hatte das Problem mit beiden Vorarbeitern erörtert. Er kam zu dem Schluß, daß es sich in beiden Fällen um Ausnahmen handelte und er deshalb keine Maßnahmen zu ergreifen brauchte. Statt dessen wollte er diese beiden Fertigungsstraßen in den nächsten Wochen mit besonderer Sorgfalt beobachten, um eingreifen zu können, falls sich die Lage nicht von selbst wieder regelte.

Hier wurde zweimal nach 1/1 verfahren, aber nicht auf die richtige Weise. Warum? Bei beiden Vorarbeitern war die Produktion zurückgegangen. Jeder meinte, daß seine Lage einmalig sei, so daß für die drei Betroffenen untereinander keine Synergiemöglichkeiten bestanden (Kriterium 5). Deshalb wurde der Ernst der Lage übersehen. Außerdem konnten sie ihre verschiedenen Notizen nicht direkt miteinander vergleichen, so daß eine Zusammenschau der verschiedenen Informationen unterblieb (Kriterium 4). Beide Fertigungsstraßen litten unter Nachschubverzögerungen. Diese Tatsache konnte sich aber nicht herausstellen. So wurde die eigentliche Quelle nicht erkannt. Mit einer gemeinsamen kritischen Erörterung der Lage hätte man sie ans Tageslicht bringen können (Kriterium 6).

III. Die ideale Lösung. Frank hätte folgendermaßen verfahren sollen: Ausgangspunkt ist der Ansatz 1/Mehrere. Er telefoniert mit den beiden Vorarbeitern und bittet sie, zu ihm ins Büro zu kommen. Er eröffnet das Gespräch: »Gibt es einen Grund für den Rückgang der Produktion an den Fertigungsstraßen 2 und 7?« Die beiden Vorarbeiter meinen, daß es zwar in letzter Zeit einige Probleme gegeben habe, die Produktion aber doch wohl im normalen Rahmen geblieben sei. Frank legt ihnen dann die Wochenberichte vor und bittet sie, sich die Zahlen anzuschauen. Sie schauen sich den Bericht ein paar Minuten an und sind dann wohl alle drei davon überzeugt, daß die Produktion auf jeden Fall zurückgegangen ist. Sie sprechen darüber und einigen sich darauf, daß jeder der Vorarbeiter sich mit seinen Facharbeitern zusammensetzt. Sie sollen gemeinsam die ihrer Kontrolle unterliegenden Aktivitäten überprüfen. Zwei Stunden später wollen sie sich wieder zusammensetzen, um einen Maßnahmeplan zu entwikkeln.

Die entsprechenden Daten werden in der folgenden Sitzung überprüft. Es wird sich auf jeden Fall herausstellen, daß das Problem in der verzögerten Materialversorgung liegt. Frank und die beiden Vorarbeiter tun den nächsten Schritt und gehen zum Rohstofflager, um dort gemeinsam eine Lösung zu erarbeiten.

Dieser 1/Mehrere-Ansatz ist der richtige. Er umfaßt die beiden betroffenen Vorarbeiter, aber nicht alle sieben. Die Zuständigkeit für die Problemlösung liegt sowohl beim Vorgesetzten als auch bei den beiden Vorarbeitern (Kriterium 1). Die Zeit zur gemeinsamen Lösungserarbeitung ist vorhanden (Kriterium 2). Der Vorgesetzte versichert sich der Hilfe der Mitarbeiter, die von dem Problem betroffen sind (Kriterium 8). Sie können es gemeinsam kritisch besprechen (Kriterium 6). Es werden die Mitarbeiter hinzugezogen, die die sachdienlichen Informationen haben (Kriterium 4) und auch für die Durchführung der jeweiligen Lösung verantwortlich sind (Kriterium 9 und 11).

B. Qualitätskontrolle

I. Problemstellung für den Vorgesetzten. Es geht um eine Fabrik mit voller Kapazitätsauslastung. Man stellte fest, daß Arbeitskräfte fehlten, um die Qualitätskontrolle richtig ausführen zu können. Die Qualitätskontrolle wurde nach folgendem System durchgeführt: Es existierte eine Checkliste für »Routine«überprüfungen, die von den jeweiligen Arbeitskräften an verschiedenen Abschnitten des Fertigungsprozesses durchgeführt wurden. Zusätzlich, wenn auch weniger häufig, wurden gründlichere »technische« Stichproben von Facharbeitern vorgenommen, die sich vom Routinekontrolleur zum Fachkontrolleur hochgearbeitet hatten. Irgendwie war die Qualitätskontrolle vernachlässigt worden. Die Mitarbeiter in der Fertigung hatten mit dem eigentlichen Fabrikationsprozeß alle Hände voll zu tun, so daß die routinemäßige Qualitätskontrolle größtenteils unter den Tisch fiel. Es mußte etwas geschehen, um die Qualitätskontrolle so lange zu sichern, bis zusätzliche Arbeiter für die Routinekontrollen eingearbeitet sein würden.

Das Problem stellt sich Margarete Degen, Leiterin Qualitätskontrolle, Vorgesetzte der technischen Qualitätskontrolle. Kreuzen Sie hier an, wie Sie das Problem angehen würden, wenn Sie an Margaretes Stelle wären.

________ 1/0 ________ 1/1 ________ 1/Mehrere ________ 1/Alle

II. Die Handlungsweise der Vorgesetzten. Frau Degen meint, daß eine 1/0-Entscheidung am besten sei. Die Lösung schien auf der Hand zu liegen. Sie verlangte von den hochqualifizierten Technikern, zusätzlich zu ihren normalen Aufgaben bestimmte Aspekte der Routineinspektion mit zu übernehmen. Sie meinte, so seien die notwendigen Routineinspektionen gewährleistet, ohne die Techniker zu sehr zu überlasten. Sie gab diese Entscheidung in der Morgenkonferenz mit den technischen Fachkräften bekannt und händigte jedem einzelnen ein Aufgabenblatt aus. Hier wurde genau aufgeführt, welche Routineaufgaben während der technischen Inspektion zusätzlich durchzuführen waren.

Die technischen Fachkräfte, unter ihnen vor allem Marta Hagen, waren mit dieser Problembewältigung nicht einverstanden. Frau Hagen machte ihrem Unmut Luft und sagte, daß sie nach ihrer Stellenbeschreibung nicht verpflichtet sei, Aufgaben unterhalb ihres Ausbildungsniveaus durchzuführen. Frau Degen antwortete: »Ich habe die Entscheidung gefällt, und ich werde sie nicht ändern. Die Arbeit muß getan werden.«

Eine Entscheidung im Alleingang war hier nicht angebracht. Die Vorgesetzte, Margarete Degen, besaß alle Informationen (Kriterium 4), um die Entscheidung treffen zu können, und tat das auch im Interesse der Zeit (Kriterium 2). Sie tat jedoch nichts, um die Mitarbeiter auf das Problem einzuschwören (Kriterium 8) oder ihnen Hintergrundinformationen zu geben, damit sie das Problem begreifen konnten (Kriterium 10). Sie hätte ihnen die hohen Anforderungen an die Mitarbeiter in der Fertigung klarmachen müssen.

III. Die ideale Lösung. Wenn Margarete Degen dieses Problem mit der Qualitätskontrolle auf 1/Alle-Weise angegangen wäre, hätte sie wahrscheinlich nicht nur eine hochwertige Entscheidung getroffen, sondern auch das Einverständnis der Mitarbeiter erreicht. Sie hätte das folgendermaßen bewerkstelligen können.

Frau Degen hätte die technischen Fachkräfte zu einer Besprechung zusammenrufen sollen. Sie erklärt die Hintergründe für die Probleme in der Qualitätskontrolle und stellt dar, unter welchem Druck die Arbeiter in der Fertigung stehen, so daß die Routinekontrollen unter den Tisch fallen. Es handelt sich hier um eine ungewöhnliche Situation. Die Produktion läuft zur Zeit auf Hochtouren. Kurzfristig stehen keine zusätzlichen Arbeitskräfte zur Verfügung.

Als nächsten Schritt versucht man, die Mitarbeiter zur Mithilfe zu bewegen, und stellt die Frage: »Was können wir bei dem Problem der Routinekontrollen tun, und wie lassen sich diese Maßnahmen am besten durchführen?«

So werden 1/Alle-Entscheidungen korrekt gehandhabt. Frau Degen hat das Problem dargestellt und die notwendigen Hintergrundinformationen gegeben. So kommt man zu einer vernünftigeren Entscheidung (Kriterium 10). Die technischen Fachkräfte, die die gründlichen Kontrollen ausführen, wissen mehr über das Produkt und den Fertigungsprozeß als die Mitarbeiter, die normalerweise die Routineprüfungen durchführen (Kriterium 3). Vom Informationsstand und von ihrem Wissen her haben sie ausgezeichnete Möglichkeiten, bei der Problemlösung zu helfen (Kriterium 4). Sie werden dazu aufgerufen, eine Zeitlang zusätzliche Arbeiten durchzuführen. Wahrscheinlich können sie selbst ein System für die Routinekontrollen, die sie zusätzlich zu ihrer eigentlichen Arbeit ausführen müssen, ausarbeiten, und zwar so, daß sie ihre Arbeit insgesamt sehr gut durchführen können (Kriterien 7 und 1).

C. Ordnung

I. Problemstellung für den Vorgesetzten. Elisabeth Schmidt ist Hauptabteilungsleiterin im kaufmännischen Bereich. Ihr sind fünf Abteilungen unterstellt. Sie sitzt an ihrem Schreibtisch und liest eine kurze Aktennotiz, die gerade auf ihrem Tisch gelandet ist. Das Schreiben ist an alle Hauptabteilungsleiter gerichtet. Es geht um die Ordnung in den Büros. Die Aktennotiz ist ziemlich scharf abgefaßt. Viele Beispiele für Unordnung werden aufgeführt, Zigarettenkippen, Kohlepapier, Abfall auf dem Fußboden, unordentliche Schreibtische, unausgepackte Kartons, die bei den Türen aufgestapelt sind, usw. Als nächstes wird gefordert, daß die ganze Sparte, die in verschiedenen Häusern untergebracht ist, von jetzt an eine vorbildliche Ordnung zu halten habe, wofür die Abteilungsleiter zu sorgen hätten. Wer sich nicht daran halte, werde die Auswirkungen bei der jährlichen Leistungsbeurteilung zu spüren bekommen. Elisabeth weiß, daß irgendein Vorgesetzter ziemlich weit oben wirklich zornig sein muß, wenn er ein so scharf abgefaßtes Schreiben verschickt. Einige Büros waren von der Ordnung her vorbildlich, aber andere ließen viel zu wünschen übrig.

Kreuzen Sie hier an, wie Sie das Problem angehen würden, wenn Sie an Frau Schmidts Stelle wären.

________ 1/0 ________ 1/1 ________ 1/Mehrere ________ 1/Alle

II. Die Handlungsweise der Vorgesetzten. Frau Schmidt meinte, dies sei ein 1/Alle-Problem, da die Ordnung in ihren Abteilungen das Erscheinungsbild des ganzen Hauses beeinflußte. Zögernd nahm sie also die Aktennotiz und ging damit zur wöchentlichen Sitzung mit den Projektleitern. Sie war so nervös, daß sie ihrer Sorge nicht einmal Ausdruck geben konnte, als sie das Thema anschnitt. Statt dessen sagte sie kurz angebunden: »Nun, ich weiß, daß das Thema unerfreulich ist, aber wir werden dafür sorgen müssen, daß unsere Büros ein besseres Erscheinungsbild bieten, daß also der Abfall im Papierkorb landet und die Zigarettenkippen im Aschenbecher. Wir müssen anfangen, unsere Mitarbeiter davon zu überzeugen, wie wichtig es ist, den Schreibtisch ordentlich zu halten und auch sonst auf Ordnung zu sehen.«

Von den Abteilungsleitern waren einige bösartige Bemerkungen zu hören. »Wir werden doch nicht für Hausmeisterdienste bezahlt!« und auch: »Meine Abteilung ist ordentlich. Aber Sie haben sich in letzter Zeit bei uns ja nicht mehr blicken lassen.« So sagte Frau Schmidt nur noch: »Nun, ich wäre Ihnen dankbar, wenn Sie Ihr Möglichstes tun könnten, um Ihre Abteilungen so sauber und ordentlich wie möglich zu halten.«

Einige Zeit später kam sie in eine der Abteilungen und sah, daß offensichtlich niemand die Sauberkeitskampagne in Angriff genommen hatte. Verstohlen fing sie an, Papiere und Zigarettenkippen vom Boden aufzuheben. Sie wollte nicht dabei gesehen werden. Der 1/Alle-Ansatz war hier nicht richtig. Frau Schmidt ging davon aus, daß das Problem Sauberkeit und Ordnung alle angehe. Sie sah nicht, daß einige Abteilungen gute Ordnung hielten. Ihr fielen nur die schlampigen auf (Kriterium 1). Weil sie das nicht erkannte, hat sie die Zeit derjenigen verschwendet, an denen nichts auszusetzen war (Kriterien 2, 9, 11).

III. Die ideale Lösung. Folgendes hätte Frau Schmidt tun sollen. Sie erhält die Aktennotiz über das Problem Sauberkeit und Ordnung. Sie sieht sich daraufhin in ihren Abteilungen um und stellt fest, wo dieses Problem tatsächlich auftaucht.

Sie geht nacheinander zu jeder Abteilung und bittet den jeweiligen Abteilungsleiter, sie durch die einzelnen Büros zu führen. Beim Rundgang erklärt sie, daß sie eine Aktennotiz zu Sauberkeit und Ordnung erhalten hat. Dort, wo sie vorbildliche Ordnung vorfindet, gratuliert sie dem Abteilungsleiter. Dort, wo sie Unsauberkeit und Unordnung findet, macht sie darauf aufmerksam und bittet um Zusammenarbeit, um das Problem in den Griff zu bekommen.

So wird 1/1 korrekt eingesetzt. Korrekturmaßnahmen müssen nur in einigen bestimmten Abteilungen vorgenommen werden. Es ist vernünftiger, das Problem mit den Abteilungsleitern jeweils auf 1/1-Ebene zu klären, da nur so die Besonderheiten jeder Situation zu erkennen sind (Kriterien 1 und 8). So werden auch nicht die Mitarbeiter verärgert, in deren Büros diese Anforderungen zur Zufriedenheit erfüllt werden. Der Hauptabteilungsleiter kann so genau dort ansetzen, wo die Korrekturmaßnahmen erforderlich sind (Kriterien 6 und 11).

D. Zusatzauftrag

I. Problemstellung für den Vorgesetzten. Kurt Jonas ist Leiter der Sparte Glasbehälter. Ihm unterstehen sechs Betriebsleiter. Er telefoniert mit Hans Grün, dem Einkaufsleiter eines Großkunden. »Sie sagen, Sie brauchen zweihundert Einheiten bis zum 15. dieses Monats. Das sind noch zwölf Arbeitstage. Haben Sie von Ihrer Seite noch Spielraum?«

Hans Grün antwortet: »Der 16. ist von meiner Seite wirklich der äußerste Termin. Spätestens in einer halben Stunde brauche ich Ihre hundertprozentige Zusage. Für uns ist das der äußerste Termin, sonst müssen wir Vertragsstrafe zahlen.«

»Ich muß mir dazu unseren Auslastungsplan für die nächsten drei Wochen anschauen. Ich rufe Sie in einer halben Stunde zurück und sagen Ihnen ja oder nein«, antwortet Kurt Jonas.

»In Ordnung.«

Kurt Jonas legt auf. Er sieht sich den Gesamtplan Fertigung an, aus dem er Planung und Termine für alle sechs Bereiche entnimmt. Dieser Plan ist ein zuverlässiger Indikator für den Arbeitsablauf. Aus ihm geht hervor, daß die Kapazitätsauslastung insgesamt 125 % beträgt.

Kreuzen Sie hier bitte an, wie Sie das Problem angehen würden, wenn Sie an Kurt Jonas' Stelle wären.

________ 1/0 ________ 1/1 ________ 1/Mehrere ________ 1/Alle

II. Die Handlungsweise des Vorgesetzten. Kurt Jonas sieht sich den Fertigungsplan an und bittet seine Sekretärin, die sechs Betriebsleiter anzurufen und sofort in den Konferenzraum zu bitten. Er erklärt kurz, was Hans Grün will, und bittet sie um ihre Meinung, ob man die laufenden Fertigungspläne umändern und den Termin vom 16. einhalten kann. Jeder einzelne Betriebsleiter gibt einen Überblick über seinen Terminplan. Diese Erklärungen waren aber schon aus dem Gesamtfertigungsplan ersichtlich. Als jeder schließlich über die Verpflichtungen der anderen genau Bescheid wußte, war die halbe Stunde vorbei. Hastig kamen sie zu der Entscheidung, daß sie das

Spiel wagen sollten und den Auftrag annehmen sollten. Kurt Jonas pflichtete bei.

Hier wurde 1/Alle nicht richtig eingesetzt. Die Abteilungsleiter sind zwar bereit, ihren Teil zur Ausführung der positiven Entscheidung beizutragen, aber sie sind nur ungenügend über die Gesamtsituation informiert, um in der verfügbaren Zeit zu einer hochwertigen Entscheidung zu gelangen (Kriterien 2 und 4).

Der Spartenleiter hatte gemeint, daß dreißig Minuten für die Diskussion reichen würden und daß die Zusammenschau der Informationen (Kriterium 4) mehr einbringen würde, als er ohnehin schon aus der Gesamtplanung wußte.

III. Die ideale Lösung. Besser wäre es gewesen, sich für eine 1/0-Situation zu entscheiden, weil nur wenig Zeit blieb und der Spartenleiter die notwendigen Informationen besaß. Da die Auslastung insgesamt schon bei 125 % angelangt war, mußten also schon Überstunden geleistet werden. Er hätte also kalkulieren können, was die 200 zusätzlichen Einheiten bedeuteten, nämlich eine Steigerung der Auslastung auf 150 %. Mit einer solchen Überstundenlast würde eine Annahme des Zusatzauftrages die Gewinnspanne auf fast Null herunterdrücken. Wenn irgendwo Pannen auftreten würden und er den Termin nicht einhalten könnte, würde dies auch sein Verhältnis zu Hans Grün schwer belasten.

Deshalb hätte er Hans Grün auf der Grundlage einer 1/0-Entscheidung zurückrufen und ihm sagen sollen, es tue ihm leid, aber er könne den Auftrag nicht annehmen, weil ihm eine hundertprozentige Garantie unmöglich sei. Das wäre zu Hans Grüns Nutzen gewesen, der sich daraufhin anderweitig hätte umsehen können, da er ja seinen Termin unbedingt einhalten mußte.

Hans Grün hätte diese ehrliche Antwort geschätzt und gesagt, daß er beim nächstenmal wieder anrufen würde.

So wird 1/0 korrekt angewandt, wenn nicht genug Zeit bleibt (Kriterium 2) und die entsprechende Kompetenz des Urteils besteht (Kriterium 3). Andere hätten nichts hinzufügen können, weil der Spartenleiter die notwendigen Informationen besaß (Kriterium 4). Andere an der Entscheidung zu beteiligen, wäre nur Zeitverschwendung und kann sogar zu einer falschen Entscheidung führen. Da sich der Vorgesetzte gegen die Auftragsannahme entschieden hätte, bestand auch keine Notwendigkeit, andere wegen der späteren Durchführung hinzuzuziehen (Kriterien 8, 9, 11).

Diese Probleme bieten in Zusammenhang mit der Tabelle 10–1 Beispiele für die 9,9-Orientierung im Umgang mit Mitarbeitern innerhalb der Konstellationen 1/0, 1/1, 1/Mehrere oder 1/Alle. Solche Dilemmas kommen häufig vor. Es kommt darauf an, daß sich die Vorgesetzten an vernünftige Richtlinien halten und so zu hochwertigen Entscheidungen gelangen, die auch voll von den Mitarbeitern akzeptiert werden, die sie ausführen müssen.

Kapitel 11

Der Manager als helfender Berater

Führung unter den Bedingungen modernen Organisationslebens setzt die Menschen heutzutage größeren Zwängen und größerem Streß aus als jemals zuvor. Es hat sich sogar gezeigt, daß immer mehr Gesundheitsstörungen die Folge sind. Schaden entsteht auch aus dem Fernbleiben von der Arbeit und »Krankfeiern«. Er zeigt sich an der vermehrten Gewerkschaftsorientierung, unter Arbeitern, Angestellten und Akademikern. Er zeigt sich an Vandalismus, Diebstahl und willkürlicher Zerstörung von Material, Ausrüstung und Produktion und im politischen Terrorismus. Diese Zwänge und dieser Streß werden nicht an Intensität abnehmen, nur weil man sie ignoriert oder sich damit abfindet. Sie werden sich vielmehr noch verstärken. Sie werden immer häufiger in den hochentwickelten Gesellschaften auftreten, dort, wo es ein bestimmtes Maß an Freiheit und privatem Unternehmertum gibt.

Lange Zeit hat sich das Management eigentlich nicht darum gekümmert, den Menschen dabei zu helfen, mit diesen Zwängen fertig zu werden. Die Organisationsentwicklung (Kapitel 13) bietet eine Möglichkeit, die Produktivität und die Bindung an die Arbeit zu steigern. Es ist wichtig, die Führungskräfte an eine 9,9-orientierte Arbeit im Team heranzuführen. So kann man Zwängen und Streß aus dem Wege gehen. Die dem 9,9-Ansatz zugrunde liegenden Wertvorstellungen – Offenheit, Konfliktlösung und Bereitschaft zu Experimenten – können sehr dazu beitragen, daß solche Zwänge erst gar nicht entstehen, Zwänge, wie sie in einem 9,1-Klima nach dem Motto »Friß oder stirb!« vorkommen.

Dort, wo man die Organisationsentwicklung in Angriff nahm, haben die Führungskräfte erkannt, daß sie zusätzliche Hilfestellung geben können und sollten. Sie helfen ihren Mitmenschen, mit beruflichen und außerberuflichen Problemen fertig zu werden. Von jedem Manager wird erwartet, daß er beraten kann und sich dafür einsetzt, anderen bei der Lösung persönlicher und emotioneller Probleme zu helfen.

Die helfende Beratung ist ein so umfassendes Gebiet, daß man es in einem Buch über Führung sicherlich nicht ausreichend darstellen kann. Wir wollen hier auf die psychologische Beratung eingehen, wie sie von 9,9-orientierten Führungskräften durchgeführt werden kann. Sie können beratend helfen, auch Probleme mehr persönlicher Art zu lösen. Dazu gehört allerdings mehr, als einem anderen einfach zu sagen, was er tun soll. Der Manager muß je nach Art des Problems ganz spezifisch eingreifen. Der beratend eingreifende Manager hilft meistens einem *Kollegen*. Eine Beratungsbeziehung besteht nämlich besser zwischen zwei gleichrangigen Personen, die sich achten und mögen. Es ist besser, wenn sie nicht von hierarchischen Beziehungen bestimmt ist, wie sie meistens zwischen Vorgesetzten und Mitarbeitern bestehen.

Verschiedene Möglichkeiten des Eingreifens

Die fünf Hauptmöglichkeiten des Eingreifens und die jeweiligen Situationen werden in Tabelle 11–1 dargestellt.

Tabelle 11–1
Beratendes Eingreifen

Eingreifen	Schlüsselbegriffe	Ausgangssituation
Verständnisvolles Zuhören	Gefühlsausbruch ermöglichen	Aufgestaute Gefühle blockieren Denken und Handeln, so daß die notwendigen Initiativen nicht ergriffen werden können.
Katalyse	Auffassungsvermögen stärken	Mangelhafte Kommunikation hat zu großer Ignoranz geführt, wodurch die Leistungsfähigkeit blockiert ist.
Konfrontation	Wertvorstellungen klären	Bestimmte Wertvorstellungen, die häufig im verborgenen bleiben, wirken sich negativ aus.
Vorschrift/ Anordnung	Antworten geben	Der Kollege gibt auf, er ist mit seinem Latein am Ende. Er besitzt keine Initiative mehr und ist bewegungsunfähig.
Theorie/ Prinzipien	Systembezogene Einsichten vermitteln	Der Kollege ist bereit, sich zur Lösung von Problem an wissenschaftlichen Grundlagen zu orientieren.

Verständnisvolles Zuhören

Eine solche Art des Eingreifens ist zweckmäßig, wenn sich ein Kollege gefühlsmäßig sehr verletzt fühlt. Solche Gefühle können eine breite Skala umfassen. Der Kollege fühlt sich zurückgesetzt, weil er sich irgendwo gescheitert fühlt. Seine Ehe wurde geschieden. Ein geliebter Mensch ist gestorben. Solche Gefühle können die gesamte Denkweise eines Menschen beherrschen. Er kann keinen klaren Gedanken mehr fassen. Einen klaren Kopf braucht er aber, um leistungsfähig zu sein und Probleme lösen zu können. Wenn ein Kollege nun zuhörend und verständnisvoll eingreift, gewinnt er seine eigene Sicherheit zurück und kann seine innersten Gedanken ohne Angst vor Zurückweisung oder Verurteilung aussprechen. So kann man dem Kollegen helfen, seine Gefühle zu analysieren und seine Situation objektiv zu sehen.

Der Manager, der in einer solchen Situation als helfender Berater tätig wird, sollte einige Grundregeln beherrschen, wenn er einem Kollegen durch verständnisvolles Zuhören helfen will:

1. Bringen Sie den Kollegen dazu, über seine Lage zu sprechen. »Reden Sie frisch von der Leber weg, wie es Ihnen in den Sinn kommt, ohne bestimmte Reihenfolge.« Ermuntern Sie ihn immer wieder zum Weitersprechen.
2. Versuchen Sie, sich in die Lage des Kollegen zu versetzen und seinen Standpunkt zu verstehen, auch wenn Sie ihn selbst nicht für richtig halten. Sie sollten mitempfinden, so daß der Kollege merkt, sein Gegenüber spürt, wo das Problem liegt. Der Berater sollte wenigstens etwas sagen: »Aus Ihren Worten höre ich folgendes heraus . . .«
3. Üben Sie aktives Zuhören. Ermuntern Sie den Kollegen, weiterzureden. Schauen Sie ihn an, lächeln Sie ihn an, nicken Sie zustimmend, lassen Sie zustimmende Laute ertönen (mhmm).
4. Helfen Sie ihm, sich über seine Gefühle klarzuwerden. Akzeptieren Sie ihr Vorhandensein. Sagen Sie beispielsweise: »Sie haben die Lage beschrieben. Was *fühlen* Sie?«
5. Wenn der Kollege schweigt, sollten Sie seine letzte Bemerkung wiederholen, und zwar so, daß er merkt, daß Sie als Berater seine Worte, ohne ein Urteil abzugeben, völlig verstehen und akzeptieren.
6. Fügen Sie dem Problem des Kollegen nichts hinzu. Formulieren Sie es auch nicht um. Ergreifen Sie nicht Partei. Sie sollen den Worten Ihres Kollegen weder zustimmen noch widersprechen.
7. Sie können sagen: »Was ist Ihrer Meinung nach das Problem? Welche Möglichkeiten stehen Ihnen zu seiner Lösung offen?« Der Kollege muß die vollständige Diagnose selbst stellen.

8. Gehen Sie davon aus, daß der Kollege Fortschritte macht bei der Definition und Lösung des *wahren* Problems, weil Ihr verständnisvolles Zuhören dem Kollegen hilft, Selbstvertrauen zu gewinnen, so daß er seine Frustrationen, seinen Unmut oder sein geringes Selbstwertbewußtsein überwindet.

Durch nicht beurteilende, unterstützende Beratung kann der Gegenüber die seine Objektivität behindernden Emotionen abbauen. Mit dieser Hilfe gewinnt er die notwendige Perspektive und kann sein Gleichgewicht wiederfinden.

Katalyse

Ganz andere Probleme tauchen auf, wenn ein Kollege unentschlossen und unsicher ist. Er sitzt in der Zwickmühle. Er ist unfähig, sich vorwärts oder rückwärts, sich nach rechts oder nach links zu bewegen. Eine solche Entschlußlosigkeit ist oft auf ungenügend vorhandene Informationen zurückzuführen. Der Berater greift als Katalysator ein. Er hilft dem Kollegen bei der Sammlung von Informationen, so daß er seine Wahrnehmungen neu und objektiv interpretieren kann. So wird sich der Kollege des Problems besser bewußt und kann es meistern.

So greift der Berater als Katalysator ein:

1. Er beginnt seinen Eingriff während eines informellen Gesprächs, um eine freundliche Atmosphäre des Gebens und Nehmens zu schaffen. »Wie sieht es denn so aus?«
2. Er lädt den Kollegen ein, seine Lage zu beschreiben, und akzeptiert die vom Kollegen angegebenen Bedürfnisse als Arbeitsrahmen.
3. Er schlägt Verfahren zur weiteren Informationssammlung vor.
4. Er ermuntert den Kollegen soweit wie möglich und unterstützt ihn in seinen Bemühungen, ein Problem zu definieren oder neu zu definieren.
5. Er macht keine spezifischen Vorschläge zum Problem selbst oder zu seiner Lösung. Selbst Verfahren zur Datensammlung werden

nur sehr vorsichtig angeboten. Der Berater versucht, sich innerhalb der Grenzen zu halten, die seiner Meinung nach vom Kollegen akzeptiert werden. Er weiß vielleicht, was der Kollege tun »sollte« oder daß der Kollege dem eigentlichen Problem nicht ins Auge sieht. Wenn er ihm aber seinen Willen aufzwingen wollte oder den Kollegen darauf aufmerksam machen wollte, daß er sich selbst betrüge, würde er wahrscheinlich Widerstand hervorrufen. So könnte sich die Verantwortung für die Problemlösung vom Kollegen auf den Berater verlagern. Um sicherzustellen, daß der Kollege spürt und weiß, daß er die Kontrolle über die Situation behält, wird der Berater diese Grenzen nicht überschreiten. »Wie sieht es denn mit dieser Möglichkeit aus?« und »Meinen Sie, daß das funktionieren wird?« Weiter sollte der Berater in Katalysatorfunktion mit seinen Fragen nicht gehen. Er beschränkt seine Rolle auf die eines Förderers.

6. Der Berater ermuntert den Kollegen, die Entscheidung selbst zu treffen. Er dient ihm als geschickter Berater, aber er wird ihm die Entscheidung nicht abnehmen. Er wird auch nicht zu dem einen oder anderen raten. Er konfrontiert den Kollegen auch nicht mit der Tatsache, daß schon seine Definition der Lage den Fortschritt hemmt. So weiß der Kollege, daß jede Entscheidung seine eigene ist.

Informationssammlung und Hilfe zu den Verfahrensweisen sind die Kernstücke dieses Katalysatoransatzes. Der Kollege kann so häufig zusätzliche Alternativen zur Lösung seiner eigenen Probleme erkennen. Er kann die einzelnen Alternativen besser gegeneinander abwägen und sich unter zwei verschiedenen Lösungen für die bessere entscheiden. In jedem Falle weiß der Kollege, daß er für den Ausgang selbst verantwortlich ist.

Konfrontation

Wieder andere Schwierigkeiten, die zu psychischen und sozialen Problemen führen, entstehen aus miteinander in Konflikt stehenden Wertvorstellungen. Diese Wertvorstellungen gründen oft auf falschen Voraussetzungen, deren sich die Menschen nicht bewußt sind. Ein Eingreifen durch Konfrontation kann dazu führen, daß sich die Menschen ihrer eigenen ungeprüften Wertvorstellungen oder der Grundlagen besser bewußt werden. Man kann einen Kollegen dazu herausfordern, sich einmal die Grundlagen seines Denkens anzuschauen und festzustellen, wie er dadurch seinen Blick für verschiedene Situationen trübt. Der Kollege kann sich so auf eine oder mehrere Optionen besinnen, die zu wirksamerem Handeln führen würden, wenn er sich ihrer bewußt wäre.

So setzt der Berater das Mittel der Konfrontation ein:

1. Der Berater hält nichts für selbstverständlich, wenn der Kollege seine Situation beschreibt. Bei der Beantwortung von Fragen zeigt der Kollege, ob er die Situation begreift oder nicht. Wenn der Kollege sie nicht begreift, »zwingt« ihn der Berater dazu, sich näher damit zu befassen. »Warum sehen Sie die Situation so?«
2. Der Berater legt Tatsachen, Gegenargumente vor und setzt seine Logik ein, damit der Kollege seine Objektivität überprüfen kann.
3. Sobald der Kollege seine eigenen Wertvorstellungen und seine Grundeinstellung kennt, regt der Berater dazu an, über die verschiedenen Maßnahmenkurse nachzudenken.
4. Er forscht durch eingehende, offene Fragestellung nach den Gründen, Motiven und Ursachen, um dem Kollegen eine klare und wahrscheinlich andere Perspektive seiner Situation zu vermitteln.
5. Er spricht dem Kollegen gegenüber seine eigenen Gedanken aus, besonders wenn sie sich von den Wertvorstellungen und Grundeinstellungen des Kollegen unterscheiden oder ihnen sogar widersprechen. Er tut das aber so, daß sich der Kollege nicht persönlich angegriffen oder zurückgesetzt fühlt.

Die Konfrontation kann Dinge in den Vordergrund stellen, die sich enorm auf die Problemlösung des Kollegen auswirken können, auch wenn der Kollege sie selbst nicht bemerkt. Der Kollege bleibt weiterhin voll verantwortlich für alle eintretenden Änderungen, da der Eingriff des Beraters darauf gerichtet ist, die Wertvorstellungen klarzumachen, nicht aber zu kontrollieren, wie der Kollege seine Probleme meistert.

Vorschrift/Anordnung

Unser viertes Problemgebiet dreht sich um die vielen traumatischen Erlebnisse, die in unserem modernen Leben wohl nicht zu vermeiden sind. Manchmal rechnen die Menschen mit Notfällen, bereiten sich darauf vor und können so schlimmere Folgen verhüten. Oft aber trifft sie das Unglück aus heiterem Himmel. Jede effektive Reaktion ist blockiert. Der Kollege ist hilflos und ohne Hoffnung. Hier kann man mit einer Anordnung eingreifen, in eine Richtung weisen und Hoffnung erwecken. Der Manager als Berater sagt dem Kollegen, was er tun soll, um ein gegebenes persönliches Problem richtigzustellen, oder tut es sogar für ihn. Der Berater übernimmt die Verantwortung für die Erstellung der Diagnose und die Formulierung der Lösung.

So geht der Berater vor, der einem Kollegen eine Vorschrift macht:

1. Er fragt, um alles Nötige über das Problem des Kollegen zu erfahren. Er dringt ganz geschäftsmäßig bis zum Kern vor, manchmal ohne sich viel um Heikles zu kümmern. Er wird dem Kollegen kaum sagen, was er denkt, weil das wahrscheinlich sowieso zu nichts führen würde.
2. Er steuert, indem er dem Kollegen sagt, wie er als Berater das Problem sieht.
3. Er sagt dem Kollegen auf vertrauensvoll autoritäre Weise, welches die »beste« Lösung ist.
4. Er glaubt zuversichtlich an den Plan und bietet häufig an, auch die Durchführung zu überwachen.
5. Wenn der Kollege zögert oder versucht, die empfohlene Handlungsweise zu vermeiden, sagt er: »Ich glaube, wir können augenblicklich nicht zusammenarbeiten. Wenn Sie aber meinen, daß Sie Hilfe brauchen, können Sie mich jederzeit rufen.«

Voraussetzung für ein solches Eingreifen mit Vorschriften ist, daß der Berater Experte ist und daß der Kollege bereit ist, die Antworten des Beraters zu akzeptieren. Es sollte betont werden, daß man mit solchen Vorschriften ein Rezept dafür gibt, was man zur Lösung eines persönlichen Problems tun sollte. Bei dieser Art der Intervention werden sich enorme Schwierigkeiten auftun, wenn der Kollege nicht bereit ist, den Anordnungen Folge zu leisten, obwohl der Berater am besten weiß, was gut ist. Das liegt teilweise daran, daß sich der Kollege nicht in der Lage fühlt, der Empfehlung entsprechend zu handeln, und teilweise daran, daß es dadurch zu Konflikten mit anderen kommen könnte.

Allgemein anerkannte Theorien und Prinzipien vermitteln

Es gibt ein weiteres Gebiet im modernen Industrieleben, bei dem die Beratung sehr wichtig sein kann. Es geht darum, den Menschen zu helfen, persönliche Reaktionen systematisch zu begreifen und dadurch unnötige menschliche Fehler zu vermeiden oder klarzustellen.

Wenn der Berater eingreift, bietet er dem Kollegen Theorien an, die sich auf das Problem beziehen. Dann zeigt er dem Kollegen systematische und empirisch erwiesene Analysemöglichkeiten. Sobald der Kollege diese Prinzipien beherrscht, kann er analytischer denken und Ursache und Wirkung besser voneinander unterscheiden als vorher. So lernt der Kollege, persönliche Probleme zu diagnostizieren und bessere Lösungsmöglichkeiten für sie zu finden.

Bei der Theorieberatung sollte man schrittweise vorgehen.

Schritt 1 – Man erzählt dem Kollegen von einem typischen persönlichen Problem, dem er normalerweise im täglichen Leben begegnen wird. Der Kollege reagiert schriftlich oder mündlich. Seine Reaktionen definieren seine natürliche Neigung. Diese Sitzung findet statt, ehe überhaupt eine Theorie formuliert wird.

Schritt 2 – Der Kollege befaßt sich mit den entsprechenden Verhaltenstheorien. Er arbeitet ein Buch durch, hört sich Vorträge an, benutzt Kassetten oder sieht sich Filme dazu an. Mit Hilfe von Beispielen und Testfragen kann der Kollege sein Wissen selbst überprüfen.

Schritt 3 – Der Kollege arbeitet mit simulierten Problemen, anhand derer er die »optimalen« Lösungen unter Anwendung der in Schritt 2 erarbeiteten Theorien einüben kann.
Schritt 4 – Durch konstruktive Kritik nach der Simulation kann der Kollege feststellen, inwieweit er die Theorien begriffen hat und inwieweit er sie auch anwenden konnte. Diese Kritik hilft ihm auch, eventuelle ungenaue Vorstellungen zu identifizieren und auch die Grenzen der Theorien festzustellen.
Schritt 5 – Es wird eine weitere Simulationsserie benutzt, um dem Kollegen die Möglichkeit zu bieten, seine natürliche Neigung zur Meisterung von Situationen mit der Theorie zu vergleichen. Aus solchen Selbstkonfrontationen lernt der Kollege, die Theorie allmählich auf für sich persönlich nutzvolle Weise anzuwenden. Er erkennt, in welchem Ausmaß die in seiner zweiten Natur verankerten Einstellungen die Steuerung übernehmen, wenn er unter Druck handeln soll. Der Kollege gewinnt allmählich das Gefühl, die Theorie effektiv handhaben zu können.
Schritt 6 – Wenn nötig, wird weiter geübt, damit der Kollege seine Fähigkeiten vervollkommnen, die geforderten Handlungen und Praktiken identifizieren und ausführen kann.
Schritt 7 – Der Kollege vergleicht seine eingeübte Problemlösungsweise heute mit seinen natürlichen Neigungen aus Schritt 1. Er reagiert auf dieselben Situationen wie in Schritt 1, diesmal aber mit einer theoretisch untermauerten Handlungsweise.
Schritt 8 – Generalisierungen zu seiner natürlichen Neigung werden weiter geklärt und differenziert, damit der Kollege nicht wieder in seine gewohnheitsmäßigen Reaktionen zurückfällt. So hat der Kollege ein weiteres Instrument in der Hand, um Situationen aus einer theoriebegründeten Perspektive bewältigen zu können.
Schritt 9 – Unterstützung durch den Berater und die praktische Anwendung des theoretischen Ansatzes im Umgang mit der Vielfalt des menschlichen Wesens helfen dem Kollegen bei der Verwirklichung der Wandlungsabsichten.

Der Berater wird zum Lehrer, wenn er dem Kollegen Gedanken vermittelt, die ihm helfen, seine Situation aus einer anderen Perspektive zu sehen. Je besser der Kollege die Theorien des menschlichen Verhaltens begreift, desto mehr wird er in der Lage sein, Alternativlösungen für seine Probleme zu erkennen. Er wird die Folgen gegeneinander abwägen, ehe er sich für den optimalen Weg entscheidet. Er wird diese Prinzipien genauso auf zukünftige Probleme anwenden können.

Führungskräfte mit ihren Präferenzen bzw. natürlichen Neigungen

Viele Manager, die sich als unterstützende und helfende Berater betätigen, haben persönliche Präferenzen oder Neigungen, die ihre Wahl beeinflussen oder auch ihren Interventionsstil bestimmen. Diese Einflüsse stehen oft in keinerlei Zusammenhang mit den Bedürfnissen des Mitarbeiters. Interventionen, die auf den persönlichen Präferenzen des Beraters beruhen, sind weniger wert als die Interventionen, die auf das tatsächliche Problem des Kollegen gerichtet sind und sich an seinen wahren Bedürfnissen orientieren. In Tabelle 11–2 zeigen wir die Bezüge zwischen diesen Präferenzen und der Gitterorientierung.

Viele Überlegungen sind für die Effektivität des Eingreifens entscheidend. Eine Nutzung der gesamten Skala möglicher Interventionen spiegelt eine 9,9-Orientierung wider (Tabelle 11–3).

Eingriffe, die sich aus einer 9,1-Einstellung des Beraters ergeben, sind in Tabelle 11–4 zusammengefaßt. Dieser Manager orientiert sich nicht an den Problemlösungsbedürfnissen des Kollegen. Die Einstellung des 5,5-orientierten Beraters ist in Tabelle 11–5 dargestellt.

Der 1,9-orientierte Berater wird mit seiner Einstellung in Tabelle 11–6 beschrieben.

Tabelle 11–7 zeigt die »ausgebrannte« Orientierung eines 1,1-Beraters.

Eingriffe mit Vorschriften und Anordnungen können außerdem aus der patriarchalischen Orientierung eines Beraters entstehen (Tabelle 11–8).

Die verschiedenen Möglichkeiten des Eingreifens werden den einzelnen Gitterstilen zugeordnet. So ist zu erkennen, wann ein bestimmter Eingriff die Bedürfnisse des Beraters erfüllt und wann ein Eingriff wirklich den Bedürfnissen eines Kollegen entspricht, dem man dazu verhelfen will, seine Probleme erfolgreich zu meistern.

Tabelle 11–2
Arten des Eingreifens und Gitterstilzuordnung

Bevorzugte Art des Eingreifens	Wahrscheinlicher Gitterstil
Verständnisvolles Zuhören	1,9 (und 1,1)
Katalyse	5,5 (und »statistisch« 5,5)
Konfrontation	9,9 (und 9,1)
Vorschrift/Anordnung	9,1
Theorie und Prinzipien	9,9 (und 9,1)

Tabelle 11–3
Der 9,9-Manager als Berater

Art des Eingreifens	Gitterstil	Ausgangssituation
Verständnisvolles Zuhören	9,9	Der Manager als Berater hilft dem Kollegen, seine ihn lähmenden Spannungen abzuschütteln und dadurch Hindernisse abzubauen, die konstruktives Handeln hemmen.
Katalyse	9,9	Der Manager als Berater hilft dem Kollegen, sein Auffassungsvermögen zu erweitern, und lenkt ihn von einer oberflächlichen zu einer fundierteren Handlungsweise.
Konfrontation	9,9	Das Problem schält sich nur dann deutlich heraus und kann nur dann gelöst werden, wenn der Kollege erkennt, daß sein eigenes Verhalten und seine eigenen Wertvorstellungen die Ursache bilden.

Art des Eingreifens	Gitterstil	Ausgangssituation
Vorschrift/ Anordnung	9,9	Der Kollege steckt in einer Sackgasse, ist hoffnungslos und verzweifelt, aber er muß handeln, um weitere negative Folgen zu verhindern.
Theorie/ Prinzipien	9,9	Der Kollege kann seine Probleme aufgrund systematischer Einsichten angehen und wahrscheinlich auch lösen. So kann er auch besser mit ähnlichen Problemen in Zukunft fertig werden.

Tabelle 11–4
Der 9,1-Manager als Berater

Art des Eingreifens	Gitterstil	Ausgangssituation
Konfrontation	9,1	Der Berater empfindet Genugtuung, wenn er einen Kollegen aufrütteln kann.
Vorschrift/ Anordnung	9,1	Der Berater will unbedingt, daß eine Maßnahme, die er für richtig hält, ergriffen wird. Er ist bereit, jeden notwendigen Druck aufzubieten, um den Kollegen dazu zu bringen.
Theorie/ Prinzipien	9,1	Der Berater ist sicher, daß der Kollege sein persönliches Problem einzig und allein mit Hilfe der Theorie lösen kann.

Tabelle 11–5
Der 5,5-Manager als Berater

Art des Eingreifens	Gitterstil	Ausgangssituation
Verständnisvolles Zuhören	5,5	Der Berater reagiert auf das, was der Kollege zu brauchen meint, ohne selbst davon überzeugt zu sein, daß dies das Beste ist.
Katalyse	5,5	Der Berater richtet seine Reaktion danach, was der Kollege zu brauchen meint, selbst wenn ihm im stillen klar ist, daß eine realistische Lösung erst einer anderen Definition bedarf.
Theorie/ Prinzipien	5,5	Der Berater präsentiert die Theorie allerdings nicht, weil er sie für nützlich hält, sondern weil er meint, der Kollege will sie.

Tabelle 11–6
Der 1,9-Manager als Berater

Art des Eingreifens	Gitterstil	Ausgangssituation
Verständnisvolles Zuhören	1,9	Er hört dem Kollegen verständnisvoll zu, weil eine hohe Orientierung am Menschen für ihn die einzige Möglichkeit darstellt, zu helfen.
Katalyse	1,9	Er möchte dem Kollegen angenehm sein.

Tabelle 11–7
Der 1,1-Manager als Berater

Art des Eingreifens	Gitterstil	Ausgangssituation
Verständnisvolles Zuhören	1,1	Der Berater bleibt passiv. Er hört zu, aber nicht aus Hilfsbereitschaft, sondern aus mangelndem Interesse.

Tabelle 11–8
Ein Berater mit patriarchalischer Einstellung

Art des Eingreifens	Gitterstil	Ausgangssituation
Vorschrift/ Anordnung	Patriarchentum	Er besteht darauf – häufig zu Recht –, daß der Kollege die empfohlene Maßnahme zu »seinem eigenen Besten« ergreift, auch wenn der Kollege das nicht so sieht.

Welche Berater für welche Kollegen?

Schwierig ist die Frage, welcher Berater sich am besten dazu eignet, einem Kollegen bei einem persönlichen Problem zu helfen.

Vorgesetzte sind wohl nicht gerade in der besten Lage, ihren direkten Mitarbeitern bei einem persönlichen Problem zu helfen, besonders nicht, wenn sich die Probleme innerhalb des Unternehmens ergeben. Der Chef dürfte ein berechtigtes Interesse an der Lösung des Problems haben und will es wohl in seinem Sinne gelöst sehen. Selbst wenn der Chef kein berechtigtes Interesse hat, kann es immer noch sein, daß der Mitarbeiter Hemmungen hat, ein Problem persönlicher Art mit dem Chef zu besprechen. Ob er es mit ihm besprechen sollte, ist eine andere Frage. Solche Gespräche können sich nämlich als unfruchtbar oder gar als schädlich erweisen. In jedem Fall bildet der Vorgesetzte, der seinem Mitarbeiter als Berater dient, einen Sonderfall. Der Vorgesetzte dürfte einem Mitarbeiter am besten helfen können, wenn sich der Mitarbeiter persönlichen Problemen im Zusammenhang mit einer Versetzung gegenübersieht und nicht weiß, ob er sie annehmen soll oder nicht. In diesem Fall kann der Chef dem Mitarbeiter oft mit einer Katalyse helfen, Risiko und Nutzen von Bleiben und Gehen gegeneinander abzuwägen. Der Chef muß jedoch genau wissen, wie sehr seine eigenen Bedürfnisse dieses Beratungsgespräch beeinflussen.

Der umgekehrte Weg, daß ein Mitarbeiter seinen eigenen Vorgesetzten oder Vorgesetzte auf noch höheren Ebenen um Rat angeht, wird zu häufig als Radfahren oder »Punktesammeln« mißverstanden. Aber auch hier gibt es Ausnahmen. Ein Chef kann ein »solches Brett vor dem Kopf« haben, daß der Mitarbeiter Hilfe als Berater anbieten kann, Hilfe, die von anderer Seite zurückgewiesen würde. Dies kommt vor, wenn der Mitarbeiter informiert ist und der Chef den Eingriff des Mitarbeiters bereitwillig akzeptiert, da er weiß, daß dem Mitarbeiter seine Interessen am Herzen liegen.

Es gibt keine eindeutigen Regeln, wer einem Kollegen am besten als Berater helfen kann, aber es gibt ein allgemeines Prinzip, das als Orientierungshilfe dienen mag: Probleme, die innerhalb des Führungssystems entstehen und die in bezug auf Operationen und Probleme der persönlichen Effektivität mit der Aufgabe selbst zusammenhängen, werden am besten mit einem 9,9-Ansatz (Kapitel 7) gemeistert. Wenn sich persönliche Probleme außerhalb der Arbeit ergeben, die aber die Arbeit selbst behindern, lautet die Antwort: Beraten kann jeder, der erstens seine eigenen berechtigten Interessen aus der Beratung heraushalten kann, der zweitens von dem Kollegen, der Hilfe braucht, geachtet wird und der sich drittens in der Lage fühlt, so einzugreifen, daß er bei der Lösung hilft.

Zusammenfassung

Angst, Gesundheitsstörungen und unsoziales Verhalten sind für die modernen industriellen Gesellschaften immer kennzeichnender geworden. Das ist der Preis, den wir für den materiellen, technischen und sozialen Fortschritt zu zahlen haben. Es ist aber möglich, die Früchte des Fortschritts zu ernten und gleichzeitig diese schädlichen Folgen abzuwenden. Dazu müssen Tätigkeit und Verantwortung der Führung neu definiert werden. Die Vorgesetzten müssen nicht nur zu effektiveren Führungskräften und Lehrern werden, wodurch sie die Ursachen schwerwiegender Probleme verringern, sondern sie müssen auch lernen, Berater zu werden, und sich gegenseitig helfen, effektiver mit den Gefühlen, Spannungen, Frustrationen, blinden Flekken, mit dem Unwissen und den Feindschaften fertig zu werden, die zu seelischen und körperlichen Gesundheitsstörungen und zu unsozialem Verhalten führen. Jeder Manager ist ein Berater oder kann Berater werden.

Die Beratung war bis jetzt Fachleuten vorbehalten. Sie ist es nicht mehr. Jeder Manager kann lernen, genausogut wie ein professioneller Berater zu helfen, weil die Theorie und die dazugehörigen Fähigkeiten bekannt und recht gut erlernbar sind. Außerdem sind Lehrinstrumentarien vorhanden. Die neue Herausforderung lautet, es jeder Führungskraft zu ermöglichen, die Grundsätze und Verhaltensweisen helfender Beratung zu erlernen. So besteht eine realistische Möglichkeit, heute den Menschen die Hilfe zu bringen, die sie brauchen.

Wir haben die Rolle des Managers als Berater und die des Kollegen als Klienten umrissen. Fünf verschiedene Problemarten lassen sich mit fünf verschiedenen Arten des Eingriffs lösen: Verständnis für Probleme emotionaler Art, Katalyse für Probleme aufgrund mangelnder Informationen oder falscher Wahrnehmungen, Konfrontation bei Schwierigkeiten mit Wertvorstellungen, Vorschriften bei Hoffnungslosigkeit und Theorie, wenn die systematische Einsicht fehlt.

Wir haben untersucht, wohin der Manager aufgrund seines Gitterstils natürlicherweise tendiert, und die bevorzugten Interventionsarten dargestellt.

Schwierig ist die Entscheidung, wer wen am besten beraten kann. Manchmal ist die Beziehung Chef-Untergebener mit der Beziehung Manager als Berater-Kollege als Klient zu kombinieren. Diese Paarung kann sich zwar für bestimmte Problemarten und Situationen als nützlich erweisen, kann aber andererseits auch die Hilfsbemühungen hemmen, wenn nicht eine 9,9-orientierte Beziehung besteht. Wenn Hilfestellung innerhalb eines Chef-Mitarbeiter-Paares unhaltbar ist, kann ein anderer Manager, der in keinem direkten Unter- oder Überstellungsverhältnis zu dem Kollegen steht, einen wertvollen Beitrag leisten.

Kapitel 12

9,9-Lernen im Team aus Erfahrung durch Techniken

Ein 9,9-orientiertes Team schätzt Offenheit und Aufrichtigkeit, löst Konflikte durch direkte Konfrontation und hat Freude am Experiment. Mit dieser Einstellung läßt sich die Effektivität durch ständiges Lernen immer weiter verbessern. Mit solchen Wertvorstellungen läßt sich auch der Rücklauf nutzen. Das Feedback oder der Rücklauf sind entscheidende Faktoren. Die Teammitglieder lernen durch konstruktive Kritik. »Konstruktive Kritik« beinhaltet eine Reihe von Möglichkeiten, sich mit betrieblichen Problemen zu befassen und sie zu lösen. Die Teammitglieder führen diese Gespräche einzeln oder in der Gruppe, während sie sich um die Erledigung ihrer Aufgaben bemühen.

Die Mitarbeiter an einem Projekt wissen häufig, daß ihre Leistung nicht befriedigend ist. Normalerweise bereitet es ihnen keine Schwierigkeiten, die Vorgänge, zumindest technisch, zu beschreiben. »Wir haben um 10 Uhr angefangen. Um 12 Uhr hätten wir fertig sein sollen, aber wir haben bis 12.30 Uhr gebraucht.« Oder: »Obwohl ich Informationen von Hage und Enke brauchte, haben sie nie mit mir oder miteinander gesprochen. Hage bat Hansen, sich die Information von Tietze zu holen, und Tietze erhielt seine Information von Hage durch Rollmann. Als ich sie schließlich hatte, war sie nutzlos geworden.« Diese Beschreibung ist eine Rekonstruktion des Ereignisses. Der Gang der Ereignisse wird so bewußt gemacht. Das ist wichtig, ist aber nur eine Seite der Münze.

Konstruktive Kritik als Lernansatz findet statt, wenn mindestens zwei Personen ihre jeweilige Beschreibung eines Ereignisses geben, das beiden direkt widerfahren ist. Wenn Hage, Enke, Hansen, Rollmann und die übrigen sich zusammengesetzt hätten und die Frage beantwortet hätten, warum die Information nutzlos war, als sie beim letzten anlangte, hätten sie mit konstruktiver Kritik versucht, ihre Lage zu verbessern. Die Menschen lernen auch aus konstruktiver Kritik, wenn zwei oder mehrere die Handlungsweise eines dritten beschreiben und jeder darlegt, welchen Sinn und welche Absicht er dahinter sieht. Man beschreibt die Ähnlichkeiten und Unterschiede und erörtert sie mit dem dritten. So lassen sich potentielle Mißverständnisse, Wahrnehmungsfehler oder andere ungeahnte Folgen einer Handlungsweise korrigieren.

Das Wann und Wie der konstruktiven Kritik

Konstruktive Kritik läßt sich zu Beginn, während und am Ende einer Maßnahme einsetzen.

Konstruktive Kritik zu Beginn

Es mag zwar widersprüchlich erscheinen, aber die konstruktive Kritik bietet selbst vor Beginn einer Maßnahme einen ausgezeichneten Lernansatz. Hier trägt sie zum Nachdenken über die zu beginnenden Maßnahmen bei. Wir stellen fest, was jeder Teilnehmer weiß, mit welchen Vorkommnissen jeder rechnet, wie sie sich abspielen werden und was jeder erreicht sehen möchte. So läßt sich die menschliche Arbeitskraft besser einsetzen. Häufig kristallisieren sich so mögliche Probleme heraus, die man von Anfang an umgehen kann.

Ein Beispiel: Schiffsbauer geben eine detaillierte Garantie auf das Schiff. In der Betriebsanleitung werden die technischen Besonderheiten des Schiffes aufgezählt. Eine bestimmte Leistung wird garantiert. Diese Leistungen kann der Eigner also von seinem Schiff rechtmäßig erwarten. Das gilt für Passagierschiffe genauso wie für Tanker, Frachter und sogar für kleinere Boote.

Der Eigner nimmt das Schiff in Empfang. Üblich ist, einen Kapitän zu ernennen und dann die Mannschaft zusammenzustellen.

Bevor das Schiff ausläuft, braucht die Mannschaft einige Tage, um sich mit den Maschinen und den Betriebseigenschaften des Schiffes vertraut zu machen. Davon kann man sich nur aus erster Hand überzeugen. Man prüft die Konstruktion des Schiffes und beschäftigt sich mit seinen wahrscheinlichen Leistungsmöglichkeiten.

Das Schiff läuft zu einer Probefahrt aus. Es werden so viele Mängel wie nötig beseitigt. Die Tatsache, daß in der Garantie genau geschrieben steht, was der Eigner als Leistungsnormen rechtmäßig erwarten kann, wird vergessen, es sei denn, es taucht irgendwo ein schwerwiegender Mangel auf. Schwerwiegende Mängel und große Leistungsabweichungen werden dem Kapitän gemeldet. Ansonsten findet man sich mit vielen Mängeln ab. Die Mannschaft findet sich, so gut sie kann, damit ab.

Ganz anders sieht die Sache aus, wenn man von vornherein mit konstruktiver Kritik an die Arbeit geht. Der Kapitän wird ernannt, die Mannschaft zusammengestellt, genauso wie es auch sonst üblich ist. Ehe man aber an Bord geht, nimmt man sich einige Zeit, um die Mannschaft zu einem Team zusammenzuschweißen. Sie sehen sich genau an, welche Schiffsleistung, Maschinenleistung und welche Leistungen für sonstige Teile in der Garantieerklärung aufgeführt sind. Dann befassen sie sich mit den Betriebsanweisungen für die verschiedenen Ausrüstungsgegenstände und sehen sie sich kritisch auf Standard- oder Sonderaspekte an. Erst danach geht die Mannschaft an Bord, um sich mit den tatsächlichen Eigenschaften des Schiffes und seiner Ausrüstung vertraut zu machen. Während der Probefahrt wird das Schiff und seine Ausrüstung auf seine Minimal- und Maximalleistung überprüft. Mit einer Durchschnittsleistung geben sie sich nicht zufrieden. Erst dann geht es mit dem Schiff auf See.

Maßnahmenbegleitende konstruktive Kritik

Konstruktive Kritik kann auch spontan oder planmäßig während einer Maßnahme geübt werden. Wir sprechen von begleitender Kritik, weil sie mit der Tätigkeit selbst Hand in Hand geht.
Ein Beispiel:

Teammitglied A zu Teammitglied B: »Kommen wir eine Minute auf Herrn B. zurück. Sie meinen also, wir sollten die Diskussion fortsetzen. Wenn wir sehen, daß ein Mitarbeiter in diese Situation gerät, sollen wir eingreifen und an Ort und Stelle überprüfen?«

B zu A: »Genau. Die Gelegenheit am Schopfe packen und dann darauf hinweisen, wenn es passiert.«

A zu B: ». . . sich gegenseitig während der Diskussion zu beobachten und abzuwarten, was sich herausstellt . . . Richtig?« (allgemeine Zustimmung)

C zu B: »Lassen Sie mich mal nachdenken. Sie haben da gerade blitzschnell einen Schluß gezogen . . .«

B zu C: »Das stimmt.«

C zu B: ». . . gerade vor einer Sekunde . . . Ich hatte folgendes gemeint. Ich kann Ihnen ein Beispiel geben. Plötzlich sagen Sie: ›Ich hab's. Es geht nicht so, sondern es geht so.‹ Uns sind Sie zu schnell.« (C beschreibt ein kritisches Beispiel und lenkt B's Aufmerksamkeit darauf, gleich nachdem es geschehen ist.)

B zur Gruppe: »Nun, leiten Sie daraus ab, daß ich ein Mann der Tat bin?« (Gelächter und Verwirrung) »Jetzt aber ernsthaft: Ich kann verstehen, warum ich Ihnen so vorkomme. Ich werde mich in Zukunft in acht nehmen. Wenn Sie diese Einstellung wieder bei mir bemerken, dann sagen Sie's mir.«

Ein solches Feedback vergrößert die Wahrscheinlichkeit, daß B lernen wird, seine eigene Effektivität zu stärken. Die Wahrscheinlichkeit wird größer, daß jedes Mitglied des Teams das eigene Verhalten überprüft und sich dazu genaue Fragen stellt. Jeder erkennt, wie er seine Gewohnheiten ändern kann, damit er mehr zur Effektivität des Teams in der Problemlösung beitragen kann.

Diese maßnahmenbegleitende Kritik ist besonders nützlich zur Identifizierung von Problemen und Schwierigkeiten und zur Einführung von Korrekturmaßnahmen, ehe sich die Probleme festsetzen und die Leistung hemmen.

Formlose, spontane Bemerkungen über die Geschehnisse haben schon alleine ihren Wert, weil sie spontan kommen. Wenn jedoch Spontaneität durch Impulsivität ersetzt wird, sind die Bemerkungen meistens nicht durchdacht, und die übrigen sind auch nicht bereit, sie zu akzeptieren. Kollege A sagt zu Kollege B: »Sie sind dogmatisch. Sie wiederholen dauernd Ihre Meinung und hören mir überhaupt nicht zu.« A's Bemerkung, daß man ihm nicht zuhört, mag richtig sein, aber mit dieser Bemerkung wird er B kaum dazu bringen, zuzuhören. B wird sich eher geneigt fühlen, dieses Verhalten abzustreiten oder zu rechtfertigen. Solche Einwürfe verletzen und führen häufig zu Abwehrreaktionen. Wenn A zu B gesagt hätte: »Ich habe das Gefühl, daß meine Idee nicht angekommen ist«, wird B eher sagen: »Wiederholen Sie bitte, und ich will mich bemühen, zu verstehen.«

Dieser Lernansatz funktioniert am besten, wenn die, die sich daran beteiligen, einige Fertigkeiten haben, Feedback zu geben und zu nehmen, und bereit sind, konstruktive Kritik anzuwenden, wenn sie notwendig ist. Dann werden Fehlstarts vermieden und falsche Entscheidungen ausgeschaltet. Man kann eine Maßnahme in ihrer Gesamtheit überschauen und feststellen, wie sich die Leistung in der nächsten Phase verbessern läßt.

Konstruktive Kritik nach Abschluß einer Maßnahme

Konstruktive Kritik nach Abschluß einer Maßnahme erlaubt den Teilnehmern, die gesamte Erfahrung zu überprüfen, zu rekonstruieren und festzustellen, warum die Ergebnisse hinter den Erwartungen zurückgeblieben sind. Sie können zwischenmenschliche Einflüsse zurückverfolgen, kritische Entscheidungspunkte identifizieren und bewerten und sich wiederholende Muster nachprüfen. Diese Erkenntnisse sind wichtig, um entscheiden zu können, auf welche Weise sich vergleichbare Maßnahmen in der Zukunft besser durchführen lassen.

Diese Kritik nach Abschluß eines Projektes, dieses »Nachkarten«, dient als formales Verfahren der konstruktiven Kritik. Die Skala reicht von halbherzigen Versuchen, festzustellen, was geschehen ist – oft nach schlechten Ergebnissen –, bis hin zu standardisierten Verfahren zur Bewertung designierter Ereignisse. Beispiel dafür sind die vierteljährlichen Budgetüberprüfungen, die mehr oder weniger regelmäßig durchgeführt werden.

Die Teilnehmer denken über eine abgeschlossene Maßnahme nach und ziehen Schlüsse über die Leistung bei bestimmten kritischen Aspekten. Dabei geht es besonders um die benützten Verfahren und um menschliche Faktoren, die die Effektivität gehemmt haben. Manchmal kann man mit einem solchen »Nachkarten« auch die Interaktionen der Teilnehmer zusammensetzen und feststellen, wie sie sich auf Leistung und Ergebnisse ausgewirkt haben. Abschlußkritiken sind ganz normal. Selten ist allerdings, daß man sie mit konstruktiver Kritik verbindet.

Fragebogen bieten einen guten Ausgangspunkt für besonders nützliche konstruktive Kritik. Die Teilnehmer an einem Grid-Seminar beantworten nach den Teamdiskussionen u. a. die folgenden Fragen zur Problemlösung. Die einzelnen Teammitglieder haben 100 Punkte zur Verteilung in der linken Spalte zur Verfügung. Damit bewerten sie ihre Beobachtungen zur Art der geübten Kritik.

Beurteilung durch den einzelnen		Beurteilung durch das Team
A _____	Wenig oder gar kein Interesse an der Analyse der Teamaktion	A _____
B _____	Viele Komplimente, keine Untersuchung der Fehler	B _____
C _____	Vorschläge, wie man anders oder ein bißchen besser handeln könnte, damit das Team einigermaßen vorankommt	C _____
D _____	Schuldige wurden gesucht, destruktive Kritik	D _____
E _____	Maßnahmenbegleitende Kritik während der Teamarbeit zur Verbesserung der Handlungsweise und als Lernschritt	E _____

Die Mitglieder geben nun die jeweiligen Punktbewertungen bekannt und benutzen sie als Diskussionsgrundlage für Unterschiede und Ähnlichkeiten in ihren Beobachtungen und einigen sich auf eine Team-Punktebewertung, die auf der rechten Seite verzeichnet wird.

Wenn man mit der Nachbereitung zu lange nach Abschluß einer Aktion wartet, wird man sich nur noch unvollständig an die Geschehnisse erinnern. Die Möglichkeit, wirklich etwas aus dem Getanen zu lernen, rückt damit in weite Ferne. Die notwendigen Änderungen werden zwar identifiziert, aber kaum noch in die Tat umgesetzt. Den größten Nutzen erhält man, wenn die Kritiksitzung sofort nach Abschluß einer Aktivität erfolgt.

Viele Unternehmungen lassen einen Großteil des Nutzens der Nachbereitung in Form von konstruktiver Kritik ungenutzt vorübergehen. Meistens stürzen sich die Führungskräfte sofort in die nächste Aktivität, froh, die Aufgabe hinter sich gebracht zu haben, oder sie gehen von der Einstellung aus: »Was vorbei ist, ist vorbei. Die Vergangenheit zählt schon zur Geschichte. Ändern läßt sich nichts mehr. Schau nach vorn und fange mit dem nächsten Projekt an.« Mit dieser Haltung weist man sogar die *Möglichkeit* von sich, daß man aus Erfahrung lernen könne.

Wann hilft konstruktive Kritik?

Konstruktive Kritik sollte geübt werden,

1. wenn man sich festgefahren hat und unklar bleibt, warum keine Fortschritte gemacht werden;
2. wenn die Arbeitspraktiken ziemlich formal gewesen sind und Bereitschaft zu informellerer und spontanerer Zusammenarbeit besteht;
3. wenn ein neues Verfahren eingeführt wird;
4. wenn sich eine Gruppe einer neuartigen Tätigkeit zuwendet (Neuland betritt);
5. wenn sich die Zusammensetzung einer Gruppe ändert, besonders wenn ein neuer Chef kommt;

6. wenn sich die Mitglieder des Teams 9,9-Wertvorstellungen zu eigen gemacht haben und dazu motiviert sind, zu lernen, wie sie ihre Effektivität erhöhen können.

Konstruktive Kritik wird kaum helfen,

1. wenn sich zwei oder mehrere Mitglieder übermäßig feindselig gegenüberstehen und die Gelegenheit zu destruktiver Kritik ergreifen würden;
2. wenn eine Krise herrscht und nicht die notwendige Zeit für Überlegungen im Team bleibt;
3. wenn die Tätigkeiten mechanischer und routinemäßiger Art sind, so daß nur wenig Nutzen zu erwarten ist, wenn man sie untersucht und überprüft;
4. wenn die Teilnehmer keine Erfahrungen mit der Feedback-Methode von Angesicht zu Angesicht haben oder sich vor offener Kommunikation fürchten.

Stärken und Grenzen der konstruktiven Kritik als Methode für das Lernen aus Erfahrung

Die verschiedenen Formen der konstruktiven Kritik stellen sicher, daß die Mitglieder, deren Tun geprüft wird, selbst lernen und selbst lehren. So werden die Schlußfolgerungen auch verwirklicht, weil man voll um die Auswirkungen des Gelernten weiß.

Die Grenzen liegen in den Schwierigkeiten vieler Menschen, objektiv zu bleiben und sachlich zu beobachten, wenn sie selbst in das Tun verwickelt sind. Sie werden aufgefordert, sich selbst während ihres Mittuns zu beobachten. Sie werden aufgefordert, an der Problemlösung mitzuwirken und sich gleichzeitig mit den Fortschritten zu befassen. Ihre Reaktionen auf das Tun selbst und auf die daran beteiligten Menschen können auf ihr Denken, ihre Gefühle und damit auch auf ihr Tun abfärben. Dies ist eine Stärke und Grenze zugleich, denn wenn mehrere Gesichtspunkte bei der Analyse einer Tätigkeit zutage treten, wird auch die Wahrscheinlichkeit größer, daraus zu lernen. Beobachtung und Feedback schaffen ein Bedürfnis nach Effektivität und fähiger Kommunikation. Die Teilnehmer müssen diese Fähigkeiten entwickeln, damit sie den vollen Nutzen der konstruktiven Kritik ernten können. Eine systematische Grundlage zur Erlernung der Hauptansätze konstruktiver Kritik läßt sich andernorts finden.

Zusammenfassung

Wenn Teammitglieder im voraus Zweck und Ziele einer Maßnahme und die beste Vorgehensweise identifizieren und diskutieren, üben sie eine Version der konstruktiven Kritik. Sie einigen sich darauf, was geschehen sollte, und machen die Bühne für effektive Leistung frei. Begleitende Kritik unterbricht die sich im Gang befindliche Aktivität, so daß die Teammitglieder analysieren können und Feedback zu den Verfahrensweisen, Abläufen oder den Reaktionen der Menschen geben und erhalten. So kann identifiziert werden, was zum Fortschritt beiträgt oder ihn behindert. Nach Abschluß einer Tätigkeit wird wiederum Kritik geübt. Damit will man feststellen, ob man mit dem Erreichten zufrieden ist, und wenn ja, warum, wenn nein, warum nicht. Mit der Beantwortung dieser Fragen bewerten die Teilnehmer die gerade beendete Aufgabe und gewinnen gleichzeitig die notwendigen Einsichten für besseres Vorgehen und bessere Ergebnisse in der Zukunft. Die Grenze der konstruktiven Kritik liegt hauptsächlich darin, daß man von 9,9-Wertvorstellungen ausgehen muß: Offenheit, Freimütigkeit, Konfrontation im Konflikt, Freude am Experiment. Wenn diese Wertvorstellungen fehlen, werden die Teammitglieder zwar die formalen Abläufe erfüllen, ihrem Handeln aber fehlt der Sinn. Die Früchte konstruktiver Kritik lassen sich nur ernten, wenn auch die entsprechenden Wertvorstellungen vorhanden sind.

Kapitel 13

Grid-Organisationsentwicklung

Das Unternehmensziel, die Menschen und die Hierarchie bilden die drei Grundaspekte einer Organisation. Wir haben uns in unserer Analyse der Grundeinstellungen zu den einzelnen Gitterstilen darauf konzentriert, wie die Hierarchie eingreift, um Leistung mit oder durch Menschen zu erzielen. Ein viertes Merkmal von Organisationen sind die für eine Organisation typischen Auffassungen, Überzeugungen, Verhaltensweisen, Wertungs- und Ausdrucksweisen, kurz Organisations*kultur* genannt. Um die Effektivität eines Managers im Umgang mit seinen Mitarbeitern und die Leistung der Organisation als Ganzes zu steigern, muß sich auch die Organisationskultur wandeln.

Geführt wird innerhalb eines bestimmten Erwartungsrahmens. Gepflogenheiten und Althergebrachtes steuern das Tun der Menschen mehr als die Erfordernisse der Situation oder ihre persönlichen Neigungen. Diese konventionellen Denk-, Fühl- und Handlungsweisen bestimmen die Gesamthaltung. Man konzentriert sich auf Gewinnspannen, Fremd- oder Eigenkapitalfinanzierung und Liquidität, auf Bestandskontrolle, Arbeitsvorbereitung, Produktpaletten, Verpackung, Vertrieb, Werbung und Verkauf, Einstellungsnormen, Beförderungsverfahren und eine Menge sonstiger Praktiken. Sie umfassen Einstellungen, mit denen man den Status quo als in Ordnung und als geistige Zwangsjacke akzeptiert: »Um auszukommen, muß man mitlaufen.«

Wenn man versucht, Verfahren, Abläufe oder Produkte zu ändern, ohne die Erwartungen der Führungskräfte zu beachten, wird man nur Widerstände gegen die Änderungen provozieren und irgendwann alle Verbesserungsbemühungen aufgeben. So werden viele Organisationen auf eine Art und Weise geführt, die besser zur Vergangenheit gepaßt hätte. Den Anforderungen des Morgen aber sind sie absolut nicht gewachsen. Es wird so immer dringender, sich auf die Bedürfnisse der Zukunft einzustellen. Man stützt sich auf traditionelle Führung und Dienstaufsicht und kann so die erwünschten und auch notwendigen Betriebsergebnisse nicht zustande bringen. Darunter leiden die Wirtschaftlichkeit und die Kosteneffizienz und auch die Zufriedenheit, das Engagement und die Bereitschaft der Organisationsangehörigen, sich an die Organisationsziele zu binden. Führungskräfte erkennen nicht, wie das Organisationsklima den Charakter formt und die Arbeitsbeziehungen diktiert. Oft sind sie sich nicht einmal bewußt, daß der einzelne und die Gesellschaft nicht in der Lage sind, die Möglichkeiten zur Änderung der Kultur eines Wirtschaftsunternehmens, einer Behörde, eines Krankenhauses, einer Schule oder einer Sozialstelle voll aussuschöpfen.

Erst seit kurzem wird betont, wie sehr die Organisationskultur das individuelle Verhalten regelt. Aus dieser Erkenntnis ist vor allem zu schließen, daß die Organisationskultur im Mittelpunkt aller Änderungsbemühungen stehen muß. Die Organisationskultur als solche kann von den Führungskräften normalerweise nicht direkt geregelt werden. Änderungsbemühungen müssen scheitern, wenn sich die Organisationskultur offen dagegen stellt oder sich indifferent verhält.

Ein Experiment zur Veränderung einer Organisationskultur

Läßt sich eine Organisationskultur auf positiv-dynamische Weise ändern und so zu einer leistungsfähigeren Organisation umwandeln? Abbildung 13–1 stellt dar, welchen Erfolg eine Organisation bei einem solchen Neuerungsversuch erzielte. Dargestellt ist die Gewinnlage zweier unabhängig operierender Unternehmen. Die Firmen sind in zwei benachbarten Ländern tätig. Unternehmen A führte die Grid-Organisationsentwicklung durch, Unternehmen B tat nichts. Beide Unternehmungen gehören zu einer Muttergesellschaft, die in einem dritten Staat beheimatet ist. Alle sind im selben Geschäftsbereich tätig und sind ähnlichen Konkurrenzverhältnissen auf verschiedenen Märkten ausgesetzt.

Die Vergleiche begannen im Jahre 1962. In den fünf Jahren vor der Einführung der Grid-Organisationsentwicklung hat das Unternehmen B etwas bessere Gewinne erwirtschaftet, die Ergebnisse blieben aber innerhalb des allgemeinen Schwankungsrahmens. Nach der Einführung der Grid-Organisationsentwicklung steigt die Gewinnkurve des Unternehmens A während des nächsten Jahrzehnts stetig an. Nach zehn Jahren liegt der Gewinn des Unternehmens A um insgesamt 400 % höher als der der Unternehmumg B, die keinerlei Organisationsentwicklung durchgeführt hat. Dem Unternehmen B ist es gelungen, seine Zahlen während des fünfzehnjährigen Beobachtungszeitrahmens zu halten.

Der Leiter des Unternehmens A gab folgende Erklärung, nachdem sich sein Unternehmen sechs Jahre lang der Grid-Organisationsentwicklung unterzogen hatte. Seine Feststellungen zeigen, wie er den Wandel bewertet:

> ». . . Zweifellos hat sich die Organisationsentwicklung sehr positiv auf die Gewinne ausgewirkt . . . Hauptziel des Grid war, das Verhalten und die Wertungsweisen innerhalb der Organisation in eine andere Richtung zu lenken, nämlich auf eine hohe Orientierung an der Erfüllung der Aufgaben und gleichzeitig an den Motivationen der Menschen, und dann diese Neuerungen zu verfestigen und zu institutionalisieren . . . Zweifellos hat sich ein wesentlicher Umschwung auf diesem Gebiet vollzogen. Die positiven Folgen haben sich vervielfacht durch ein besseres Informationssystem, die Anwendung konstruktiver Kritik, durch ein besseres Gewinn- oder Kostenbewußtsein, durch einige Planungsaspekte, Konfliktbewältigung, sinnvolle Mitwirkung in einer Gruppe und Engagement unter den Schlüsselführungskräften . . . Aber es hat sich noch ein weiterer wichtiger Vorteil aus dem OE-Programm ergeben, und das ist eine wesentliche Verbesserung in den Arbeitsbeziehungen zwischen Arbeitnehmer- und Arbeitgebervertretern.

Ein Großteil der Arbeit mit den Gewerkschaften kann als Durchbruch aufgrund der Anwendung von OE-Prinzipien gesehen werden. Am Erfolg dürften wohl kaum noch Zweifel bestehen.«[14]

Das von dieser Organisation angewandte Modell zur Änderung seiner Unternehmenskultur und damit zur Steigerung der Gewinne besteht aus sechs Entwicklungsphasen. Zuerst müssen wir uns aber mit der Frage befassen, was eine Organisation von den Entwicklungsmöglichkeiten her ausmacht.

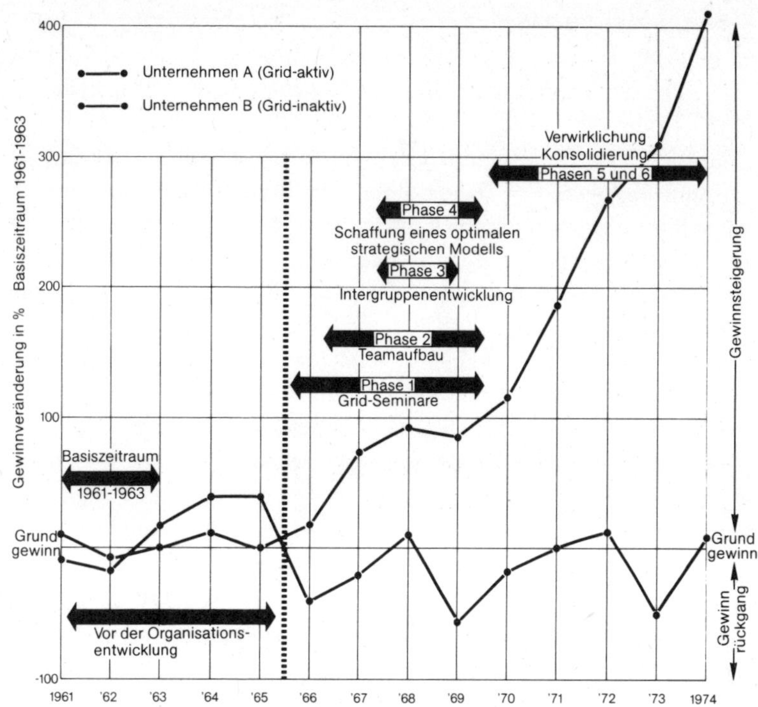

Abbildung 13–1
Vergleich der Gewinnlage zweier ähnlicher Unternehmen: Unternehmen A unterzieht sich der Grid-Organisationsentwicklung, Unternehmen B nicht.

Was ist eine Organisation?

Es geht uns bei unserem Ansatz um die Entwicklung der Organisation. Die Organisation ist die zu entwickelnde Einheit, nicht der Mensch oder ein sonstiger Bestandteil der Organisation, weil die Organisation eine Gesamteinheit darstellt. Die Organisationsangehörigen und die einzelnen Bestandteile der Organisation müssen nicht nur selbständig, sondern auch in gegenseitiger Abhängigkeit voneinander arbeiten, um Höchstleistung zu erzielen. Diese Aussage ist grundlegend. Wer einmal verstanden hat, daß das Ganze mehr sein kann als die Summe seiner Teile, weiß um die synergistischen Möglichkeiten. Mit dieser Erkenntnis werden die Entwicklungsbemühungen zu optimalen Ergebnissen führen.

Diese Denkweise führt aber nicht automatisch zu dem Schluß, daß die Unternehmung die Organisationsentwicklungseinheit bildet. Das kann so sein, muß aber nicht. Eine »Organisation« im Zusammenhang mit »Entwicklung« bedeutet ein Ganzes. Es handelt sich um eine autonome Einheit, die sich selbständig und unabhängig wandeln kann (Abbildung 13–2). Diese autonome Einheit braucht keine Genehmigung von außen, um Schlüsselbedingungen zu verändern, Bedingungen, die verändert werden müssen, um eine optimale Leistung zu erzielen.

Einige Unternehmen werden von der Zentrale her geleitet. Die Zentrale lenkt die Geschäfte des Teilbereiches, kümmert sich um die Märkte, die strukturelle Anpassung von Segmenten und bestimmt die Gesamtgeschäftspolitik. Das Ganze umschließt also die Abteilungen der Zentrale genauso wie die untergeordneten Sektionen. Andere Unternehmen sind wiederum so strukturiert, daß Tochterunternehmen, regionale Sparten oder Werke nach dem Prinzip der Dezentralisierung genügend Autonomie und Freiheit besitzen, den Charakter ihrer Operationen dort, wo es nötig ist, grundlegend zu ändern. Es steht ihnen frei, ihre Kapitalrendite oder andere Gewinn- und Produktivitätskennzahlen zu verbessern. Sie können empfehlen und zustimmen und so ihre Meinung zu wichtigen Geschäftsentscheidungen in die Waagschale werfen. Sie können den Markt formen, in dem sie ihre Geschäftstätigkeit konzentrieren wollen. Sie können die Struktur der Beziehungen zwischen den einzelnen Bereichen und Bestandteilen ändern und die große geschäftspolitische Linie interpretieren. Obwohl Kapitalinvestitionen zweifellos höheren Ortes genehmigt werden müssen, ist der Ablauf der Genehmigung für jede Transaktion gleich.

Eine Tochtergesellschaft, eine Sparte oder ein Werk, das mit solcher Autonomie arbeitet, ist von der Entwicklungsperspektive her als Ganzes anzusehen. Die Autonomie geht so weit, daß der Entschluß zum Wandel einzig und allein bei den Führungsverantwortlichen im jeweiligen Bereich liegt. Die Zentrale dürfte hier höchstens beratend bei der Grid-Organisationsentwicklung mitwirken. Damit ist wohl die grundlegendste Organisationsentwicklungsentscheidung definiert, die überhaupt fallen kann. Darüber sollte man nicht leichter Hand hinweggehen. Bereiche, die sich nicht zur Organisationsentwicklung eignen, sind Arbeitsgruppen, eine Abteilung oder eine Sparte innerhalb eines Werkes oder einer Region. Solche Einheiten sind normalerweise nur Teilstücke, die in eine umfassendere Organisationskultur eingebettet sind. Sie sind Teilstücke, aber kein Ganzes. Sie sind weder vertikal noch horizontal unabhängig genug, um sich selbst ohne aktive Mitwirkung anderer Einheiten entwickeln zu können.

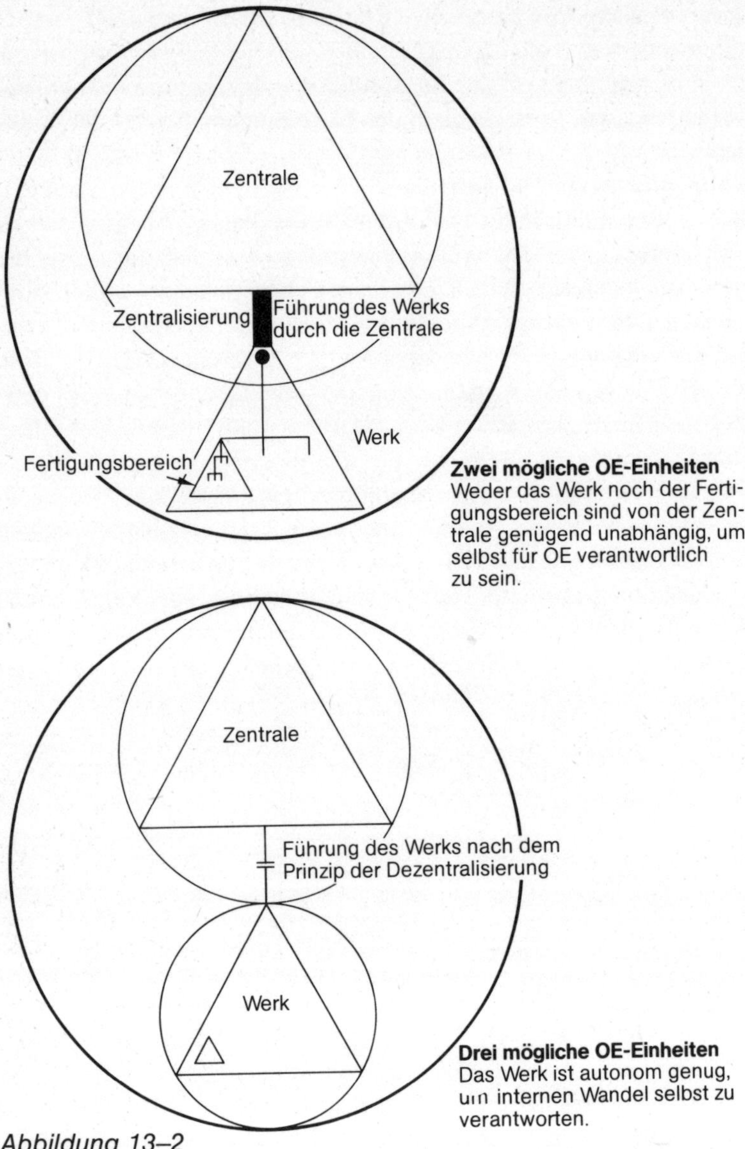
Zentrale
Zentralisierung
Führung des Werks durch die Zentrale
Werk
Fertigungsbereich
Zwei mögliche OE-Einheiten
Weder das Werk noch der Fertigungsbereich sind von der Zentrale genügend unabhängig, um selbst für OE verantwortlich zu sein.
Zentrale
Führung des Werks nach dem Prinzip der Dezentralisierung
Werk
Drei mögliche OE-Einheiten
Das Werk ist autonom genug, um internen Wandel selbst zu verantworten.

Abbildung 13–2

Eine Organisationsentwicklungseinheit ist jeder Teilbereich, der als Ganzes fungiert.

Phase 1: Das Grid-Konzept – Persönliche Entwicklung

In der Eingangsphase der Organisationsentwicklung erlernen die Teilnehmer das Verhaltensgitterkonzept und bewerten mit seiner Hilfe den eigenen Führungsstil während des Besuchs eines fünftägigen Seminars.

Die beste Wirkung wird erzielt, wenn alle Führungskräfte teilnehmen. Einige Unternehmen haben die Organisationsentwicklung inzwischen auch auf Arbeiter, technische Hilfskräfte und andere Mitarbeiter ohne Führungsfunktion ausgedehnt. Die Entscheidung zur Ausdehnung auf Nichtführungskräfte kann jedoch auch zu einem späteren Zeitpunkt fallen.

Ziele des Grid-Seminars
Das Grid-Seminar verfolgt spezifische Ziele:

1. Persönliche Entwicklung
   - Das Verhaltensgitter als Denkrahmen begreifen
   - Den eigenen Gitterstil erkennen
   - Sich bei der Arbeit sachlicher verhalten
   - Führungswertvorstellungen überprüfen
2. Erfahrung sammeln mit der Problemlösung im Team
   - Möglichkeiten zur Erhöhung der Effektivität erproben
   - Konstruktive Kritik üben
   - Möglichkeiten zur Reduzierung oder Ausschaltung von Konflikten erkunden
3. Lernen, Intergruppenkonflikte zu meistern
   - Hemmnisse zwischen Gruppen erkennen
   - Konflikte innerhalb von Gruppen prüfen
   - Möglichkeiten zur Reduzierung oder Ausschaltung solcher Konflikte erkunden
4. Auswirkungen auf die Organisation erfassen
   - Die Auswirkung der Arbeitskultur auf das Verhalten begreifen
   - Die Grid-Organisationsentwicklung und mögliche Ergebnisse schätzen lernen

Diese Seminare werden sowohl überbetrieblich als auch betriebsintern durchgeführt. In ihnen wird hart gearbeitet. Dreißig oder mehr Vorbereitungsstunden sind vor der eigentlichen Seminarwoche aufzuwenden. Meistens beginnt das Seminar an einem Sonntagabend. Bis zum folgenden Freitag finden täglich Arbeitssitzungen statt, und zwar morgens, nachmittags und abends.

Der Führungsansatz jedes Teilnehmers wird untersucht. Man überlegt alternative Führungsmöglichkeiten, die sie erlernen, mit denen sie experimentieren und die sie schließlich anwenden können. Die Teilnehmer befassen sich mit den Methoden des Handelns im Team. Sie messen und bewerten die Effektivität im Team, indem sie Probleme mit anderen gemeinsam lösen. Ein Höhepunkt des Lernens wird erreicht, wenn jeder Teilnehmer in seinem Führungsstil von den anderen Seminarteilnehmern konstruktiv kritisiert wird. Ein weiterer Höhepunkt ist, wenn die Führungskräfte den dominierenden Stil ihrer eigenen Organisation, Traditionen und Gepflogenheiten aus der Vergangenheit kritisch beleuchten. Ein dritter Höhepunkt ist erreicht, wenn sich die Teilnehmer Schritte zur Erhöhung der Effektivität der Gesamtorganisation überlegen.

Grid-Seminare sollten den Führungskräften dazu verhelfen, ihre Effektivität auf viele verschiedene Arten zu erhöhen. Zwei Ansätze sind nützlich bei der Bewertung der tatsächlichen Auswirkung auf die einzelnen Teilnehmer. Der eine ist quantitativer Art und umfaßt Feldforschung und statistische Untersuchungen. Der andere ist qualitativer Art und schließt subjektive Aussagen ein.

Quantitative Untersuchungen

Die folgenden Daten fassen typische Änderungen des individuellen Verhaltens zusammen. Die Daten stammen aus der Feldforschung.

Beförderungspraktiken nach der Grid-Organisationsentwicklung: Leistung geht vor Seniorität

1. Die beförderten Mitarbeiter sind durchschnittlich drei Jahre jünger.
2. Die Zugehörigkeit zur Firma ist durchschnittlich 2,8 Jahre kürzer.

3. Die Beförderungsrate für höhere Positionen außerhalb des Werkes beträgt 31 %.

Verhaltensänderungen in Richtung auf gesündere zwischenmenschliche Beziehungen

1. Kommunikation zwischen Vorgesetzten und Mitarbeitern 62 % besser.
2. Arbeit mit anderen Gruppen 61 % besser.
3. Beziehungen zu Kollegen 55 % besser.
4. Nivellierung in einer Studie um 48 %, in einer anderen um 21,8 % höher.
5. Ziele setzen um 22 % besser.
6. Aufgeschlossenheit gegenüber Einflußnahme um 20 % besser.
7. Delegation um 14 % höher.

Diese Änderungen gehen alle in eine 9,9-Richtung. Es zeigt sich also, daß sich das Führungsverhalten nach der Teilnahme an einem Grid-Seminar entscheidend verändert.

Qualitative Aussagen
Stellvertretend für viele Meinungen greifen wir einige typische Teilnehmerreaktionen heraus:

- Theorien führen zu Verstehen und Einsicht.
  Jetzt sehe ich eine Möglichkeit, ganzheitlich besser zu werden und nicht nur stückchenweise. Ein vernünftiger theoretischer Rahmen.
- Grid-Seminare fördern die persönliche Entwicklung.
  Ich kenne meinen Führungsstil jetzt viel besser und habe eine Richtschnur, an der ich mich zur Verbesserung meiner Effektivität orientieren kann.
- Konstruktive Kritik ist der zentrale Aspekt für gute Problemlösung.
  Hier habe ich für mich selbst am meisten gelernt, besonders weil die einzelnen Teilnehmer und die Gruppen durch Erfahrung lern-

ten und wir ständig von positiver Kritik und positiven Verstärkern begleitet wurden.

– Offenheit und Aufgeschlossenheit sind die Grundlage vernünftiger zwischenmenschlicher Beziehungen.
  Die durch das Seminar geschaffene Aufrichtigkeit und Offenheit ist ein hochbedeutsamer Faktor dafür, daß nützliche und tiefgehende Diskussionen mit den Teammitgliedern geführt werden können.
– Bessere Teamarbeit zählt zu den lohnenden Ergebnissen.
  Ich habe synergistisches Tun erlebt und begreife nun, daß das Endergebnis einer kooperierenden Gruppe mehr ist als die Summe der Ergebnisse aus der Arbeit der einzelnen.
– Sich selbst in der richtigen Perspektive, die eigenen Leistungen objektiver sehen.
  Das Seminar zwang mich, mich selbst auch durch die praktische Grid-Erfahrung in einem Team kritisch anzuschauen. Es hat mir gezeigt, wie manche meiner Überzeugungen der Unternehmung im Grunde genommen schaden können.

Teilnehmerzusammensetzung

Es kommt vor, daß sich alle Führungskräfte eines Unternehmens mit der Organisationsentwicklung befassen. Es ist aber selten, daß alle gleichzeitig an einem Seminar der Phase 1 teilnehmen können. In der Zusammensetzung der einzelnen Teilnehmergruppen geht man vom Konzept des *»diagonalen Schnitts«* aus.

In einer nach dem Konzept des diagonalen Schnitts zusammengesetzten Grid-Gruppe arbeiten Linien- und Stabsmanager, Führungskräfte aus dem technischen und kaufmännischen Bereich und Werkmeister zusammen. Die Gruppenmitglieder gehören verschiedenen Altersgruppen und verschiedenen Betriebsbereichen an. Die einzige Bedingung für die Gruppenzusammenstellung ist, daß jedes Grid-Team, soweit das möglich ist, eine Miniaturorganisation bilden sollte.

Bei diesem Konzept des diagonalen Schnitts sind Teilnehmer der verschiedensten Funktionen und Führungsebenen in einem Team vertreten. Das Team ist sozusagen eine Unternehmensreplik. Dieses

Konzept ermöglicht nicht nur den Gedankenaustausch zwischen verschiedenen Funktionen, sondern auch zwischen verschiedenen Führungsebenen. Vorgesetzte und Mitarbeiter können an demselben Seminar teilnehmen, sie werden aber zwei verschiedenen Teams zugeteilt werden.

Wenn ein solches Grid-Seminar angesetzt wird, erhebt sich fast immer die Frage, ob die Führungskräfte der unteren Ebenen denn effektiv zusammen mit den Führungskräften der höheren Ebenen teilnehmen könnten. Man will damit sagen, daß die Führungskräfte der unteren Stufen meistens Praktiker seien und deshalb vielleicht nicht so schnell lernen können wie Führungskräfte mit Universitätsstudium. Das stimmt aber nicht. Die Führungskräfte auf der untersten Ebene haben genauso viele praktische Erfahrungen wie Techniker mit Universitätsstudium. Wenn Menschen, die sich von unten hochgearbeitet haben, die Gelegenheit bekommen, zusammen mit Akademikern zu lernen, werden sie verstehen können, wie die Akademiker denken, wie sie ein Problem analysieren, Alternativen formulieren und Vorteile und Nachteile gegeneinander abwägen. Für jemanden, der von unten kommt, ist dies allein schon Weiterbildung. Auf der anderen Seite verstehen die, die sich hochgearbeitet haben, Verhaltensweisen oft viel konkreter. So können sie mit ihrem Wissen beitragen, das man anderswo nicht so leicht erhält. Oft werden auch Nichtführungskräfte in die Grid-Organisationsentwicklung einbezogen, allerdings erst in Ausdehnung der Anfangsbemühungen. Das trifft besonders auf hochtechnisierte, wissensorientierte Unternehmungen zu. Das bedeutet, daß sich die Arbeitsgruppen hier aus Führungskräften der untersten Ebene und gewerblichen Arbeitnehmern zusammensetzen. Dies ist ganz besonders wünschenswert. Die Teilnehmer gewinnen einen Einblick in die Emotionen rund um die Kluft zwischen Führungsorganisation und den Ausführungsebenen. Beobachter haben dies oft hervorgehoben. Hier werde ein wichtiger Beitrag zur Effektivitätsverbesserung der untersten Führungskräfte und zur Identifizierung der gewerblichen Arbeitnehmer mit dem Unternehmensziel geleistet, wodurch Höchstleistungen ermöglicht werden.

Eine andere wichtige Frage bezieht sich auf die Mindestvoraussetzungen, die ein Teilnehmer mitbringen sollte, um von der Teilnahme an einem Grid-Seminar profitieren zu können. Der formale Ausbildungsstand ist weit weniger wichtig als die Fähigkeit, Konzepte zu begreifen. Viele Menschen mit geringer Schulbildung haben sich selbst wirksam weitergebildet. Sicherlich gibt es Grenzen, aber jemand, dessen Lesefähigkeiten der sechsten Klasse entsprechen (Hauptschule), hat normalerweise auch die Fähigkeiten, die man zum Lernen aus einem Grid-Seminar braucht.

Der einzige Nachteil dieses Konzepts des »diagonalen Schnitts« rührt eher aus der endgültigen Auswahl der Teilnehmer als aus der Methode selbst. Bei diesem Nachteil geht es um die Ebene und indirekt auch um die Bildung. Wenn die Unternehmensebenen zu weit voneinander entfernt sind – in einer großen Unternehmung beispielsweise Vorstandsmitglied und Werkmeister –, dürften es die Teilnehmer schwer finden, einfach und verständlich miteinander umzugehen. Das Konzept des diagonalen Schnitts ist natürlich das wünschenswerteste, aber man sollte sich bei der Auswahl der Führungsebenen doch auf drei oder vier beschränken.

Manchmal wird gefragt, ob die Mitarbeiter, die sowieso kurz vor der Pensionierung stehen, auch in diese Entwicklungsmaßnahme einbezogen werden sollten. Ein Mitarbeiter kurz vor der Pensionierung werde doch wahrscheinlich keinen Wert darin sehen, sich innerhalb der kurzen Zeit, die ihm noch bleibt, enger an die Organisation zu binden. Andererseits aber freuen sich viele Manager kurz vor der Pensionierung am Lernen als solchem. Sie begrüßen die Chance, mit anderen zusammen zu lernen. Aus diesen Gründen sollten ältere Mitarbeiter auf jeden Fall zur Teilnahme eingeladen werden.

Die genaue Zahl der Seminarteilnehmer läßt sich schwer festlegen. Es gibt aber einige Grundregeln. Es kommt darauf an, das richtige Gleichgewicht zwischen der Teilnahme an Organisationsentwicklungsmaßnahmen und der Aufrechterhaltung der Organisationsleistung zu finden. Die Arbeit darf nicht liegenbleiben, weil zu viele Mitarbeiter gleichzeitig an den Seminaren teilnehmen. Viele Unternehmungen haben inzwischen festgestellt, daß bei einer Teilnehmerzusammenstellung nach dem Konzept des diagonalen Schnitts etwa 10 % aller Mitarbeiter von ihrem Arbeitsplatz fernbleiben können, ohne daß die Organisationsleistung Schaden erleidet. Wenn man sich an diese Faustregeln hält, wird auch die Arbeit der einzelnen Gruppen nur geringfügig unterbrochen. Das Konzept des diagonalen Schnitts garantiert, daß keine Unternehmenseinheit ernstlich dezimiert wird.

Allerdings sollte die Faustregel 10 % nicht auch automatisch in Unternehmungen mit mehr als 500 Mitarbeitern angewandt werden. Es geht nämlich um den Lerneffekt im Seminar. Man muß sich also fragen, welche Teilnehmerzahl bei einem solchen Seminar nicht überschritten werden sollte. Unternehmungen mit mehr als 500 Managern entsenden jeweils weniger Mitarbeiter zu einem Seminar, oder sie lassen zwei Seminare (mit je 25 bis 30 Teilnehmern) zur gleichen Zeit parallel durchführen.

Phase 2: Teamentwicklung

In Kapitel 10 haben wir schon berichtet, wie wertvoll eine gute Arbeit im Team für die Effektivität der Organisation ist. Die Teamentwicklung in der Phase 2 richtet sich spezifisch auf die Diagnose ganz besonderer und konkreter Hemmnisse für eine vernünftige Teamarbeit. Hier werden für jedes Team die Verbesserungschancen identifiziert.

Zentrale Themen sind Problemlösung und Entscheidungsbildung. Auch geht es darum, wann die Teamarbeit welche Form annehmen sollte, ob 1/0, 1/1/1 oder 1/Alle. Das sind aber nicht alle Facetten, die tiefgehend untersucht werden, damit alle Differenzen zum Vorschein kommen. Es geht um die Erfahrungen der einzelnen Teammitglieder mit den Beiträgen anderer, um die Wertungs- und Ausdrucksweisen des Teams oder die Teamkultur, um die Identifizierung besonderer Probleme der Teamarbeit, die die Effektivität behindern. Hier werden spezifische Pläne zur Meisterung dieser Hemmnisse erarbeitet, und schließlich setzt sich das Team Ziele für die nahe Zukunft.

Die Phase 2, die Teamentwicklung, beginnt, wenn alle Mitglieder eines Arbeitsteams im Unternehmen die Phase 1 hinter sich gebracht haben und die erlernten Konzepte auf die eigene Teamerfahrung anwenden wollen. Der Unternehmensleiter und die ihm unterstellten Mitarbeiter machen den Anfang. Die Arbeit setzt sich bis auf die unteren Ebenen fort. Jeder Manager setzt sich mit seinen Mitarbeitern zusammen. Sie bilden zusammen ein Team. Sie erkunden die entsprechenden Effektivitätsbarrieren und erstellen Pläne zu ihrer Überwindung.

Ziele bei der Teamentwicklung

Mit dem Aufbau von Teams werden folgende Ziele verfolgt:

1. Überholte Traditionen und Gepflogenheiten durch eine gesunde Teamkultur ersetzen.
2. Leistungsnormen sollen hoch sein.
3. Verbesserung der eigenen Objektivität im Arbeitsverhalten.
4. Konstruktive Kritik als Lernmittel.
5. Ziele setzen für das Team insgesamt und für den einzelnen.

Eine Analyse der Teamkultur und der Betriebspraktiken geht dem Zielesetzen voraus. Die Ziele zur Verbesserung der Teamarbeit werden festgesetzt. Gleichzeitig setzt man sich Termine. Die Teammitglieder lernen, wie sie produktiver arbeiten können, indem sie den synergistischen Effekt der einzelnen Beiträge nutzen. Es werden vernünftige und dauerhafte Normen festgesetzt, anhand derer die Teammitglieder ihre Problemlösungskultur ständig verbessern können. Eingebunden in die Zielsetzungen des Teams sind die Zielsetzungen des einzelnen Mitglieds. Der einzelne setzt sich beispielsweise das Ziel, bestimmte Verhaltensweisen zu ändern, um mehr zur Arbeit des Teams beizutragen. Es wird ein tatsächliches Problem festgelegt, an dem die Mitarbeiter einer Gruppe praktisch arbeiten. Sie wenden ihre neuen Problemlösungsfähigkeiten und Leistungsnormen an, um ein wirkliches Effektivitätshindernis zu beseitigen.

Ein Seminar der Phase 2 dauert fünf Tage. Es wird während der normalen Arbeitszeit durchgeführt. Wenn notwendig, kann der Lernstoff auch in einzelne Teile aufgeteilt oder an mehreren Wochenenden bearbeitet werden.

Auswirkung auf die Leistungsfähigkeit des Teams
Die Teamentwicklung kann sich erheblich auf die Leistung des Teams auswirken, wie das folgende Zitat zeigt:

> »Die Phase 1 ist so, als ob man einen Scheck bekommt. Eingelöst wird er in der Phase 2 . . . Während der Durchführung der Phase 2 hat die Automobilsparte eine Gewinnsteigerung von 300 % erreicht, eine erheblich höhere Gewinnsteigerung als in den übrigen Sparten der Organisation, obwohl wir zugestehen müssen, daß andere Faktoren, wie die Marktbedingungen, die Erhöhung der Werkskapazität, die Wirtschaftslage usw., auch ihren Teil dazu beigetragen haben. Und doch war die Unternehmensleitung der Überzeugung, daß das Zusammenfallen der Phase 2 mit dem erheblichen Aufschwung in der Automobilsparte mehr als Zufall war. Sie glaubte, daß die Phase 2 erheblich zum Leistungsbild beigetragen hat, auch wenn es nicht möglich war, diese Aspekte genau zu messen. In den Phasen 1 und 2 fallen unter anderem die Kommunikationsbarrieren zwischen den Menschen.
>
> In der Vergangenheit habe ich bei der Budgeterstellung ausgerechnet, welche Summe für jede Abteilung zur Verfügung steht . . . Meine Mitarbeiter haben sich natürlich immer beklagt: ›Warum haben wir nur soviel zugestanden bekommen?‹ Und ich habe geantwortet: ›Nun, so ist es, meine Herren, ich bin hier der Chef.‹ Jetzt aber, nachdem wir letztes Jahr die Grid-Seminare besucht haben, passiert so etwas nicht mehr. Vielleicht müssen wir unsere Spanne in der Sparte Fleisch verringern. Wir wissen, daß wir das irgendwo anders wieder wettmachen müssen. Die Gruppe kommt zu einer Entscheidung. Dieses Jahr brauchten wir eineinhalb Stunden zur Festlegung des Budgets. Vor den Grid-Seminaren haben wir uns acht ganze Stunden damit herumgeschlagen. Aber jetzt sind wir engagiert . . .

Ein Marketingmanager hat es so ausgedrückt: »Ich habe nie gewußt, daß unsere Abteilung wirklich als Team zusammenarbeiten kann. Die Gridphase 1 war großartig, aber es bedurfte wirklich der Phase 2, damit alles herauskam. Sicherlich war ich aufmerksamer geworden, genauso wie die anderen auch, aber als es wirklich darauf ankam, waren wir in der Lage, miteinander zu arbeiten, Probleme zu lösen, uns zu öffnen und wirklich miteinander zu kommunizieren. Es war sicherlich nicht leicht, aber es war auf jeden Fall die Sache wert.«[15]

Der Ranghöchste in jedem Team bleibt als Führungskraft voll verantwortlich. Die Mitarbeiter im Spitzenteam leiten den Teamaufbau in ihren eigenen Gruppen, in denen sie die führende Stellung einnehmen, und dies setzt sich durch die gesamte Organisation fort.

Phase 3: Entwicklung der Beziehungen zwischen Gruppen

Beim nächsten Schritt geht es darum, eine bessere Problemlösung von Gruppen untereinander zu erzielen und die Arbeitseinheiten, zwischen denen Arbeitsbeziehungen bestehen, einander näher zu bringen. Diese Phase 3 wird notwendig, wenn sich die einzelnen Abteilungen und Einheiten für ihre Aufgaben alleinverantwortlich fühlen oder wenn die Mitarbeiter von Abteilungen oder Sparten mehr an die Arbeit ihres Teilbereichs denken als an das Ganze. Sie reagieren mehr im Interesse ihrer einzelnen Abteilungen und Bereiche als im Interesse der Gesamtorganisation. Die ureigensten Interessen sieht man immer am deutlichsten. Innerhalb der Abteilungen glaubt man, daß man damit selbstlos dem Unternehmen dient. Wenn man sich also hauptsächlich mit der eigenen Abteilung beschäftigt, wird man anderen Abteilungen wohl weniger Aufmerksamkeit widmen. Wenn dann zwei Abteilungen zusammenarbeiten müssen, glauben die einen, daß die anderen nur von selbstsüchtigen Zielen motiviert seien, wenn die notwendige Kooperation nicht zu funktionieren scheint.

Die eine Abteilung fragt: »Warum sind die bloß so langsam?

Warum können sie uns nicht die Dienstleistungen erbringen, die wir brauchen? Dafür sind sie doch da. Die lassen uns doch absichtlich im Stich.«

Eine solche Haltung entsteht aus Frustration und kann sehr schnell in offene Feindseligkeit umschlagen. Ein Mitarbeiter geht verärgert ans Telefon. »Was ist los mit Ihnen? Wieso können Sie die Termine nicht einhalten? Sie haben wohl noch nie etwas von Management gehört.«

Genauso wird zurückgeblafft: »Was glauben Sie eigentlich, wer Sie sind? An die vorige Woche erinnern Sie sich wohl nicht mehr? Einer Ihrer Leute hat sich so verrechnet, daß wir unnötige Überstunden machen mußten und unser ganzer Terminplan durcheinanderkam.«

Solche Einstellungen können sich recht leicht zwischen verschiedenen Gruppen entwickeln. Einmal hervorgerufen, können sie sich zu einem erbarmungslosen Kampf um Sieg oder Niederlage ausweiten. Die notwendige Zusammenarbeit wird geopfert, Informationen werden zurückgehalten, Anforderungen werden als unverschämte Befehle aufgefaßt. Wenn man die Mitarbeiter fragt, wo ihr Problem liegt, antworten sie: »Schlechte Kommunikation der Abteilungen untereinander.« Zuerst muß man sich aber mit den tieferliegenden Problemen der Intergruppenbeziehungen befassen, ehe man tiefgreifende Änderungen auf eine effektive Kommunikation hin erreichen kann.

Ziele der Entwicklung der Beziehungen zwischen Gruppen

In der Phase 3 werden vier Hauptziele verfolgt:

1. Mit Hilfe eines systematischen Rahmens Koordinationsprobleme der Gruppen untereinander aufdecken.
2. Problemlösungs- und Entscheidungstechniken anwenden.
   - Polarisierung anerkannter Streitpunkte.
   - Die oberflächlichen harmonischen oder neutralen Beziehungen aufdecken, die die Intergruppenschwierigkeiten bei der Problemlösung verdecken.
3. Kontrollierte Konfrontation und Identifizierung der Zentralpro-

bleme, die einer Lösung bedürfen, will man die Integration verschiedener Gruppen erzielen.
4. Ziele setzen für eine stetige Verbesserung der Zusammenarbeit zwischen den Gruppen.

Die erste Phase der Entwicklung zweier miteinander in Konflikt stehender Gruppen dient der Schaffung eines positiven Klimas gegenseitigen Vertrauens und der Aufdeckung von Konflikten, ihren Ursachen und Lösungsschwierigkeiten. Danach werden Ziele gesetzt. Man arbeitet auf eine bessere betriebliche Leistung hin, entwirft die Pläne zur Durchführung und übt schließlich konstruktive Kritik am Gesamtplan.

An dieser Phase 3 nehmen nur die Gruppen teil, deren wirksame Leistung tatsächlich behindert ist. Diese Phase ist kein Universalbaustein. Sie wird nicht automatisch für alle Gruppen durchgeführt. Die Intergruppenentwicklung beginnt normalerweise nach Vollendung des Teamaufbaus in der Phase 2.

Auswirkungen

Das folgende Beispiel zeigt, wie die Phase 3 zur Bewältigung chronischer Schwierigkeiten zwischen der Arbeitgeber- und Arbeitnehmerseite beiträgt.

> »Die Phase 3, Entwicklung der Zusammenarbeit zwischen Arbeitgeber- und Arbeitnehmerseite, hat vor eineinhalb Jahren begonnen und sich bis jetzt als sehr erfolgreich erwiesen. Wir haben in dieser Zeit alle wichtigen Aspekte der Arbeitgeber-Arbeitnehmer-Beziehungen analysiert. Als Ergebnis haben sich beide Seiten auf Ideale und auf eine ganze Reihe von Maßnahmenschritten auf diese Ideale hin geeinigt. Unter anderem ging es um Überstunden, Arbeitsleistung, Beschwerden, das Senioritätsprinzip, das Recht auf einen bestimmten Arbeitsplatz, die Tarifvereinbarung, Arbeitsfluktuation, Arbeitsplatzbewertung, Kommunikation, Arbeitsentgelt, die betriebliche Altersversorgung und die Unternehmensziele.

Insgesamt gesehen hat die Arbeit innerhalb dieser Phase 3 dazu gedient, gegenseitiges Vertrauen und gegenseitige Achtung auf beiden Seiten zu schaffen, auf der Seite der Arbeitgebervertreter und auf der Seite der Gewerkschaftsvertreter. Dadurch gewannen wir ein hervorragendes Forum zur freimütigen Erörterung unserer Probleme. Viel Althergebrachtes ist zusammengebrochen. Eine neue Kultur hat sich herausgebildet. Das neue Klima wird von zwei besonderen Aspekten geprägt. Die größte Verbesserung wurde beim Zuhören erzielt, dabei, zu versuchen, den Standpunkt der anderen Seite zu verstehen. Zweitens haben dieser Aspekt und die Blakesche Operation an sich (die Leitung trägt vor, wie sie sich selbst begreift und wie sie den Gewerkschaftsstandpunkt zu verschiedenen Problemen begreift; die Gewerkschaften tragen vor, wie sich sich selbst und die Leitung sehen) dazu geführt, daß beide Seiten objektiver geworden sind. Wutausbrüche, wie sie in den ersten Stadien üblich waren, kommen nur noch selten vor.

Wir wollen damit allerdings nicht sagen, daß beide Seiten sich immer einig sind. Es kommen Meinungsverschiedenheiten vor, aber man geht rational an sie heran. Beide Gruppen vertrauen darauf, daß sich jeder dafür engagiert, eine vernünftige und akzeptable Lösung zu finden.«[16]

Phase 4: Schaffung eines optimalen strategischen Organisationsmodells

Nach Beendigung der Phasen 1 bis 3 sind viele veraltete Verfahrensweisen und althergebrachte Gepflogenheiten durch optimale Leistungsnormen zur Beurteilung der Einzelleistung und der Leistung des Teams ersetzt worden. Die einzelnen Gruppen haben sich mit ihren Konflikten auseinandergesetzt und sie gelöst. Dies ist wichtig für die optimale Funktion des Unternehmens. Die ersten Phasen reichen jedoch nicht aus, um das Optimum zu erreichen, das Unternehmungen offensteht, die die Organisationsentwicklung auf das ganze Unternehmen anwenden, um die Produktivität zu verbessern.

Der Schlüssel zur Ausschöpfung des Unternehmenspotentials liegt in der Erstellung eines Modells, das die optimale Funktion der Unternehmung beschreibt und sie mit der Vergangenheit und dem Ist-Zustand vergleicht.

Ziele bei der Schaffung eines idealen strategischen Organisationsmodells

Mit der Erstellung eines optimalen strategischen Modells werden folgende Ziele verfolgt:

1. Minimale und maximale finanzielle Unternehmensziele festlegen.
2. Art und Weise der zukünftigen Unternehmenstätigkeiten festsetzen.
3. Reichweite und Art der zu durchdringenden Märkte operational definieren.
4. Eine Struktur zur Organisation und Integration der Geschäftstätigkeiten festlegen, damit Synergie erreicht wird, das heißt, daß das Endergebnis mehr ist als die Summe der einzelnen Teile.
5. Die Geschäftspolitik als Orientierungsrahmen für zukünftige Entscheidungen festlegen.
6. Entwicklungsbedürfnisse identifizieren, damit das gegenseitige Vertrauen erhalten bleibt und ein Nachlassen der Anstrengungen vermieden wird.

Am besten eignet sich das Leitungsteam einer Organisation für diese Aufgaben. Sie prüfen alle gegenwärtigen Praktiken und sortieren überholte und unrentable Gepflogenheiten aus. Sie formulieren ein Ersatzmodell. Das Modell geht von der Geschäftstätigkeit des Unternehmens aus. Diese Geschäftstätigkeit ist ausgerichtet auf das Bedürfnis der Gesellschaft nach Produkten und Dienstleistungen, auf das Bedürfnis der Mitarbeiter, durch Mitsprache, Mitwirkung, Mitverantwortung und Engagement Erfüllung in ihrer Arbeit zu finden, und auf das Bedürfnis der Aktionäre, eine Kapitalrendite zu erzielen.

Die Erstellung eines optimalen strategischen Modells ist eine Planungstechnik, die es dem Leitungsteam ermöglicht, geschäftsmäßig und folgerichtig bei der Planung dessen vorzugehen, was die Organisation während der nächsten Entwicklungsphase werden soll.

In der Phase 4 beschäftigt sich das Leitungsteam Schritt für Schritt mit der Logik der Organisation, der Diagnose und dem Entwurf eines optimalen Unternehmensmodells. Bei der Beschäftigung mit der Logik geht es um die Überprüfung der gegenwärtigen Unternehmungsgrundkonzepte. Man beginnt mit den Schriften von Sloan, der als erster eine Managementsystematik entwickelte, beschränkt sich aber keineswegs nur auf ihn.

Man einigt sich auf »reine« Managementlehren und spezifiziert dann im nächsten Schritt die operationalen Eigenschaften eines Modells, das als Rohmodell für die Restrukturierung des Unternehmens unter Leitung der Führungsspitze dienen soll. Die Phase 4 geht zu Ende, sobald dieses strategische Unternehmensmodell von der nächsten Führungsebene geprüft und angenommen worden ist. Die nächste Führungsebene gehört zwar nicht direkt zur Unternehmensspitze, hat aber den entsprechenden Überblick. Dann wird das Modell vom Aufsichtsrat als Leitrahmen für die zukünftige Entwicklung genehmigt.

Auswirkungen des optimalen strategischen Organisationsmodells

Die durch die Phase 4 eintretenden Änderungen werden im folgenden Zitat beschrieben.

> »Weitere wichtige Ergebnisse der Organisationsentwicklung sind zu überprüfen. Sie liegen im Bereich der Strategie. Man ist weitgehend davon überzeugt, daß die strategischen Einsichten, die während der Phase 4 erfolgten, nützlich gewesen sind und die Unternehmung in die richtige Richtung gelenkt haben. Das Team hat ein klares und deutliches Bild . . . der Führung gezeichnet, ohne Rationalisierungen oder Entschuldigungen. Sie haben einfache, präzise Aussagen gemacht, um das ideale Modell heute zu beschreiben. Nach demselben Schema haben sie dann Aussagen darüber formuliert, wie eine hypothetische, ideale Organisation . . . funktionieren würde. Mit Hilfe dieses optimalen Modells wurde die

Aufmerksamkeit auf die notwendigen Veränderungen der Geschäftspolitik gerichtet.

Alle Teilnehmer haben sich zur Handlung aufgrund der Konzepte und Prinzipien, auf die man sich geeinigt hat, verpflichtet. Zur Untermauerung dieser Konzepte und Prinzipien wurden 39 Einzelrichtlinien erstellt, die die spezifische Grundlage der Führungstätigkeiten bilden.«[17]

Phase 5: Die Verwirklichung des optimalen Modells

Während der Phase 5 trennt sich die Organisation von ihren althergebrachten Handlungsweisen und nähert sich dem optimalen strategischen Modell. Die Phase 5 ist so ausgelegt, daß es nicht nötig ist, das gesamte Organisationsgebäude niederzureißen und ganz von vorne anzufangen, um den Erfordernissen des Modells gerecht zu werden. Vielmehr wird ein Haus nach einem feststehenden Entwurf renoviert. Die Architekten und Ingenieure sehen sich das existierende Mauerwerk an, um festzustellen, welche Stellen stark und gesund sind und dem Plan entsprechen. Alles Baufällige und alles, was dem Plan nicht entspricht, muß ersetzt werden. Das Brauchbare wird geringfügig verändert oder verstärkt, alles in Übereinstimmung mit dem Entwurf. Sobald diese Entscheidungen gefallen sind, kommen die Zimmerleute, die Installateure und Elektriker. Sie wissen, was konkret zu tun ist, um aus alt neu zu machen. Für eine Organisation ist das Verfahren im Grunde genommen gleich.

Ziele bei der Verwirklichung des Modells

In der Phase 5 werden folgende Ziele verfolgt:

1. Die existierende Organisation untersuchen, um die Lücken zwischen der tatsächlichen Funktion und der erwarteten Funktion bei Durchführung des Modells festzustellen.
2. Feststellen, welche Teile gesund sind, welche Teile sich ändern und daher größtenteils beibehalten lassen und welche Teile nicht

mehr gesund sind und deshalb ausgerissen werden müssen; feststellen, wo neue oder zusätzliche Tätigkeiten auszuführen sind, um den Forderungen des optimalen Modells gerecht zu werden.
3. Entwurf der Durchführungsmaßnahmen vom gegenwärtigen bis zum optimalen Modell.
4. Die Funktionstätigkeit des Unternehmens während des Wandels auf das optimale Modell hin aufrechterhalten.

Die Umwandlung der Organisation vollzieht sich in mehreren Schritten. Die Analyse des Unternehmens und seine Aufteilung in kleinste Einheiten steht am Anfang. Die kleinstmögliche Einheit ist folgendermaßen gekennzeichnet: Es geht um die Gruppierung miteinander in Zusammenhang stehender Tätigkeiten, die für die Produktion einer erkennbaren Ertragsquelle die Grundfaktoren bilden. Beim nächsten Schritt werden die Unkosten festgestellt, die diese Tätigkeiten mit sich bringen. Im dritten Schritt wird das in diese Tätigkeiten verwickelte Anlagevermögen berechnet. Nach Durchführung dieser Schritte läßt sich feststellen, ob die durch diese Teileinheit identifizierte Geschäftstätigkeit den Funktionsspezifikationen des optimalen strategischen Modells entspricht. Zu jeder Teileinheit sind bestimmte Testfragen zu beantworten. Stimmt die gegenwärtige Kapitalrendite mit dem optimalen strategischen Modell überein? Falls nicht, gibt es steuerbare Unkosten oder Preissetzungsfaktoren, die geändert werden könnten, so daß die festgelegten Normen für die Kapitalrendite erreicht werden? Stimmt dieses Geschäftsgebiet mit den im optimalen strategischen Modell identifizierten Zuwachsmarkten überein? Dies sind einige typische Testfragen, um entscheiden zu können, ob eine bestimmte Tätigkeit, die zu Erträgen führt, in Verfolgung der Unternehmensentwicklung ausgeweitet, als Auftrag nach außen vergeben, geändert oder abgeschafft werden sollte.

Da es hier um tiefgreifende Änderungen geht, trägt die Phase 5 häufig zu einem beträchtlichen mengenmäßigen Produktivitätssprung bei. Die Ergebnisse in Abbildung 13–1 zeigen, welche Verbesserungsmöglichkeiten bestehen.

Die Verwirklichung des optimalen Modells und seine Auswirkungen
Hier hat ein Mitarbeiter, der intensiv an der Verwirklichung dieses Modells mitgearbeitet hat, seine Reaktionen zusammengefaßt:

> »Als wir genau festlegen konnten, wie wir uns ändern mußten, um dem optimalen strategischen Modell gerecht zu werden, haben wir Management by Objectives praktiziert, allerdings ohne daß uns Schranken gesetzt waren durch ein blindes Akzeptieren des Status quo. Wir haben einiges gelernt:
>
> 1. Wie man wissenschaftlich an die Führungsaufgabe herangeht und die Variablen selektiv analysiert und bewertet.
> 2. Wie man von der Perspektive des Gesamtunternehmens ausgeht, anstatt sich auf funktionale oder abteilungsmäßige Gesichtspunkte zu verlassen.
> 3. Wie man das gegenwärtige Geschäftsgebaren kritischer sieht und die gegenwärtigen Bemühungen immer unerfreulicher findet.
> 4. Wie man eine neue Perspektive zur Rolle der Planung innerhalb einer effektiven Führungstätigkeit gewinnt.
> 5. Wie man sich auf die erwarteten Ergebnisse konzentriert, indem man die Kapitalrendite als Grundlage für Geschäftsentscheidungen heranzieht und sich nicht wie früher auf den Gewinn- und Verlustanteil nach marktmäßigen Gesichtspunkten konzentriert.
> 6. Wie man die tiefergehenden Auswirkungen effektiver Arbeit im Team für die Erstellung vernünftigerer Verwirklichungspläne begreift.
> 7. Wie man grundlegendere Einblicke in die Dynamik des Widerstandes gegen den Wandel entwickelt.«[18]

Phase 6: Konsolidierung – Systematische Diagnose und Kritik

Die Zeit der Phase 6 wird dazu genutzt, den während der Phasen 1 bis 5 erreichten Fortschritt zu stabilisieren und zu konsolidieren, ehe man sich in eine neue Wandlungsperiode stürzt.

Ziele der Konsolidierung
Ziele der Phase 6 sind:

1. Dauernde kritische Bewertung des Wandels, um zu garantieren, daß die Tätigkeiten auch weiterhin wie geplant durchgeführt werden.
2. Aufdeckung der Schwachstellen, die man nicht von vornherein in der Phase der Verwirklichung vermutet hatte, und Durchführung von Korrekturmaßnahmen.
3. Änderungen in der Geschäftsumwelt beobachten (Wettbewerb, Rohstoffpreise, Lohngefälle usw.) als Anhaltspunkte für notwendige grundlegende Änderungen des Modells.

Drei Aspekte machen die Konsolidierungsphase innerhalb der Organisationsentwicklung so wichtig. Die Führung des Wandels ist das Gegenteil von Führung des Erprobten und Richtigen. Die Menschen verlieren leicht das Interesse an etwas Neuem, sobald es ihnen vertraut geworden ist. Sie lassen in ihren Bemühungen nach, das Neue so wie beabsichtigt durchzuführen, und scheitern so unter Umständen. Die Tätigkeiten innerhalb der Phase 6 tragen dazu bei, diese Anzeichen nachlassenden Bemühens zu identifizieren.

Für die Einführung einer Konsolidierungsphase gibt es noch einen weiteren Grund. Man befaßt sich ständig mit neuen Dingen. So lassen sich zusätzliche Verbesserungschancen aufdecken und die Leistungen der Organisation noch weiter verbessern. Größere Umwälzungen in der Umwelt können außerdem verursachen, daß im Modell spezifizierte Änderungen und in Phase 5 durchgeführte Veränderungen nicht mehr so günstig aussehen oder ungünstiger aussehen, als ursprünglich angenommen worden war. Jedenfalls bietet die Überwachung der Tätigkeiten innerhalb der Phase 6 die Grundlage für die Spezifizierung möglicher zusätzlicher Wandlungsbedürfnisse.

Die Strategien und Instrumente der Phase 6 ermöglichen es einer Organisation, ihre Stärken festzustellen und die Gewinne zu konsolidieren. Die Mitarbeiter stellen unter Umständen nachlassende Bemühungen fest, die ausgeschaltet werden müssen, will man ihren schädlichen Wirkungen entgegenstehen. Dasselbe gilt für die Schubkraft. Sie muß man unter Umständen betonen, um in den Nutzen des gesamten Organisationsentwicklungspotentials zu kommen.

Wichtig in der Phase 6 ist, daß die Konsolidierung offen angesprochen wird und man sich offen um sie bemüht. Man geht also nicht einfach davon aus, daß der Wandel, einmal begonnen, sich aus eigener Kraft fortsetzen wird.

Den Anfang machen, aber wie?

Ganz wichtig für den Erfolg der Grid-Organisationsentwicklung ist der Anfang. Hier stecken wir in einem Dilemma. Wie soll man der gesamten Organisation die Bedeutung der Grid-Führungsentwicklung bewußt machen und wie soll man sie davon überzeugen, ohne die Mitwirkung aller zu fordern? Hier ist es am besten, eine ganze Reihe von Vorläuferschritten zu unternehmen, die die notwendigen Erklärungen enthalten und darauf angelegt sind, die Mitarbeiter an die Möglichkeiten der Grid-Führungs- und Organisationsentwicklung heranzuführen (siehe Abbildung 13–3). Mit diesen Schritten kann die Organisation die Auswirkungen der Entwicklungsarbeit methodisch testen, ohne sich ihr gleichzeitig zutiefst zu verpflichten. Wenn man diese Schritte sorgfältig plant, erhalten die Mitarbeiter die Chance, sich allmählich durch eine Reihe für sich selbst sprechender Erlebnisse aus eigenen Stücken zu engagieren und zu entwickeln. Orientierung ohne Verpflichtung – die Chance, die Wassertemperatur zu prüfen, ehe man ins Bad steigt – erzeugt ein Bewußtsein für die Möglichkeiten, aus denen heraus dann auch eine überzeugte Entscheidung getroffen werden kann.

Fachliteratur	Sich orientieren, wie die angewandten Verhaltenswissenschaften zur Stärkung von Organisationen eingesetzt werden.
Auslese	Einige Mitarbeiter werden ausgewählt, sie gewinnen einen Einblick in die Phase 1 und das

	Verhaltensgitter, ohne daß sich die Organisation zu mehr verpflichtet.
Grid-Organisationsentwicklungs-Seminar	Gibt einigen Führungskräften fundierte und tiefgehende Einblicke in die Grid-Organisationsentwicklung als Ganzes und bietet so eine Grundlage für die Bewertung und mögliche Empfehlungen für die nächsten Schritte.
Grid-Modell-Seminar	Gibt der Organisation die Möglichkeit zum Praxistest. Sie lernt, was geschieht, wenn die gesamte Organisation die Phase 1 durchmacht.
Teamaufbau-Modellseminar	Das Leitungsteam erfährt direkt, wie das Verhaltensgitter angewandt wird, um nicht nur die Effektivität des Teams, sondern auch die der Einzelmitglieder zu steigern. Hieraus entsteht die Grundlage für die Bewertung der möglichen Auswirkungen der Phase 2, wenn sie, auf die gesamte Organisation angewandt, durchgeführt wird.

Es gibt natürlich noch andere Entwicklungsansätze. Sie hängen von den jeweiligen Bedürfnissen, Ressourcen und dem Bereitschaftsgrad der Organisationen ab. Dazu zählen unter anderem auch Umfragen und Erhebungen, Sensitivity-Training, Job-Enrichment (Anreicherung der Arbeitsinhalte), Management by Objectives (Führen durch Zielvereinbarung). Der Gitteransatz unterscheidet sich von den übrigen Ansätzen darin, daß Wert gelegt wird auf einen Wandel der gesamten Organisationskultur, ehe man den Teamaufbau, Management by Objectives oder Job-Enrichment in Angriff nimmt. Nur so bestehen vernünftige Aussichten, daß neue Führungsansätze auch den negativen Druck überleben werden, der schon so oft Grund für das Aufgeben war.

Kapitel 14

Analyse des eigenen Führungsstiles

Schon in Kapitel 1 wurden Sie mit einer Möglichkeit zur Einschätzung des eigenen Führungsstiles bekannt gemacht. Sie haben verschiedene Aussagen mit Zahlen von 1 bis 5 bewertet, wobei die Zahl 5 die für Sie typischste Verhaltensweise kennzeichnet und die Zahl 1 das Verhalten, das dem Ihrigen am wenigsten entspricht. Außerdem haben Sie bei den verschiedenen Elementen Entscheidungen, Überzeugungen, Konflikt, Temperament, Humor und Einsatz jeweils einen Satz ausgewählt.

Bestimmung der Führungsstile

Ehe Sie ihre Selbsteinschätzung noch einmal überprüfen, ist es vielleicht nützlich, die Hauptmerkmale der einzelnen Gittertheorien noch einmal zusammenzufassen (Tabelle 14–1). Die linke Spalte enthält die Grundaspekte aller Gitterstile: Führungsfunktionen, das Verhalten des Vorgesetzten, die Folgen, die dem Stil eigene Dynamik und die in der Kindheit verwurzelten Wesenszüge. In den Querspalten finden Sie die entsprechenden Merkmale in ihren Zuordnungen zu den einzelnen Gitterstilen. So können Sie also leicht bestimmte Überlegungen in Zusammenhang mit dem Gitterstil vergleichen. Vielleicht wollen Sie sich nach Überprüfung dieser Tabelle noch einmal neu bewerten, um zu einer genaueren Selbsteinschätzung zu gelangen.

Jetzt tragen Sie Ihre Zahlen aus dem Kapitel 1 unter der Rubrik »Vorher« in die beiden linken Spalten der Tabelle 14–2 ein. Die

Spalte ganz links dient zur Eintragung der Abschnittsbezeichnungen, die nächste zur Eintragung der *Elemente*. Dann tragen Sie bitte die neuen Bewertungen an den entsprechenden Stellen unter »Jetzt« ein.

Der A-Abschnitt in Kapitel 1 charakterisiert die 1,1-Einstellung. Danach folgen B – 1,9; C – 5,5; D – 9,1 und E – 9,9. Dieselbe Reihenfolge gilt auch für jedes Element. Der erste Satz unter dem Titel *Entscheidungen* (A 1) steht für die 1,1-Orientierung. Es folgen (B 1) – 1,9, (C 1) – 5,5, (D 1) – 9, 1 und (E 1) – 9,9. Auch für die übrigen Elemente gilt diese Reihenfolge.

Nun können Sie also Ihre Auswahl der Gitterstile interpretieren und Ihr eigenes Führungsverhalten schildern. So können Sie vergleichen, wie Sie sich vor dem Lesen dieses Buches eingeschätzt haben und wie Sie Ihr Führungsverhalten jetzt nach der Neubewertung sehen. Hier bietet sich Ihnen außerdem die Chance, zu überlegen, ob Sie Ihr Führungsverhalten ändern wollen, und wenn ja, in welche Richtung.

Waren Sie hauptsächlich ein 9,9-Typ? Oder haben Sie mehr zu 9,1, 1,9, 1,1 oder 5,5 tendiert? Gehen Sie wirklich von einer 9,9-Orientierung aus, oder haben Sie sich vielleicht selbst mißverstanden? Wir wissen, daß sich die Menschen gerne etwas vormachen. Ein Beispiel dafür ist die folgende Studie.

Tabelle 14–1
Überblick über die Dynamik der Gitterstile

Führungs-funktionen	1,1	1,9	5,5	9,1	9,9
Planung	Die von mir angewiesenen Aufgaben sind weit gefaßt. Wann immer möglich, setze ich keine spezifischen Ziele oder Termine. Alle Mitarbeiter schlagen sich alleine durch.	Ich schlage die Aufgabenverteilung vor und drücke mein Vertrauen aus: »Ich weiß, daß Sie Bescheid wissen und alles gutgehen wird.«	Ich stelle mich mit meiner Planung auf die Wünsche und Widerstände meiner Mitarbeiter ein. Ich plane dann für jeden Mitarbeiter so, daß er die Sache akzeptieren wird.	Ich plane, indem ich Soll-Normen und Termine setze und detaillierte Pläne zu ihrer Erfüllung aufstelle.	Ich hole alle Mitarbeiter zusammen, die die problembezogenen Fakten und/oder ein berechtigtes Interesse an den Ergebnissen haben, um uns gemeinsam mit dem Problem als Ganzem zu befassen. Wir arbeiten ein vernünftiges Modell von Anfang bis Ende aus und haben so einen Organisationsrahmen für die Integration eines Gesamtprojektes. Ich höre mir die Reaktionen und Ideen meiner Mitarbeiter an. Mit ihnen zusammen setze ich Ziele und flexible Terminpläne fest.

Führungsfunktionen	1,1	1,9	5,5	9,1	9,9
Organisation	Wenn man sie in Ruhe läßt, führen sie ihre Aufgaben durch. Sie kennen ihre Arbeit und ihre Fähigkeiten selbst am besten.	Meine Mitarbeiter wissen, was zu tun ist und wie sie sich untereinander koordinieren müssen. Wenn sie Vorschläge von mir brauchen, höre ich ihnen gerne zu und biete ihnen alle meine Hilfe an.	Ich erkläre die Ziele und den Terminplan und verteile dann die einzelnen Aufgaben. Dabei vergewissere ich mich noch einmal, daß die Mitarbeiter mit meinen Bitten einiggehen. Sie dürfen jederzeit zu mir kommen, wenn sie etwas nicht verstehen. Dazu fordere ich sie auf.	Ich gebe die Anweisungen und sage meinen Mitarbeitern, was sie wie, wann und mit wem zu tun haben.	Innerhalb des Gesamtrahmens legen wir für jeden einzelnen den Verantwortungsbereich fest und einigen uns auf Verfahrensweisen und Grundregeln.
Unterweisung	Ich gebe die Mitteilungen von oben nach unten weiter. Ich gebe die Informationen sachlich einwandfrei weiter. Ich verbräme oder deute sie sowenig wie möglich.	Ich sehe meine Mitarbeiter häufig und ermuntere sie, zu mir zu kommen. Meine Tür steht immer offen. Ich wünsche, daß sie bekommen, was sie wollen, ohne darum bitten zu müssen. So muntert man die Mitarbeiter auf.	Ich halte mich über die Leistungen aller Mitarbeiter auf dem laufenden und überprüfe von Zeit zu Zeit ihre Fortschritte. Wenn ein Mitarbeiter Schwierigkeiten hat, versuchche ich möglichst, den Arbeitsdruck zu verringern und eine andere Arbeitsaufteilung vorzunehmen.	Ich halte mich ständig auf dem laufenden. Ich will schließlich, daß nur das getan wird, was ich auch genehmigt habe.	Ich halte mich über die Fortschritte auf dem laufenden und beeinflusse meine Mitarbeiter, indem ich gemeinsam mit ihnen Probleme identifiziere und Ziele neu setze. Ich helfe ihnen, wenn ich gebraucht werde, und sorge dafür, daß Hindernisse beiseite geräumt werden.

Führungsfunktionen	1,1	1,9	5,5	9,1	9,9
Steuerung und Überwachung	Ich mache meine Runden, aber Sofortmaßnahmen ergreife ich sowenig wie möglich. Meine Mitarbeiter mögen das so und ich auch.	Ich brauche nur sehr selten zu kontrollieren, wie die Arbeit läuft, weil meine Mitarbeiter ihr Bestes geben. Ich lege Wert darauf, jedem einzelnen zu seinen großen Bemühungen zu gratulieren. Unsere Gespräche enden meistens damit, daß wir uns darüber unterhalten, warum alles so gut gelaufen ist und wie wir die Arbeit genauso reibungslos oder noch besser in der Zukunft gestalten können.	Ich treffe mich zwanglos mit meinen Mitarbeitern, und wir reden darüber, wie alles läuft. Ich betone die guten Leistungen und vermeide Kritik, obwohl ich meine Mitarbeiter dazu ermuntere, ihre Schwachstellen zu identifizieren. Meine Mitarbeiter wissen, daß ich ihre Gedanken und Gefühle bei der nächsten Aufgabenbesprechung berücksichtigen werde.	Ich sorge dafür, daß Termine eingehalten werden. Ich treibe meine Mitarbeiter möglichst zu schnellerer Arbeit an. Wenn Pannen auftreten, halte ich mit Kritik nicht hinter dem Berg. Ich suche den Schuldigen und ordne Korrekturmaßnahmen an.	Während der Laufzeit eines Projektes übe ich konstruktive Kritik, damit die Termine eingehalten werden. Außerdem setze ich mich mit den Verantwortlichen zur Manöverkritik zusammen. Wir reden über die Vorgänge und stellen fest, was wir daraus lernen können und wie sich das Gelernte in der Zukunft anwenden läßt. Ich zolle meine Anerkennung sowohl dem Team als auch der herausragenden Einzelleistung.

Führungs-funktionen	1,1	1,9	5,5	9,1	9,9
Stellen-besetzung	Man nimmt die, die einem zugewiesen werden.	Ich kann es natürlich nicht jedem recht machen, aber ich versuche dafür zu sorgen, daß jeder die Arbeit tun kann, die ihm am meisten Spaß macht, und mit Kollegen zusammenarbeitet, die er mag.	Ich suche die Leute so aus, daß sie zu uns passen.	Ich hole mir die Tüchtigen. Die Schwachen siebe ich aus.	Bei meinen Entscheidungen, wer was tun soll, gebe ich jedem die Arbeit, die seinen persönlichen Fähigkeiten oder seinen Entwicklungsbedürfnissen entspricht.
Management by Objectives – Führen durch Zielvereinbarung	»Schalen ohne Kern«	»Gute« Absichten, Einigung auf den kleinsten gemeinsamen Nenner	»Zielscheiben«	Soll-Normen, Termine	Setzen von kurz- und langfristigen Zielen
Leistungs-beurteilung	»Die äußere Form wahren«	Komplimente	»Sandwich«-Technik	Kritik	Überprüfung der Fortschritte anhand der Ziele

Das Verhalten des Vorgesetzten	1,1	1,9	5,5	9,1	9,9
Kommunikation	Mitteilungen weitergeben	Einseitig, nach oben	Versuchsweise, formlos	Einseitig, nach unten	Offene, freimütige, vollständige Zweiwegkommunikation
Konflikt	Neutralität, Doppelzüngigkeit	»Jasager«, Kontakt halten, nachgeben, schlichten	Auf halbem Wege entgegenkommen, Kompromiß, die Fühler ausstrekken, Unverbindlichkeit, Versuchsballons	Beharrt auf seinem Standpunkt, duckt, verspottet, unterdrückt andere	Experimentierfreude, Fakten, Daten, Logik, Konfrontation, »Gesetz der Situation«
Beratungstendenz	Passivität oder Zuhören	Verständnisvolles Zuhören	Katalyse, Gefälligkeit	Vorschrift/Anordnung, Konfrontation	Konfrontation, Theorie
Führungsfassaden	Gleichgültigkeit	Lob, Schmeichelei, »Jasager«	Flexibilität, Freundlichkeit, Cliquenwirtschaft, »Spieler«	»Leuteschinder«, Einschüchterungstaktiken	Ruf aufbauen, Fürsorge für andere zeigen, unvollständige Delegation, Pseudoteamarbeit

Folgen	1,1	1,9	5,5	9,1	9,9
Grundlage für Koordination Chef-Mitarbeiter	Ergebenheit	Abhängigkeit	Einwilligung	Gehorsam	Konsens
Reaktionen der Mitarbeiter	Ergreifen selbst die Initiative, kündigen, Apathie	Sicherheit; Unmut und Frustration, Kreativität im Keime erstickt, Verlassen der Firma	»Gleich und gleich gesellt sich gern«; »statistisch« 5,5; Abtreiben in 1,1-Richtung	Kampfansage, Aufsässigkeit, Sabotage; passiver Gehorsam, verbergen und vergessen, Flucht	Vertrauen in das eigene Können. »Das ist zu viel verlangt . . . das ist nicht durchführbar«
Organisationsmerkmale	Es wird nur noch »verwaltet«	Orientierung am »Wohlfahrtsstaat«, Clubatmosphäre	Bürokratie, »Politik« nach dem Althergebrachten	Befehlsgewalt verstärkt durch Kontrollen	Funktional, dynamisch, zielbewußt

Folgen	1,1	1,9	5,5	9,1	9,9
Langfristige Auswirkungen für die Organisation	Treibt auf den Bankrott zu	Hohe Kosten, geringe Leistung und Produktion	Durchschnittliche Leistung und Produktion	Gute Kurzzeitproduktionserfolge	Hohe Leistung und Produktion, hohe Rendite
Beruflicher Erfolg	An 5. (letzter) Stelle	An 4. Stelle, zweitletzter Platz	An dritt- oder zweitbester Stelle	An zweit- oder drittbester Stelle	An erster Stelle, optimal
Seelisch	Gefühlsmäßige Resignation	Masochismus	Übermäßige Sorgen	Sadismus	Zuversicht, Achtung und Bewunderung
Körperlich	TB, Krebs, »früher« Tod	Asthma, Diabetes, Bluthochdruck (zusammen mit 9,1-Ersatzorientierung)	Magengeschwüre	Herzinfarkt, Migräne	Guter allgemeiner Gesundheitszustand

Dynamik	1,1	1,9	5,5	9,1	9,9
Positiv-motivation	Überleben	Will angenommen werden, sucht Anerkennung	Dazugehören, beliebt sein, »in« sein	Macht und Herrschaft	Leistungsbereitschaft, Fürsorge
Negativ-motivation	Will nicht entlassen oder vertrieben werden	Angst vor Zurückweisung	Will nicht geächtet werden, will nicht »out« sein	Angst vorm Versagen	Enttäuschung
Grundgefühl	»Leer«, taub	Furcht	Angst	Ärger, Zorn, Wut	Liebe, Zuneigung und Anerkennung
Denkweise	Immer gleich, träge	»Weich«, gummihaft	Stereotypisch, mechanisch	Starr, dogmatisch, kategorisch, schwarz-weiß	Systematisch, kreativ, innovativ
In der Kindheit verwurzelte Wesenszüge	Extrem strenge Erziehung, Deprivation, Vernachlässigung, wechselnde Erwartungen; übermäßige Toleranz der Eltern	Strenge Leitung, Gehorsam wird belohnt; Ablehnung des Kindes, selten oder gar keine Bestätigung	Will unbedingt »populär« sein und den Erwartungen seiner Altersgenossen entsprechen	Forderung von Leistung, aber es wird mehr verlangt, als man erfüllen kann, relative Deprivation, Verwöhnen, wobei Ungehorsam bestraft wird	Eltern haben einen systematischen Erziehungsansatz; bedingungslose Liebe, Kooperation zwischen Eltern und Kind, Entwicklung und Förderung der Selbständigkeit innerhalb bestimmter Grenzen

Tabelle 14–2
Einschätzung der eigenen Gitterstile

Vorher		Jetzt	
Abschnitte	Elemente	Abschnitte	Elemente
A (1,1) ___	1. Entscheidungen	A (1,1) ___	1. Entscheidungen
B (1,9) ___	2. Überzeugungen	B (1,9) ___	2. Überzeugungen
C (5,5) ___	3. Konflikt	C (5,5) ___	3. Konflikt
D (9,1) ___	4. Temperament	D (9,1) ___	4. Temperament
E (9,9) ___	5. Humor	E (9,9) ___	5. Humor
	6. Einsatz		6. Einsatz

Selbsttäuschung bei der Selbsteinschätzung

Führungskräfte aller Organisationsebenen haben ihren Führungsstil anhand der Abschnitte in Kapitel 1 eingeschätzt. Dann besuchten sie ein Gridseminar, ein Seminar, wie es in Kapitel 13 beschrieben wurde, um sich mit den Grundeinstellungen zu ihrem Gitterstil zu befassen. Jeder Teilnehmer bekam schriftlichen Rücklauf von den anderen Teilnehmern zu seinem Haupt- und Ersatzstil. Sie beschrieben sein Verhalten bei der Problemlösung und Entscheidungsbildung, wie sie es während der wochenlangen Diskussion beobachtet hatten. Der Rücklauf kam entsprechend den Abschnitten zu den einzelnen Elementen: Entscheidungen, Überzeugungen, Konflikt usw. So erhielt jeder einzelne Teilnehmer eine maßgeschneiderte Beschreibung seines spezifischen und konkreten Verhaltens. Danach prüften sich die Teilnehmer noch einmal. Sie nahmen eine Neubewertung der Gitterabschnitte vor und beschrieben so wieder, welchen Haupt- und Ersatzgitterstil sie der eigenen Ansicht nach praktizierten.

Aus Tabelle 14–3 wird ersichtlich, daß zwischen der ersten Selbsteinschätzung und der zweiten erhebliche Unterschiede lagen. Besonders deutliche Unterschiede zeigten sich bei der 9,9-Orientierung. Vor dem Seminar schätzten sich 69,2 % aller Teilnehmer als Führungskräfte mit 9,9-Orientierung ein. Nach dem Seminar waren es nur noch 24,6 %.

Tabelle 14–3
Selbsteinschätzung des eigenen Hauptgitterstiles vor und nach dem Besuch des Grid-Seminares

Gitterstile	Selbsteinschätzung zum Hauptgitterstil in %	
	Vorher	Nachher
9,9	69,2	24,6
9,1	14,0	34,9
5,5	14,7	34,5
1,9	1,8	4,8
1,1	0,3	1,2

44,6 % der Teilnehmer änderten also ihre ursprüngliche 9,9-Selbsteinschätzungen. Dafür gibt es mehrere Erklärungen.

1. *Besseres Verständnis*. Ein gründlicheres Begreifen der Konzepte ermöglicht eine objektivere Sicht. In einem beschlagenen Spiegel kann man sich nun einmal nicht so gut erkennen.
2. *Selbsttäuschung*. Wenn ein Mensch in sein Inneres schaut, wird er das, was er findet, wahrscheinlich nicht ganz richtig beurteilen. Er sieht sich seine Vorsätze an. Die meisten Menschen haben gute Vorsätze, die normalerweise mit einer 9,9-Orientierung Hand in Hand gehen, aber der Mensch wird wahrscheinlich nicht sein wahres Verhalten sehen, das seinen guten Absichten widersprechen mag und es oft auch tut.
3. *Neue Fakten und Daten*. Wenn die Menschen erfahren, wie sie von anderen gesehen werden, lernen sie wahrscheinlich Dinge über sich selbst, die sie vorher noch nie wahrgenommen haben. Mit diesen neuen Informationen können sie sich selbst objektiver sehen.

Diese Tendenz, sich selbst etwas vorzumachen, müssen Sie sich bei der Einschätzung der einzelnen Abschnitte in Kapitel 1 unbedingt vor Augen halten. Es kann durchaus sein, daß Sie die 9,9-Abschnitte zu Recht angekreuzt haben. Die Chancen, daß diese Bewertung nicht stimmt, stehen allerdings 50:50.

Wenn Ihre erste Wahl also einer 9,9-Orientierung entspricht, werden Sie wohl mit dieser Warnung im Sinn die einzelnen Wertungen der Abschnitte noch einmal überprüfen und feststellen wollen, ob Sie Ihre eigenen Führungsüberlegungen wirklich objektiv eingeschätzt haben.

Es gibt viele Anhaltspunkte dafür, daß die besten Manager – d. h. die, die schneller als der Durchschnitt zu einer Spitzenposition gelangen – von einer 9,9-Führungsorientierung ausgehen. An zweiter Stelle kommt die 9,1-Orientierung, gefolgt von 5,5, 1,9 und schließlich 1,1. Wenn Sie Ihren Führungserfolgsquotienten (FEQ) messen wollen, hier ist die Formel:

$$\text{FEQ} = \frac{5\,(9-\text{E})}{60-\text{A}} \times 100$$

E bezeichnet die Führungsebene innerhalb der Organisationshierarchie, wobei der Spitzenmann auf der Ebene 1 und der Vorarbeiter auf der Ebene 8 steht. Wenn Sie weder der Spitze noch der untersten Ebene angehören, müssen Sie feststellen, wie viele Ebenen Sie unter der Spitze stehen, und diese Zahl einsetzen. Wenn Sie jedoch eine sehr steile Organisation haben, in der mehr als acht Führungsebenen existieren, sollten Sie abschätzen, wo sich Ihre Führungsebene innerhalb einer Organisation aus acht Ebenen befinden würde. A ist das Alter bis zu 59 Jahren. Das heißt also, wenn Sie 59 Jahre alt sind und nicht an der Spitze stehen, dann ist Ihr FEQ weniger als 100. Wenn Sie weniger als 59 Jahre alt sind und an der Spitze stehen, dann ist Ihr FEQ höher als 100. Wenn Sie beispielsweise mit 39 Jahren Vorstandsmitglied sind, beträgt Ihr FEQ 166. Das heißt, daß Sie sehr viel schneller vorwärtsgekommen sind als der Durchschnitt. Durchschnittliche Karrieren haben eine Punktezahl rund um 100, etwa von 90 bis 110, während die überdurchschnittlichen Leistungen höher liegen. Unterdurchschnittliche Leistungen liegen darunter.

Die 5,5-Orientierung scheint der typische Ersatzstil für den Manager mit Durchschnittserfolg zu sein. Vergleichen Sie die folgenden beiden Abschnitte und versuchen Sie festzustellen, wo der Unterschied zwischen den Führungskräften A und B liegt. Manager A praktiziert 9,9 als Haupt- und 9,1 als Ersatzstil. Manager B praktiziert 9,9 als Haupt- und 5,5 als Ersatzstil.

Manager A legt großen Wert darauf, daß sich alle auf vernünftige kreative Entscheidungen einigen. Er bemüht sich um die Meinungen anderer, um ein Problem gründlich zu untersuchen. Er reagiert auf vernünftige Ideen anderer und ändert seine Meinung. Mit seiner Art wirkt er offen und stabilisierend auf die Gruppe. Er ist ausgeglichen. Mit seinem Humor eröffnet er neue Perspektiven. Er wird aggressiv und besteht auf Kosten anderer auf seiner Meinung, wenn man sich ihm ständig widersetzt.

Manager B bemüht sich sehr um die Ideen anderer und fördert sie. Sie führen zu Einigung, Verständigung und vernünftigen Entscheidungen. Auch wenn ein Konflikt entsteht, geht er ihm nicht aus dem Wege. Manchmal fällt er in althergebrachte Verfahren zurück. Er kontrolliert sein Temperament, zeigt aber manchmal auch Ungeduld. Selbst unter Streß behält er seinen Humor.

Der Unterschied zwischen Manager A und dem Manager B macht deutlich, daß der Manager A mehr zu qualitätsmäßig guten Entscheidungen beiträgt. Der Manager A schafft Offenheit. So können Meinungsverschiedenheiten offen ausgetragen werden. Der Manager B greift statt dessen auf das Althergebrachte zurück, um Meinungsverschiedenheiten zu lösen.

Mit 9,1 als Haupt- und 9,9 als Nebenstil sieht das Bild wieder anders aus. Die Führungsstrategien an sich sind dieselben. Sie werden aber in anderer Reihenfolge und in anderen Proportionen angewandt. 9,1 als Hauptstil zusammen mit 9,9 als Ersatzstil funktioniert weniger gut. Lesen wir den Absatz für den Manager C durch, und wir werden erkennen, warum das so ist.

Manager C legt großen Wert auf die Erzielung vernünftiger Entscheidungen, die von allen eingesehen werden und auf die sich alle einigen. Er weiß, daß er gute Entscheidungen treffen kann. Manchmal aber ist er zu aggressiv und zu schnell, so daß die Gruppe ihr volles Potential nicht entfalten kann. Er geht meistens zu schnell vor, nimmt die Ansichten anderer vorweg und neigt dazu, sie dadurch zu unterdrücken. In Konfliktfällen versucht er, den Ursachen auf den Grund zu gehen und die Lösung dort anzusetzen. Er benutzt den Konflikt, um Einvernehmen zu erzielen. Ein Konflikt reizt ihn und läßt ihn gelegentlich auf Unterdrückungstaktiken zurückgreifen. Er verliert nur selten die Ruhe, selbst wenn ihn etwas aufregt, aber er wird ungeduldig, wenn sich nichts tut. Sein Humor ist meistens treffend – und könnte öfters zum Guten eingesetzt werden.

Der Manager C ist ergebnisorientiert. Kurz und bündig läßt er andere an Überlegungen mitwirken und neigt dazu, die Ideen anderer zu unterdrücken. So läßt sich wohl erklären, warum diese Kombination – 9,1 gefolgt von 9,9 – bei den Managern mit guter und schneller Karriere weniger häufig vorkommt.

Führungskräfte mit hoher Erfolgsquote sind nur ganz selten von einer 1,9- oder 1,1-Orientierung als Hauptgitterstil geprägt. Warum das so ist, läßt sich aus den nächsten Abschnitten mit der Beschreibung der Manager D und E ersehen. Bei Manager D dominiert der 1,9-Ansatz. Manager E wird von einer 1,1-Orientierung geprägt.

Manager D sorgt für Harmonie am Arbeitsplatz. Er spricht zwar seine Meinung aus, aber ohne damit zu drängen. Er ist der erste, der im Konfliktfall beschwichtigt, indem er seinen Humor zu Hilfe nimmt und die Kontroverse verlagert. Er gestattet es sich niemals, aus der Haut zu fahren, sondern huldigt einer Philosophie der Geduld und Nachsicht.

Manager E ist ein pedantischer Mensch. Er bleibt soweit wie möglich für sich. Eine Entscheidung selbst treffen gibt es für ihn nur, wenn er unbedingt muß. Niemals spricht er seine Meinung aus. Er schweigt selbst noch inmitten eines Konfliktes. Wenn ihn etwas stört, zieht er sich zurück, um nicht aus der Haut fahren zu müssen. Humor hat er überhaupt keinen.

Weder Manager D noch Manager E sind durch die Stärken gekennzeichnet, die einen Vorgesetzten veranlassen, einen Mitarbeiter zur schnellen Beförderung vorzuschlagen.

Wie sieht es mit Ihrer Selbsteinschätzung aus? Wie haben Sie die einzelnen Abschnitte geordnet?

Auswahl der Gitterelemente

Als nächstes sollten Sie die Gitterelemente überprüfen, die Sie in Kapitel 1 als Beschreibung Ihres charakteristischen Ansatzes ausgewählt haben. Dabei ging es um Entscheidungen, Überzeugungen, Konflikt, Temperament, Humor und Einsatz.

Passen die einzelnen von Ihnen ausgewählten Elemente zueinander? Gehören sie alle zum selben Gitterstil, oder haben Sie sie aus verschiedenen Positionen ausgewählt? Sie werden wiederum urteilen müssen, wo die Übereinstimmungen und die Diskrepanzen liegen. Durch die Analyse der selbst ausgewählten Elemente werden Sie Ihre Stärken und Schwächen feststellen können.

Manager F geht hauptsächlich von einer 9,1-Orientierung aus. Ihm macht die Konkurrenz bei der Entscheidungsbildung Spaß. Er hat eine festgeformte Meinung und sorgt dafür, daß seine Entscheidungen als endgültig akzeptiert werden. Er verteidigt seine Überzeugungen und manipuliert die Gruppe, um eine Ansicht zu beweisen. Konflikte machen ihm Spaß. Er heizt sie noch an. Er benutzt Köder, um den normalerweise unproduktiven Konflikt zu steuern. Häufig aber handelt er zum Schaden des Diskussionsfortgangs. Gelegentlich wird er ungeduldig und kann dann nicht einmal mehr aufmerksam zuhören. Mit seinem beißenden Humor dient er nur sich selbst.

Manager G ist hauptsächlich ein 9,1-Typ. Als Ersatzstil benutzt er 9,9. Er drängt aggressiv auf Entscheidungen und benutzt dabei möglichst auch die Beiträge anderer, allerdings nur, wenn er sie ohne Verzögerung bekommt. Er hat sich hohe Normen gesetzt. Obwohl er weiß, welchen Wert Gemeinschaftsentscheidungen und eine Einigung auch unter Druck haben, verläßt er sich lieber auf sein eigenes Urteilsvermögen. Er handelt überlegt, präzise, bestimmt und selbstsicher. Im Konfliktfall wird er versuchen, unverzüglich seine eigene Meinung durchzusetzen, es sei denn, die andere Seite hat außerordentlich viel für sich. Er hat sein Temperament und seine Ungeduld immer gut unter Kontrolle. Sein Humor entspricht der Situation. Selbst unter Druck geht er ihm nicht verloren.

Die Beschreibung für den Manager F ist in sich geschlossen. Jedes Element enthält eine 9,1-Grundeinstellung. Der Manager G dagegen praktiziert einen 9,9-Ersatzstil, was sich bei den Elementen Entscheidungen und Konflikt und bei Temperament und Humor zeigt. Da nämlich herrscht die 9,9-Grundeinstellung vor.

Wir wollen Ihnen eine Vergleichsgrundlage bieten, wie die einzelnen Elemente zusammenpassen. Deswegen folgen noch einige weitere Beschreibungen.

Bei *Manager H* dominiert die 1,9-Führungsweise. Sein Ersatzstil ist 5,5. Er ist stolz auf seinen Ruf als »Friedensstifter« und bemüht sich, immer und überall ein joviales Arbeitsklima zu schaffen. Ehe er eine Entscheidung trifft, hört er sich die verschiedenen Meinungen der Gruppenmitglieder an und schließt sich dann der Mehrheit an. Wenn ein Konflikt entsteht, schwingt er sich sofort zum Herrn der Lage auf und beschwichtigt. Er hat in jeder Lage einen Witz bereit. Nie verliert er die Ruhe. Sobald er mit einem Streitthema konfrontiert wird, weiß er genau, wie er ablenken kann.

Manager I ist von einem 1,1-Hauptstil und einem 5,5-Ersatzstil geprägt. Er leitet Diskussionen wie ein Moderator, bittet alle um ihre Meinung und faßt sie dann zusammen. Wenn er auf eine Meinung festgenagelt werden soll, findet er immer eine Möglichkeit, gleichzeitig etwas Positives und Negatives zu sagen. Wo Spannungen entstehen, ist er gleich mit einem Vorschlag da, das Ganze zu verschieben, bis sich die beunruhigten Gemüter wieder abgekühlt haben. Auf Druck reagiert er anscheinend nicht. Er bleibt immer ruhig und optimistisch.

Für *Manager J* gilt 1,1 als Hauptstil und 1,9 als Ersatzstil. Normalerweise akzeptiert er die Meinung und Einstellung anderer, ganz besonders dann, wenn er sich eine persönliche Zurückweisung bei Aussprache seiner eigenen Meinung einhandeln würde. Im Konfliktfall versucht er allerdings, neutral zu bleiben. Selbst wenn ihn etwas stört, schmollt er nur oder zieht sich zurück, aber er braust nicht öffentlich auf. Er ist entweder humorlos oder zielt darauf ab, freundschaftliche Beziehungen aufrechtzuerhalten.

Vielleicht wollen Sie jetzt Ihre eigene Charakterisierung in bezug auf die einzelnen Elemente Entscheidungen, Überzeugungen, Konflikte, Temperament, Humor und Einsatz verfassen.

Ihre eigene Beschreibung können Sie dann mit den eben gelesenen Abschnitten vergleichen und selbst zu dem Schluß kommen, ob Sie sich ändern können und wollen und so zu einem effektiveren Manager werden.

Kapitel 15

Zukünftige Tendenzen und Praktiken

Von den Archäologen wissen wir, daß der Mensch mit seinem Körperbau und seiner Gehirnkapazität genauso schon vor Millionen von Jahren existiert hat. Die Organisation der Produktion zum Wohle der menschlichen Gesellschaft kann jedoch nicht mehr als 15000 Jahre alt sein. Was wir unter »moderner« Zivilisation verstehen, existiert, gemessen an der gesamten Menschheitsgeschichte, also noch gar nicht so lange. Zu Zeiten von Christus war der Umschwung schon weit im Gange. Er wurde durch viele Verlagerungen von einer präkulturellen Handlungsweise auf eine kulturelle Handlungsweise geprägt, so wie wir sie heute kennen. Zwei Veränderungen sind von größter Bedeutung für uns, damit wir verstehen können, wo wir heute stehen und in welche Richtung sich die Dinge wahrscheinlich entwikkeln werden.

Rückblick auf die vorindustrielle Entwicklung

Der erste große Umschwung war der Übergang vom Menschen als Jäger und Sammler auf die Stufe des Pflanzers und Hirten. Als Jäger und Sammler hatte er von einem Tag zum anderen von der Hand in den Mund gelebt. Als Hirte wußte er, daß er eine Lebensmittelreserve anbauen und bewahren mußte, um für längere Zeit Vorräte zu haben. Als Sammler hatte der Mensch das aufgegriffen, was ihm die Natur bot, Beeren, Früchte, Schnecken usw. Jetzt fing er an, zu pflanzen und zu ernten. Er wandte sich also dem Ackerbau zu. Aus dem Ackerbau ergaben sich dieselben Auswirkungen wie aus dem Umschwung vom Jäger zum Hirten. Die Menschen wurden seßhaft, sie mußten anfangen zu planen, zu organisieren, zu unterweisen und Stellen zu besetzen, um Bücher, Vorräte, Geld und andere Ressourcen zu steuern.

Aus diesen Einflüssen ist das Fundament der modernen Gesellschaft erwachsen. Ganze Gemüse- und Getreidearten, die bis dahin nur wild wuchsen, wurden kultiviert und kommerzialisiert. Gemüse, das heute auf unsere Tische kommt, wie Bohnen, Salat, Blumenkohl und Kartoffeln, waren in der Jäger- und Sammlerzeit unbekannt. Vielleicht gab es wildwachsenden Reis und Weizen. Diese Getreidearten konnten nun weiter genutzt werden. Wahrscheinlich waren diese beiden Nahrungsquellen wichtiger für das Wachstum der Bevölkerung als alles andere.

Als zweite Auswirkung dieses Umschwunges wurden die Menschen seßhaft. Die meisten Menschen brauchten nicht mehr in Nomadenfamilien und -stämmen umherzustreifen. Sie entdeckten die Gesetzmäßigkeiten des Mondjahres. Wahrscheinlich waren die einzelnen Zeitabschnitte wichtig für den Ackerbau. Man brauchte also eine Erklärung. Hier entstand wahrscheinlich die erste Wissenschaft überhaupt, die Astronomie. Auch Bildung und Ausbildung wurden notwendig, um Dinge schriftlich festzuhalten, Mengen durch Zahlen festzulegen und Transaktionen durchzuführen. Dazu verwendete man Symbole und Denkprozesse, verließ sich aber nicht auf die direkte Wahrnehmung.

Der Tauschhandel führte zu einer merkantilen Gesellschaft, in der Rechen-, Schrift- und Aufzeichnungssysteme benutzt wurden. Man brauchte Buchhalter und eine Währung – hier wurden sie in das Weltsystem eingeführt.

Wie all dies geschah und warum es gerade zu der Zeit und an dem Ort geschah – wahrscheinlich in der Ebene von Mesopotamien –, ist den Historikern, Archäologen und Anthropologen nicht klar. Klar aber ist, daß hier eine ganze Ereigniskette in Bewegung gesetzt wurde, die vermutlich durch die Entdeckung einer abstrakten, sich ständig weiterentwickelnden und ändernden Schrift ausgelöst wurde.

All dies spielte sich in Ackerbau betreibenden Dorfgemeinschaften ab. Allerdings gab es kein soziales System zur Regelung der menschlichen Interaktionen. So entstand natürlich die Frage, wie sich die Menschen gegenseitig behandeln sollten, um in den Genuß der möglichen materiellen Vorteile zu kommen und gleichzeitig unabhängig von den Einflüssen und Kontrollen anderer zu bleiben. So haben diese Umschwünge noch viele Kennzeichen einer industriellen Gesellschaft mit sich gebracht. Es erhob sich zum Beispiel das Problem des Eigentums. Der Boden, der das Vieh ernährte und Ackerbau möglich machte, wurde wertvoller als der Boden, der sich für solche Zwecke nicht verwenden ließ. Da es keine Regeln und keine Rechtsinstitutionen gab, nach denen solcher Boden vielen gemeinsam gehören oder in einer Art Kooperative verwaltet werden sollte, wurden diejenigen die Alleineigentümer, die das, was sie hatten, schützen konnten.

Diese Entwicklungsaspekte des Geschäftslebens und der Kommerzialisierung des Lebens haben während der letzten Jahrhunderte wahrscheinlich zum Entstehen des freien Unternehmertums geführt. Damit wurde Initiative anerkannt. Diese Änderungen haben vor allen Dingen die Notwendigkeit entstehen lassen, daß Organisationen zum Schutz des Eigentums und zur Schlichtung von Streitigkeiten gegründet wurden. Außerdem sollten sie die Beziehungen und Verfahrensweisen unter denjenigen regeln, die kommerzielle und andere Transaktionen unternahmen. Zuerst gab es Regierungen für eine Stadt. Dann entstanden Stadtstaaten. Sie breiteten sich weiter aus und gewannen allmählich Form, Grenzen und Kennzeichen unserer heutigen Staaten.

Wenn wir uns anschauen, wie viele Millionen Jahre der Mensch schon existiert, und damit dann die 12000 bis 15000 Jahre vergleichen, in denen sich die Industriegesellschaften entwickelt haben, wird begreiflich, daß unsere »moderne« Gesellschaft noch sehr jung ist. Die Änderungen, die sich während jener Zeit vollzogen haben, sind im Schaubild 15–1 als sechs Entwicklungsstufen aufgezeichnet.

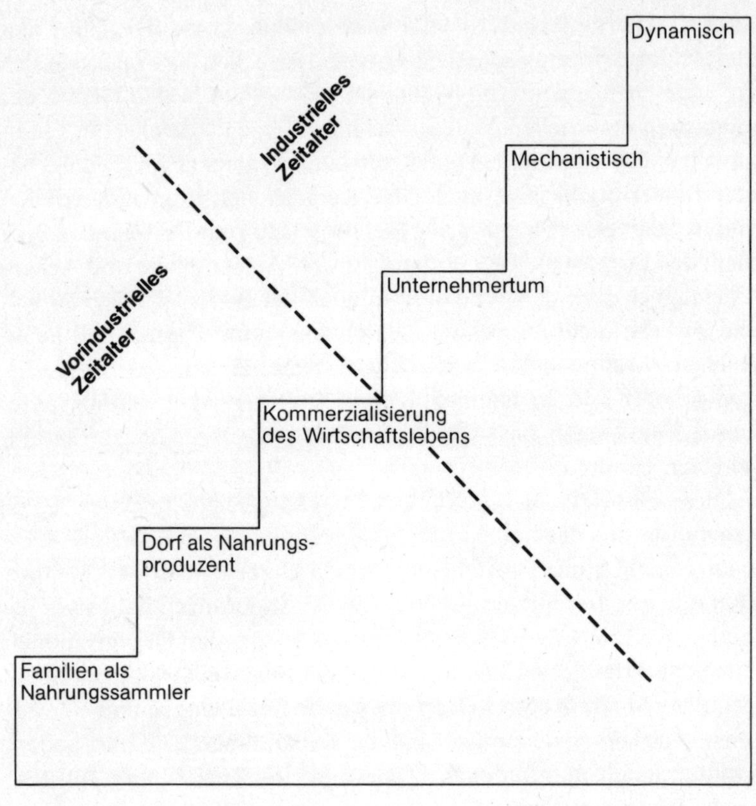

Abbildung 15–1
Stufen der industriellen Entwicklung

Fortschritte im Zeitalter der Unternehmen

Nach den ersten drei Entwicklungsstufen tauchte ein weiterer wichtiger Grundzug für die Regelung des Gesellschaftslebens auf. Die Unternehmung war eine gesellschaftliche Entdeckung von allerhöchster Bedeutung, die die weitere Kommerzialisierung des Wirtschaftslebens ermöglichte. Die erste Charta, die man als gesetzmäßige Basis für die Organisation einer wirtschaftlichen Unternehmung ansehen könnte, wurde zu einem Zeitpunkt abgefaßt, den man nicht genau kennt. Die Experten schätzen aber, daß der eigentliche Anfang vor etwa 500 Jahren anzusetzen ist. Diese Charta hat möglicherweise den Handel innerhalb der Hanse autorisiert. Voraus ging wahrscheinlich die Organisation der katholischen Kirche. Möglicherweise hat sich die Hanse an der Organisation der Kirche orientiert. Wie dem auch sei, das kommerzielle Unternehmertum wurde durch Regierungen ermöglicht, die einzelnen Untertanen oder Untertanengruppen das Recht gewährten, kommerzielle Tätigkeiten auszuüben, nicht als einzelne und nicht als direkte Vertreter der Regierung, sondern als indirekte »Organismen« der Gesellschaft, geschaffen durch die Regierung und arbeitend unter dem Schutz der Regierung, aber nur einer geringen Zahl an Regeln unterworfen. Es wurde populär, eine Charta zu verleihen. Solche Chartas dienten als Grundlage für Expeditionen wie beispielsweise die von Kolumbus, als Basis für Bildungsinstitutionen wie die Universitäten von Oxford, Cambridge, Heidelberg oder Harvard und als Grundlage für andere Gesellschaftsangelegenheiten, die nicht mehr privaten Unternehmern allein überlassen blieben. Es gab z. B. steuerpflichtige Bauern, die vom König das Recht kauften, die Steuern des Landes einzutreiben in der Hoffnung, daß der König die entstehenden Erträge unterschätzt habe. Um 1700 gab es sogar Regimenter in Privatbesitz, d. h. von einem Privatmann unter Regierungskontrakt ausgehobene Soldaten.

Wie Schaubild 15–1 zeigt, sollte man meinen, daß vom Entwicklungsstandpunkt her die ursprünglichen Organisationen von einem kapitalistischen Ansatz und einer starken 9,1-Orientierung geprägt waren. Willensstarke Menschen übernahmen die Initiative, um selbstsüchtig Gewinne zu machen. Hierdurch läßt sich vielleicht die industrielle Revolution erklären, die, wie wir heute zurückschauend wissen, eine von Unternehmertum und Ausbeutung geprägte Periode in der Geschichte der Gesellschaften des Westens war. Viele große Unternehmer hat es in diesem Jahrhundert gegeben: Henry Ford, der Erfinder des Modells T, Sewell Avery, die dominierende Persönlichkeit bei Montgomery Ward, Jay Gould, der Eisenbahnbaron, Will Durant, der General Motors gründete. Dann gibt es noch die Rockefellers, Mellons, DuPonts usw.

Die Organisationen wuchsen, und so wurden staatliche Zwänge eingeführt, um die Ausbeutungsexzesse abzubauen, mehr Bildung, neue Techniken und andere Einflüsse einzuführen. Die unternehmerische Initiative allein reichte nicht mehr. Es war nicht nur die Größe der Organisation, die es unpraktisch machte, daß ein einzelner direkt eine Gesamtorganisation leitete, sondern es stellte sich auch heraus, daß die nachfolgenden Generationen nicht die Initiative entwickelten wie die erste. Deshalb begannen die Unternehmungen damit, nationale Organisationen zu entwickeln. Sie führten Organigramme ein, entwarfen die zu verfolgende Geschäftspolitik, Verfahren, Richtlinien und Regeln und erstellten Arbeitsplatzbeschreibungen. Die Führung war immer weniger in den Händen eines einzigen. So verließ man sich immer mehr auf die Organisationsstruktur, die geschäftspolitischen Richtlinien und Verfahren. So ging das Wirtschaftsleben in eine 5,5-orientierte mechanistische oder bürokratische Ära, die für die großen Organisationen der heutigen Zeit immer noch charakteristisch ist. Allgemein gesagt vollzog sich der Umschwung von einer dominierenden 9,1-Orientierung zu einer mehr 5,5-orientierten Grundlage. Die Führung moderner Industriebetriebe und Behörden ist von festen Regeln und Normen gekennzeichnet.

Viele Beobachter sehen die gegenwärtige starke Betonung der 5,5-Orientierung als einen relativ neuen und doch wichtigen Organisationsstil. Hier handelt es sich um einen konservativen Ansatz gegenüber Fortschritt und Wandel. Man ändert den Status quo mit unendlich kleinen Schritten. Vernünftig denkende Menschen kommen sich in ihren Differenzen durch Kompromisse entgegen.

Das große Risiko liegt aber darin, daß sich ein auf solche Weise angegangener Wandel zu langsam vollzieht. Sowie sich dieser Trend verstärkt, können sich so viele ungelöste Probleme anhäufen, daß dadurch neue Krisen gefördert werden. Anhaltspunkte dafür gibt es überall. So sellt sich ganz eindeutig heraus, daß 5,5-orientierte, mechanistische und bürokratische Organisationen weniger leisten. Mitarbeiter solcher Organisationen finden weniger Erfüllung in der Arbeit, als es ihnen bei Mitwirkung, Mitbestimmung und Mitverantwortung möglich wäre.

Einige wenige Organisationen im dritten Stadium nähern sich dem Charakter und der Dynamik einer 9,9-orientierten Organisation, wie sie in Kapitel 7 beschrieben wurde.

Entwicklungstendenzen

Die Führungsbeziehungen der Menschen, die in diesen Organisationen arbeiten, werden sich wohl entlang der folgenden großen Linie ändern.

Weg von der 9,1-Orientierung

Von der Geschichte her gesehen, hat man sich schon von der rohen 9,1-Kontrolle getrennt. Das Verhältnis Herr-Sklave, Feudalherr-Leibeigener, Kolonialherr-Eingeborener, Unternehmer-Arbeiter existiert nicht mehr. Genauso hat man sich schon von der protestantischen Einstellung zu harter Arbeit, Selbstbeherrschung und Verneinung von Freude in der Verfolgung der Perfektion abgewandt. Der 9,1-Geist scheint sich auch nicht mehr gegen Regeln und gesetzliche Vorschriften in unseren Zeitläufen durchsetzen zu können. Und doch bleibt die 9,1-Orientierung als üblicher Führungsansatz bestehen, allerdings hat er sich etwas abgeschliffen (siehe Kapitel 3). Wegen des Konkurrenzdruckes und der Wirtschaftslage, besonders in Zeiten der Rezession, handeln die Führungskräfte im Grunde genommen immer noch danach, daß durch Leistung Produktion erzielt werden müsse, sonst . . . Selbst die Rohform von 9,1 kommt hier vor. Und dennoch taucht die 9,1-Praxis heute trotz der insgesamt größeren Anzahl von Führungskräften weniger auf als früher.

Wenn diese Schlußfolgerung stimmt, müssen wir uns fragen, in welche Richtung sich die allgemeine Führungstendenz entwickeln wird und warum. Wichtig zu wissen ist auch, ob vernünftige Menschen ihren Einfluß auf die Entwicklungsrichtung geltend machen können, anstatt sich in die nächsten Phasen mitreißen zu lassen, ohne die Strömungen der Unternehmenskultur, die ihre Handlungsweise bestimmt und regelt, formen zu können.

Zusätzlich zu den schon erwähnten Faktoren, die eine 9,1-Orientierung zu erhalten oder zu verstärken scheinen, wirken noch andere Kräfte auf die Verlagerung der Führungsweisen ein.

In die Richtung der 1,1-Orientierung

Einige Faktoren drängen die Entwicklung in die 1,1-Richtung: Maschinen, Arbeitsvereinfachung, Montagetechniken. Entscheidungen werden von den Maschinen gefällt. Zu denken braucht der Mensch bei solcher Arbeit nicht mehr. So werden die Menschen müßig – sie brauchen nur noch zu beobachten und zu überwachen, aber weder mit Gefühlen oder Anteilnahme zu denken noch zu handeln. Eine wirkliche Automatisierung aber befreit die Menschen im Gegensatz zur Mechanisierung fast immer von diesen routinehaften, geisttötenden Aufgaben. So werden Menschen auf allen Organisationsebenen von Arbeiten befreit, die von Maschinen besser ausgeführt werden können. Darüber hinaus führen komplizierte Entwicklungen wie z. B. die Revolution in Technik, Werkzeug und Materialien neue Probleme und Möglichkeiten ein, bei denen mehr Geistesarbeit, mehr Anstrengung und größere Reize als jemals zuvor erforderlich sind. Wenn kein internationaler Holocaust, eine schlimme Depression oder eine Energiekatastrophe einsetzt, wird sich ein allgemeiner Gang in die 1,1-Richtung kaum verwirklichen.

In die Richtung der 1,9-Orientierung

Eine extreme Wohlfahrtsgesellschaft stellt nur wenige bis gar keine Ansprüche. Sie vermittelt unqualifizierte Billigung, Trost und soziales Zusammensein und verlangt kaum etwas dafür. Dieser Trend scheint sich hauptsächlich in den modernen Demokratien auszuprägen, in denen man mit sozialen Vergünstigungen um Wählerstimmen wirbt. Privates Eigentum und Kartellgesetze verfallen. Die Gewinnmotivation in der freien Marktwirtschaft verliert ihren Sinn. Hier wird sich wahrscheinlich eine 1,9-Orientierung ausbreiten. Strom- und Wasserversorgungsverbände und Fastmonopole scheinen in diese Richtung abzudriften. Von keiner Konkurrenz bedroht, bringen Anstrengungen ja nicht viel ein. Bequemlichkeit und Kongenialität werden zu den charakteristischen Merkmalen. Längerfristig wird diese Entwicklung wohl nur zu einem Stillstand kommen, wenn sich der Markt durch das Entstehen von Konkurrenz selbst reguliert.

In die Richtung der 5,5-Orientierung

Wie schon im Zusammenhang mit der mechanistischen Stufe erwähnt, wird die Entwicklung durch vielerlei Druckausübung in die 5,5-Richtung getrieben. Der 9,1-Stil verliert immer mehr an Popularität. So wenden sich Führungskräfte von diesem Stil ab, ohne allerdings die Fähigkeiten und Gaben zu besitzen, sich einer 9,9-Orientierung zuzuwenden. Die 5,5-Orientierung scheint ihnen erstrebenswerter als 1,1 und 1,9. Es entsteht eine starke Entwicklung in die 5,5-Richtung. Die Anwendung der 5,5-Theorie steht in der heutigen Organisationstheorie an zweiter Stelle. Die Zahl der 5,5-Anwender hat sich zumindest in den großen Organisationen seit den fünfziger Jahren beträchtlich erhöht.

Mächtige, immer größer werdende Kräfte kulminieren in der 5,5-Anpassung. Die Unternehmungen werden immer größer und immer bürokratischer in der Führung und Überwachung. Systeme, Richtlinien und Handbücher definieren den Status quo. Majoritätsentscheidungen sichern Konformismus und Uniformität. Die Institutionalisierung von Belohnungen, automatisch nach Dienstalter, nicht aber nach Verdienst und Leistung verteilt, verstärkt diese Konformität. Man hält sich an den Status quo und die damit scheinbar einhergehende Sicherheit. Weiterhin wächst die Tendenz zur 5,5-Orientierung, weil man Konzepte und Verfahrensweisen aus der Politik als natürlich und richtig übernimmt und auf die Führungssituation anwendet. Man betont Kompromisse und Mehrheitsentscheidungen. Bei Problemlösung und Entscheidungsbildung entstehen ganz andere Folgen als bei wahrhafter Verständigung und Einigung.

Ähnlich mangelhaft erweisen sich auch die 5,5-orientierten Verhandlungstaktiken, wie sie häufig bei Tarifverhandlungen vorkommen, wenn man sie auf die zwischenmenschlichen Beziehungen und Gruppenbeziehungen innerhalb eines Führungssystems anwenden will. Einigungen zwischen Arbeitgebern und Arbeitnehmern in Tarifrunden scheinen die Problemlösung nach 5,5 zu verstärken, weil viele Sicherheit und Entgelt gegen Führungsflexibilität austauschen, ohne allerdings Produktions- oder Sicherheitsprobleme wahrhaft zu lösen. Deshalb geht man an die Lösung menschlicher oder sachlicher Probleme mit einer 5,5-Einstellung heran und geht so unbemerkt auf eine andere Führungsweise über. Die Übertragung dieser Strategien aus der Politik und den Tarifpartnerbeziehungen auf Beziehungen von Führungskräften untereinander scheint stattzufinden, ohne daß man sich ernstlich mit den möglichen Folgen befaßt hätte.

Schließlich ist der 5,5-Stil, obwohl keine Höchstleistungen daraus erwachsen können, mehr oder weniger »akzeptabel«. Auf der Leistungsseite steht, daß die Arbeit größtenteils erledigt wird, allerdings nicht perfekt. Von der Führungsseite her erhalten die Mitarbeiter viele Statussymbole und akzeptable Sicherheit, auch wenn sie keine echte Erfüllung und keinen echten Lohn in ihrer Arbeit sehen. Die 5,5-Orientierung, ein Gemisch aus Tunlichkeit, Zweckmäßigkeit und Empirismus, kann gar nichts anderes als Mittelmäßigkeit erzeugen. Die 5,5-Orientierung steht für Konformismus und Anpassung, weil man damit auf die Notwendigkeit des Wandels reagiert, indem man nach Präzedenzfällen sucht. Durch das Entstehen großer Unternehmungen der öffentlichen Hand und das Verschwinden des »Unternehmers alter Schule« kann es durchaus sein, daß die vor uns liegenden Zeiten so sein werden, daß gerade diese Anpassung als genügend akzeptiert wird. 5,5 wird vielleicht zum neuen Status quo, zum neuen, etablierten Gleichgewicht der Menschen in den Organisationen.

In die 9,9-Richtung

Es kommt aber auch Druck von anderer Seite gegen Macht und Herrschaft nach 9,1, gegen Resignation und Rückzug nach 1,1, gegen persönliche Unterstützung und Bejahung nach 1,9 und gegen Kompromisse und Anpassung nach 5,5. All dies weist auf die 9,9-Richtung hin.

Die Bildung ist stetig auf dem Vormarsch. Man eignet sich neue Kenntnisse, neue Fähigkeiten an. Neue Möglichkeiten tun sich auf, die den Appetit auf etwas Besseres anregen, als es heute gibt. Das Konzept der Leistungsgesellschaft läßt ein Gefühl des Unwohlseins mit den Bedingungen zurück, die nicht dem entsprechen, was die Menschen als erreichbar kennen. Hand in Hand mit einer besseren Bildung legen die Menschen großen Wert darauf, ein Optimum an Leistung zu erzielen. Außerdem werden auf Leistung beruhende Kompensationssysteme ständig verbessert. Leistung und Engagement auf 9,9-Weise werden belohnt. Das wiederum führt zu offenen und freimütigen Beziehungen, zu verbesserter Kommunikation und Problemlösung. Damit bleiben Verschlossenheit, Argwohn und Problemerzeugung anstelle von Problemlösung auf der Strecke.

Die Suche nach besseren Führungsweisen geht ständig weiter. Ein wichtiger Faktor für die Entstehung der 9,9-Tendenz ist die unternehmensinterne Vermittlung von verhaltenswissenschaftlichen Grundsätzen durch eine Organisationsentwicklung der Art, wie sie in Kapitel 13 beschrieben wurde. Diese Methoden üben zusammen mit immer fundierteren Konzepten der Verhaltenswissenschaften einen definitiven Druck in die 9,9-Richtung aus. Wir haben versucht, die Stärke der einzelnen Tendenzen zu bewerten. Wir sind zu dem Schluß gekommen, daß die 5,5-Orientierung weiter auf dem Vormarsch ist. Ihren Höhepunkt wird sie in einigen Jahren erreichen. Die Manager werden erkennen, wie ihr Wille untergraben wurde und welche nachteiligen Folgen für die Geschäftswelt entstanden sind, weil sie ihre Konkurrenzfähigkeiten verloren haben. Die Richtung, die die Entwicklung dann schließlich einschlagen wird, scheint klar zu sein, obwohl es immer noch verschiedene Einstellungen zur 9,9-Orientierung gibt. 9,1-Manager sind skeptisch, 5,5-Manager halten sie für nicht durchführbar, 1,9-Manager sehen sie als zu anspruchsvoll und 1,1-Manager als schlicht unmöglich.

Menschen, die sich mit der 9,9-Orientierung als Organisationsstil befaßt und mit ihr experimentiert haben, erkennen, daß diese Orientierung im Rahmen des Möglichen liegt. Diejenigen, die sich von selbst diesem Stil zuwenden, wissen, was sie wollen. Sie wollen die Selbstachtung, die sich aus der Achtung für andere bei der Arbeit ergibt. Sie wollen sinnvolle zwischenmenschliche Beziehungen mit der Leistungsfähigkeit und Kreativität, die nur aus gegenseitiger Achtung rund um ein gemeinsames Anliegen entstehen können. Die 9,9-Richtung einzuschlagen ist der gesunde Weg. Die große Herausforderung liegt darin, die entsprechenden Bedingungen zu schaffen, so daß sich diese Orientierung allgemein Bahn brechen kann.

Zusammenfassung

Die folgenden Führungsstile stellen lediglich das Zweitbeste dar: 9,1-Orientierung = Gehorsam, 5,5-Orientierung = Kompromisse, 1,9-Orientierung = Sicherheit und Bequemlichkeit, 1,1-Orientierung = Unterwerfung, Resignation und Aufgeben. Diese Führungsstile sind langfristig gesehen untragbar. Einem Vergleich mit der 9,9-Orientierung – freimütige Kommunikation, gründend auf Überzeugung, Engagement und Kreativität; eine auf gegenseitiger Achtung beruhende Beziehung zwischen Vorgesetzten und Mitarbeitern – können alle anderen Führungsansätze nicht standhalten. Die tiefergreifenden Tendenzen der sozialen Evolution scheinen in eine Richtung zu laufen, in der Geistesarbeit und soziale Erlebnisse einen tieferen Sinn gewinnen.

Die 9,9-Orientierung definiert eine Entwicklungstendenz, die zu ausgereiften Beziehungen führt. Viele Wirtschaftsorganisationen scheinen diese Richtung schon eingeschlagen zu haben. Die Verwirklichung einer 9,9-Orientierung ist vielleicht der Schlüssel zur Stärkung der freien Marktwirtschaft und der demokratischen Gesellschaftsordnung, auf der sie beruht. Dann wird eine denkende Gesellschaft erreicht sein, die zugleich gedankenvoll und rücksichtsvoll ist.

Quellenangaben

1 Friedman, M./Rosenman, R. H. *Type A: Behavior and Your Heart.* Greenwich, Conn.: Fawcett Crest, 1974
Dt.: *Der A-Typ und der B-Typ*, Reinbek 1975

2 Levinson, H. *Emotional Health: In the World of Work*. New York: Harper & Row, Publishers, 1964, S. 123–125

3 Missildine, W. H. *Your Inner Child of the Past*. New York: Simon & Schuster, 1963, S. 191
Dt.: *In dir lebt das Kind, das du warst. Vorschläge zur Bewältigung des Alltags*, Stuttgart 1976

4 McMahon, A. W./Patterson, J. F./Rothman, E./Schmitt, P. *Personality Differences Between Inflammatory Bowel Disease Patients and Their Healthy Siblings*. In: Psychosomatic Medicine, 35, No. 2 (1973), S. 91–103

5 Dunbar, F. *Mind and Body: Psychosomatic Medicine*. New York: Random House, 1950, S. 199–200

6 Carnegie, D. *How to Win Friends and Influence People*. New York: Simon & Schuster, 1964 S. 27
Dt.: *Wie man Freunde gewinnt*, München 1971

7 LeShan, L. *You Can Fight for Your Life*. New York: M. Evans & Co., 1977, S. 64–66

8 ebd., S. 34

9 Horney, K. *Neurosis and Human Growth*. New York: W. W. Norton & Co., 1950, S. 275
Dt.: *Neurose und menschliches Wachstum*, München o. J.

10 Riesman, D./Denney, R./Glazer, N. *The Lonely Crowd*. Garden City, N. Y.: Doubleday & Co., Inc., 1953, S. 312
Dt.: *Die einsame Masse*, Reinbek 1977

11 Maslow, A. H. *Motivation and Personality*. New York: Harper, 1970, S. 156, 159, 161, 166–168
Dt.: *Motivation und Persönlichkeit*, Freiburg 1977
12 Selye, H. *Stress Without Distress*. Philadelphia: J. B. Lippincott Co., 1974, S. 102
13 ebd., S. 74
14 aus: *Organizational Change by Design*. Austin, Texas: Scientific Methods, Inc., 1976, S. 1–16
15 ebd.
16 ebd.
17 ebd.
18 ebd.